国家社科基金重点项目(14AGL001)、国家自然科学基金项目(71771161)、江苏高校哲学社会科学研究重点项目(2018SJZDI053)基金资助项目

产业技术创新战略联盟知识转移：成因、规律及价值增值机制研究

吴 洁 胡 俊 盛永祥 著

上海大学出版社

·上海·

图书在版编目(CIP)数据

产业技术创新战略联盟知识转移:成因、规律及价值增值机制研究/吴洁,胡俊,盛永祥著. —上海:上海大学出版社,2022.11
ISBN 978-7-5671-4565-8

Ⅰ.①产… Ⅱ.①吴… ②胡… ③盛… Ⅲ.①产业经济-技术革新-企业联盟-研究-中国 Ⅳ.①F279.244

中国版本图书馆 CIP 数据核字(2022)第 200917 号

责任编辑 王悦生
封面设计 柯国富
技术编辑 金 鑫 钱宇坤

产业技术创新战略联盟知识转移:
成因、规律及价值增值机制研究

吴 洁 胡 俊 盛永祥 著

上海大学出版社出版发行
(上海市上大路99号 邮政编码200444)
(https://www.shupress.cn 发行热线 021-66135112)
出版人 戴骏豪

*

南京展望文化发展有限公司排版
句容市排印厂印刷 各地新华书店经销
开本 890mm×1240mm 1/32 印张 9 字数 223 千
2022 年 11 月第 1 版 2022 年 11 月第 1 次印刷
ISBN 978-7-5671-4565-8/F·226 定价 58.00 元

版权所有 侵权必究
如发现本书有印装质量问题请与印刷厂质量科联系
联系电话:0511-87871135

前言 | Forewords

　　为深入贯彻落实党的十七大和全国科技大会精神,实施《国家中长期科学和技术发展规划纲要(2006—2020年)》,加快建立技术创新体系,提升产业的核心竞争力,科技部、财政部、教育部等六部门联合发布了《关于推动产业技术创新战略联盟构建的指导意见》。产业技术创新战略联盟是指由企业、大学、科研机构或其他组织机构,以企业的发展需求和各方的共同利益为基础,以提升产业技术创新能力为目标,以具有法律约束力的契约为保障,形成的联合开发、优势互补、利益共享、风险共担的技术创新合作组织。产业技术创新战略联盟是实施国家科技创新工程的重要载体,是整合产业技术创新资源,引导创新要素向企业集聚的迫切要求,是促进产业技术集成创新,提高产业技术创新能力,提升产业核心竞争力的有效途径。

　　目前,我国产业技术创新战略联盟的构建与发展已进入快车道。但是,我国产业技术创新战略联盟在运行过程中还存在诸多尚待完善与解决的问题,如知识转移与扩散、异质知识的转移、知识转移效率的提高等。产业技术创新战略联盟在本质上是以知识为核心的联盟,是以知识活动为基础的动态合作关系,因此,本书对产业技术创新战略联盟中的知识转移的创新机制与价值实现问题进行了研究与分析，重点研究了企业知识转移过程建模、异质企业间知识转移模式、共性技术扩散与吸收模型构建、联盟知识共享演化、联盟知识转移稳定机理、知识转移效率的影响机制、联盟知识转移创新机制与路径、联盟知识转移价值增值等方面内容，涵盖了产业技术创新战略联盟知识转移的机制、机理、对策以及知识转移价值增值的实现路径。

本书第 3、4、5、11 章主要由江苏科技大学吴洁博士撰写，第 2、6、7、10 章主要由淮阴师范学院胡俊博士撰写，第 1、8、9、12 章主要由江苏科技大学盛永祥博士撰写。本书撰写过程中，许多专家、学者给予了帮助和指导，使本书涉及的研究工作得以顺利完成，在这里谨向他们表示衷心感谢。本书所涉及的研究工作得到了国家社科基金重点项目（14AGL001）、国家自然科学基金项目（71771161）、江苏高校哲学社会科学研究重点项目（2018SJZDI053）等科研项目基金的资助，在此也深表谢意。此外，还要感谢上海大学出版社的大力支持和责任编辑的辛勤工作。

本书可供管理学、教育学领域的研究人员、管理人员、高校教师与研究生等阅读参考。

作　者
2022 年 4 月

目录 | Contents

第1章 产业技术创新战略联盟知识转移基础理论 / 1

  1.1 产业技术创新战略联盟概述 / 1
      1.1.1 产业技术创新战略联盟的概念 / 1
      1.1.2 产业技术创新战略联盟的主要任务 / 1
  1.2 联盟的相关理论 / 2
      1.2.1 联盟企业的概念 / 2
      1.2.2 联盟的特征 / 3
      1.2.3 联盟的组织模式 / 4
  1.3 知识 / 4
      1.3.1 知识的界定 / 4
      1.3.2 知识的特性 / 5
  1.4 知识转移 / 7
      1.4.1 知识转移的内涵 / 7
      1.4.2 知识转移的影响要素 / 8
      1.4.3 知识转移的理论模型 / 9
  1.5 共性技术 / 12
      1.5.1 共性技术的概念 / 12
      1.5.2 共性技术的特性 / 14
      1.5.3 共性技术扩散 / 15
      1.5.4 共性技术吸收 / 19

第2章 产业技术创新战略联盟中知识转移基本问题研究 / 24

- 2.1 产业技术创新战略联盟知识转移特性分析 / 24
  - 2.1.1 联盟企业动态能力演化过程分析 / 25
  - 2.1.2 联盟企业动态能力演化过程中的知识转移活动 / 30
  - 2.1.3 联盟企业动态能力与知识转移的关联分析 / 32
- 2.2 产业技术创新战略联盟知识转移形式分类 / 37
  - 2.2.1 委托开发模式 / 39
  - 2.2.2 合作开发模式 / 42
  - 2.2.3 共建实体模式 / 45
- 2.3 产业联盟主体对共性技术扩散和吸收的作用分析 / 48
  - 2.3.1 科研机构对共性技术扩散和吸收的作用分析 / 49
  - 2.3.2 企业对共性技术扩散和吸收的作用分析 / 52
  - 2.3.3 中介机构对共性技术扩散和吸收的作用分析 / 55
  - 2.3.4 政府机构对共性技术扩散和吸收的作用分析 / 56
- 2.4 产业技术创新战略联盟知识转移问题分析 / 58
  - 2.4.1 监督机制的缺失 / 58
  - 2.4.2 "搭便车"行为 / 59
  - 2.4.3 利益分配不均 / 59
  - 2.4.4 技术成熟度不够、技术创新不强 / 60
- 2.5 产业技术创新战略联盟知识转移关键影响因素分析 / 60
  - 2.5.1 利益分配系数 / 60
  - 2.5.2 负向激励 / 61
  - 2.5.3 知识转移成本 / 62
  - 2.5.4 政府政策 / 62
  - 2.5.5 技术因素 / 62

第3章 产业技术创新战略联盟企业动态能力演化中知识转移过程建模分析 / 63

- 3.1 联盟企业知识获取模型构建与分析 / 63

  3.1.1　知识获取模型构建 / 64
  3.1.2　知识获取模型分析 / 66
  3.1.3　算例分析 / 70
 3.2　联盟企业知识处理模型构建与分析 / 77
  3.2.1　知识处理模型构建 / 78
  3.2.2　知识处理模型分析 / 79
  3.2.3　案例分析 / 80
 3.3　联盟企业知识创新模型构建与分析 / 86
  3.3.1　知识创新模型构建 / 86
  3.3.2　知识创新模型分析 / 90
  3.3.3　案例分析 / 99

第4章　产业技术创新战略联盟异质企业间知识转移模式研究 / 110

 4.1　产业技术创新战略联盟内企业知识转移模型的建立 / 110
  4.1.1　模型假设 / 111
  4.1.2　模型构建 / 113
 4.2　模型分析 / 114
  4.2.1　知识再生数的求解 / 115
  4.2.2　无知识转移平衡点与稳定性 / 116
  4.2.3　有知识转移平衡点与稳定性 / 118
 4.3　数值与案例仿真 / 121
  4.3.1　知识再生数对知识转移的影响 / 121
  4.3.2　不同类型企业所占比例对知识转移的影响 / 124
  4.3.3　系统开放程度对知识转移的影响 / 126
 4.4　模型构建的意义及得到的结论与启示 / 127
  4.4.1　模型构建的意义 / 127
  4.4.2　模型构建得到的启示 / 128

第5章 产业技术创新战略联盟共性技术扩散与吸收模型构建研究 / 130

5.1 以企业需求为中心的创新网络 / 130
    5.1.1 创新网络研究背景 / 130
    5.1.2 创新网络同步的条件 / 130
5.2 共性技术扩散模型的构建 / 131
    5.2.1 共性技术扩散与创新网络同步的关系 / 131
    5.2.2 共性技术扩散模型 / 132
5.3 共性技术扩散模型与创新网络结点的关系分析 / 137
5.4 共性技术吸收模型的构建 / 140
    5.4.1 共性技术吸收与创新网络同步的关系 / 140
    5.4.2 共性技术吸收模型 / 141
5.5 共性技术吸收模型与创新网络结点的关系分析 / 148
    5.5.1 共性技术信息 Q 与 σ、θ_0 的关系分析 / 148
    5.5.2 阻碍共性技术吸收的主要影响因子 / 148
    5.5.3 提高共性技术收量的手段 / 149

第6章 考虑风险的产业技术创新战略联盟知识共享演化博弈研究 / 150

6.1 模型构建与求解 / 150
    6.1.1 假设条件与支付矩阵 / 150
    6.1.2 局部稳定分析 / 153
    6.1.3 演化相图 / 155
6.2 实例分析及仿真 / 157
    6.2.1 风险因子变化对演化结果的影响 / 159
    6.2.2 共享后新的收益分配系数变化对演化结果的影响 / 160
    6.2.3 共享程度变化对演化结果的影响 / 162
6.3 共享行为选择的影响因素及促进共享意愿的建议 / 164

  6.3.1 联盟成员间知识共享行为选择的影响因素 / 164
  6.3.2 促进产业技术创新战略联盟成员知识共享
     意愿的建议 / 165

第 7 章 考虑技术因素的产业技术创新战略联盟知识转移稳定机理研究 / **166**

7.1 模型构建与求解 / 166
  7.1.1 假设条件与支付矩阵 / 166
  7.1.2 演化博弈模型求解 / 169
  7.1.3 演化博弈模型分析 / 173

7.2 数值仿真 / 175
  7.2.1 技术因素变化对联盟知识转移的影响 / 176
  7.2.2 政策支持力度变化对联盟知识转移的影响 / 181
  7.2.3 企业创新投入力度变化对联盟知识转移的
     影响 / 182
  7.2.4 政府资金补贴变化对联盟知识转移的影响 / 183
  7.2.5 收益分配系数变化对联盟知识转移的影响 / 185
  7.2.6 罚金变化对联盟知识转移的影响 / 186

7.3 建立知识转移博弈支付矩阵的意义及得到的结论与启示 / 187
  7.3.1 建立知识转移博弈支付矩阵的意义 / 187
  7.3.2 分析知识转移博弈支付矩阵得到的结论与
     启示 / 187

第 8 章 产业技术创新战略联盟知识转移效率的影响机制研究 / **190**

8.1 企业知识转移模型的建立 / 191
  8.1.1 知识转移过程分析 / 191
  8.1.2 模型假设 / 192
  8.1.3 模型构建 / 194

　　　　8.1.4 模型分析 / 194
　　8.2 不同情境下产业技术创新战略联盟知识转移效率
　　　　分析 / 195
　　　　8.2.1 企业转移意愿对知识转移效率的影响 / 196
　　　　8.2.2 企业知识距离对知识转移效率的影响 / 198
　　　　8.2.3 动态调整能力对知识转移效率的影响 / 199

第9章 网络视角下产业技术创新战略联盟的知识转移创新机制研究 / 203

　　9.1 网络的概念及网络视角下组织间知识转移的含义 / 203
　　　　9.1.1 网络的概念 / 203
　　　　9.1.2 网络视角下组织间知识转移的含义 / 204
　　9.2 网络结构对组织间知识转移的影响研究 / 205
　　　　9.2.1 网络结构与组织间知识转移的关系分析 / 205
　　　　9.2.2 网络结构对组织间知识转移的影响分析 / 205
　　　　9.2.3 网络结构对组织间知识转移的影响机制模型 / 213
　　　　9.2.4 基于网络的提高知识转移的有效性和高效性的建议 / 213
　　9.3 基于协同效应的产业技术创新战略联盟网络的创新机制研究 / 215
　　　　9.3.1 协同效应的概念 / 215
　　　　9.3.2 产业技术创新战略联盟的创新过程分析 / 215
　　　　9.3.3 基于协同效应的产业技术创新战略联盟网络的创新机制分析 / 217

第10章 产业技术创新战略联盟的知识转移实现路径研究 / 220

　　10.1 网络视角下的产业技术创新战略联盟组织间知识转移动态过程研究 / 221
　　　　10.1.1 组织间知识转移的动态网络模型 / 221
　　　　10.1.2 网络视角下产业技术创新战略联盟组织间

知识转移动态过程分析 / 222
		10.1.3 网络视角下组织间知识转移策略分析和相关
			建议 / 228
	10.2 网络视角下的组织间知识转移动力机制分析 / 231
		10.2.1 组织间知识转移网络的立体结构分析 / 231
		10.2.2 产业技术创新战略联盟内部核心网络中组织
			间知识转移的动力分析 / 232
		10.2.3 外部支撑网络和整个网络结构对组织间知识
			转移的推动分析 / 235
		10.2.4 网络视角下的组织间知识转移动力机制
			模型 / 237

第11章 产业技术创新战略联盟的知识转移价值增值机制研究 / **239**

11.1 知识转移价值增值 / 239
	11.1.1 知识转移价值增值的内涵 / 239
	11.1.2 联盟知识转移价值增值的一般过程 / 240
11.2 基于知识供应链的联盟知识转移价值增值模型 / 241
	11.2.1 知识供应链的概念及特征 / 242
	11.2.2 基于知识供应链的联盟知识转移价值增值的
		影响因素 / 244
	11.2.3 基于知识供应链的联盟知识转移价值增值
		模型构建 / 245
11.3 基于知识网络的联盟知识转移价值增值模型 / 247
	11.3.1 知识网络的概念及特征 / 247
	11.3.2 基于知识网络的联盟知识转移价值增值的
		影响因素 / 249
	11.3.3 基于知识网络的联盟知识转移价值增值模型
		构建 / 252

第12章 产业技术创新战略联盟发展对策研究 / 255

12.1 联盟企业动态能力演变中的知识管理策略 / 255
- 12.1.1 充分认识环境扫描的重要性 / 255
- 12.1.2 注重保持合作关系的稳定性 / 256
- 12.1.3 树立企业员工知识学习导向 / 257
- 12.1.4 完善联盟企业创新投资机制 / 258
- 12.1.5 提高知识创新的成果转化率 / 259

12.2 促进产业技术创新战略联盟发展的政策建议 / 260
- 12.2.1 由政府引领,建立技术创新联盟政策组织或协调机构 / 260
- 12.2.2 建立和完善有利于创新联盟的财税政策 / 260
- 12.2.3 落实和完善创新联盟的供给促进政策 / 261
- 12.2.4 研究和制定促进联盟创新需求的激励政策 / 262

12.3 产业技术创新战略联盟的发展对策研究 / 263
- 12.3.1 建立健全联盟公共信息服务平台 / 263
- 12.3.2 加快建设与规范为联盟提供服务的科技中介体系 / 263
- 12.3.3 加大对产业联盟的财政资金支持 / 264
- 12.3.4 有针对性地强化税收优惠政策,为产业联盟创造条件 / 264
- 12.3.5 发展风险投资,加强对产业联盟的金融支持 / 265

参考文献 / 266

第1章
产业技术创新战略联盟知识转移基础理论

1.1 产业技术创新战略联盟概述

1.1.1 产业技术创新战略联盟的概念

产业技术创新战略联盟是指由企业、大学、科研机构或其他组织机构,以企业的发展需求和各方的共同利益为基础,以提升产业技术创新能力为目标,以具有法律约束力的契约为保障,形成的联合开发、优势互补、利益共享、风险共担的技术创新合作组织。它是实施国家技术创新工程的重要载体。推动产业技术创新战略联盟的构建和发展,是整合产业技术创新资源,引导创新要素向企业集聚的迫切要求,是促进产业技术集成创新,提高产业技术创新能力,提升产业核心竞争力的有效途径。

1.1.2 产业技术创新战略联盟的主要任务

产业技术创新战略联盟的主要任务是:① 组织产业中企业主体、大学和科研机构等围绕产业技术创新的关键问题,开展共性技术合作,突破产业发展的核心技术,形成重要的产业技术标准;② 建立公共技术平台,实现创新资源的有效分工与合理衔接,实行知识产权共享;③ 实施技术转移,加速科技成果的商业化运用,提升产业整体竞争力;④ 联合培养人才,加强人员的交流互动,为产业持续创新提供人才支撑。这种模式的优势在于产学研联盟的结合度高、联盟成员之间互动性强、交易成本较低、技术创新能力强,能有效促进合作中各要素与资源的综合利用,具备持久的发展潜力。这种模式提高了联盟知识转移的组织程度,是联盟知识转移的进一步优化与升级。

产业技术创新战略联盟在本质上是以知识为核心、以知识活动为基础的动态合作关系。因此,研究产业技术创新战略联盟中的知识转移具有重要的意义。

1.2 联盟的相关理论

1.2.1 联盟企业的概念

联盟是指由多个在资源、能力、渠道、市场以及在价值链的创造等方面具有互补作用的企业或特定事业和职能部门,为达到共同拥有市场、研发新产品、增长新知识等战略目标,通过各种契约形成优势互补、相互促进、风险共担、要素双向或多向流动的网络组织。

随着科学技术的不断进步、经济的快速发展、全球化市场的形成、技术变革的加速,产品的生命周期不断缩短,企业面临着缩短交货期、提高质量、降低成本的压力;同时,消费者需求向个性化和多样化发展,产品和技术的更新速度也越来越快,单个企业已不能完全从研制、开发、生产、装配、配送等方面全方位满足顾客的要求。越来越多的企业认识到单凭企业内部业务单元的资源整合已经不能或很难满足快速变化的市场要求,因此,企业间建立联盟关系,采取强强联合、优势互补的合作方式,正在成为许多企业考虑的发展策略[1-2]。

1.2.2 联盟的特征

1. 动态性

联盟内的节点企业彼此独立,它们之间并不存在控制或者被控制的关系,完全是为了共同的利益而结成联盟。所以,当外部市场环境发生变化时,联盟内部就会发生变化,部分成员单位会退出联盟,也有新的成员单位加入联盟,有时甚至会出现联盟解体的情况。例如,Java 联盟是一个以 Java 学习和技术交流为目的的联盟组织,其最初是由美国 SUN(Stardford University Network)公司发起成立的。Java 联盟最初是为了反对微软公司和其软件供应商联盟而出现的,但是随着 Java 联盟的不断发展壮大,双方都意识到这种开放式的编程语言交流在信息时代有着非常巨大的潜力,因此,微软公司积极加入 Java 联盟,从其对立面转变为合作伙伴,并在此基础上开发出了自己的新产品。

2. 局部开放性

在联盟中,许多企业之间既存在竞争关系,也存在合作关系,参与联盟的企业要敢于向"竞合"对手展示企业的内部运作以及企业存在的问题、需要的解决方案等,只有这样才能促进双方更好地协作,实现双方的共赢。例如,在计算机主机市场上,日立公司和 IBM(International Business Machines Corporation)是相互竞争的关系。但是,两家企业也存在合作关系,IBM 把自己的主机处理芯片卖给日立公司,并给予其制造 IBM 主机的特殊许可,生产出的主机标上日立的牌子进行销售。

3. 需求导向性

在竞争日益激烈的今天,买方在市场交易上处于相对有利的地位,买方的需求和喜好将会影响企业的战略决策。在联盟企业中,客户对联盟的战略调整有着很大的影响,重要客户的战略调整往往会影响整个联盟的运作方向。

1.2.3 联盟的组织模式

按照行业和产业链的不同,联盟企业主要的组织模式分为横向联盟和纵向联盟两类。

1. 横向联盟

横向联盟是指从事同一产业中类似活动的企业之间为了节约成本、降低风险或者提高市场竞争力等原因而结成的联盟。横向联盟通常采用的方式有合资企业、技术分享、交叉许可证转让以及其他合作协议。比如,20世纪70年代,为了遏制以IBM为首的美国半导体企业对日本造成的强烈冲击,日本电气与日本电子综合研究所和日本计算机综合研究所共同成立了以提升硅晶体质量为目标的研发联盟。

2. 纵向联盟

纵向联盟是上下游产业之间为了共同的利益而结成的联盟。纵向联盟结合产业链不同环节企业的优势,采取分工合作的方式,充分发挥不同企业的优势为联盟企业赢得市场。

纵向联盟不仅使参与联盟的各方协作更为紧密,而且使参与联盟的企业保持各自的相对独立性。纵向联盟通常采用的形式有长期供货协议、营销协议以及许可证转让等。比较常见的纵向联盟是由生产型企业与其供应商或者经销商组成的联盟,比如宝洁公司与其产品经销商沃尔玛组成的联盟、丰田公司与其零部件供应商组成的联盟等。

1.3 知识

1.3.1 知识的界定

知识是个内涵丰富、外延广泛的概念。自古希腊开始就有许多学者定义知识。"知识"一词在西方起源自古希腊语"Peisteme",在拉丁语中理解为"scinetai",即某一学科的知识,也可指一般意义上的"knowledge"。

著名的西方工具书《韦氏词典》(Webster's Dictionary)这样解释知识:① 从研究、调查、观察或经验中获取的事实或想法;② 有关人类本质的知识;③ 知识,尤其是通过正规学校教育,通常是通过高等教育获得的知识;④ 包含有大量知识的书籍。

迈克尔·波拉尼(M. Polanyi)根据知识性质的不同,最早将知识分为有显性知识(articulated knowledge)和隐性知识(tacit knowledge)。Nonaka 提出知识是一种有价值的智慧结晶,可以以信息、经验心得、抽象观念、标准作业程序、系统化的文件、具体的技术等方式呈现。知识在本质上具有创造附加价值的作用。Davenport 和 Prusak 认为知识是一种动态组织,它有组织的经验、价值观、相关信息及洞察力,它所构成的框架可以不断地评价和吸收新的经验和信息。为了便于经济分析,经济合作与发展组织(Organization for Economic Cooperation and Development,OECD)把知识分为四类:know-what、know-why、know-how、know-who,其中 know-what 和 know-why 属于显性知识,know-how 和 know-who 则是隐性知识。目前,尽管大家对知识没有一个统一的概念,但是大多数研究知识管理的学者认为知识可以分为隐性知识和显性知识。

本章从研究知识转移价值增值的角度出发,综合之前学者有关知识概念的相关文献,将知识分为两大类:显性知识和隐性知识。

1.3.2 知识的特性

知识是一种特殊的战略性资源,它的特性决定了知识活动的特点和规律,从而影响着知识转移价值增值的效果。目前人们普遍关注的知识主要具有以下几个特性：

(1) 知识的可转移性

根据知识的编码程度，其可分为显性知识和隐性知识。知识的显性和隐性反映了知识的可转移性。由于组织的特殊性，知识往往专业性较强、信息含量较大，大多是隐性的，这也就加大了知识转移的难度，需要将隐性知识显性化。与之相比，显性知识可以利用现代信息技术进行规范化，便于知识的转移。知识的可转移性使知识转移成为可能。

(2) 知识的增值性

知识与传统的物质资源不同，物质资源的使用是以物质的损耗为代价的，而知识在积累、转移和创新的过程中，不会因分享的范围广而使每个组织分到的变少或产生损耗，相反，知识经过使用和琢磨，还会产生价值的增值。

(3) 知识的积累性

知识转移和创新的效率在一定程度上取决于不同知识之间的积累能力。一般而言，知识在转移的过程中，不会因与更多人共享而减少或者消失，并且在知识的互动过程中，知识积累是以加速度方式发展的，进而产生新的知识，并随着知识的转移与创新，其还会创造出新的价值。

(4) 知识的"波粒二象性"

同物理学中对光的认识一样，维娜·艾莉认为知识表现为"实体"和"过程"的统一。作为实体的知识，强调知识的储存、编码、组织和测度，这就为知识转移提供了理论基础，同时知识的识别、组织以及测度等也有了理论依据。作为过程的知识，强调知识的创造、传播、共享、学习和应用，是一种持续不断的知识流动过程。知识的"波粒二象性"从整体上反映了知识转移的结果和过程。

1.4 知识转移

1.4.1 知识转移的内涵

知识转移(knowledge transfer)是一种动态的知识传递过程。在这个过程中,知识从拥有者向使用者传递,从而使使用者在知识的应用中实现知识的价值增值。

美国学者 Teece 于 1977 年首次提出了知识转移的概念,认为企业通过技术的国际转移能够帮助企业积累有价值的知识,并促进技术扩散,从而缩小地区之间的技术差距[3]。此后,知识转移逐渐成为知识管理研究的热点。

Nonaka 认为,只有那些不断创造新知识,向整个组织传递新知识,并迅速开发出新技术和新产品的企业才能获得成功[4]。Szulanski 认为,知识转移是指在一定的情境中,知识的源单元向接收单元传播信息的过程[5]。Davenport 和 Prusark 认为知识转移是由拥有者向潜在的接收者传递,然后被接收者吸收[6]。Juan Carlos、Bou-Llusar 等认为企业的竞争优势依赖于知识的转移过程和被转移的知识。国内知名学者左美云将知识转移定义为:知识转移是指知识势能高的主体向知识势能低的主体转移知识内容的过程,这个过程伴随着知识的实用价值让渡,一般会带来相对应的回报[7]。可见,知识转移在强调知识转移过程的同时,更强调突出知识的价值增值。

综合上述知识转移概念的共同点,本章以知识转移过程作为切入点,认为知识转移是知识在特定的情境中从拥有者到接收者的传递过程,在这个过程中通常伴随着知识价值的让渡与增值。

1.4.2 知识转移的影响要素

知识转移的影响因素与知识转移过程中的主体、知识本身、知识转移情境都密切相关。其中，主体主要涉及组织发送或接收知识的能力与意愿。就知识本身而言，知识分为显性知识和隐性知识，显性知识易于编码，较容易转移，隐性知识难于编码，较难转移。知识转移情境的不同要求采用的不同的转移方式必须与知识的转移情境相适应。知识转移的影响因素最终将影响知识转移价值增值的效果。

1. 知识本身因素

根据知识的编码程度，知识可分为显性知识和隐性知识两类。显性知识是一种可以被形式化和结构化的知识，能够较为清晰地表达并实现知识的转移，但由于组织的特殊性，知识往往专业性较强、信息含量较大，且多为隐性知识，这就加大了知识转移的难度，需要将隐性知识显性化。

2. 知识发送方转移知识的能力

知识发送方是知识转移的源头，拥有着丰富的知识存量，其转移知识的意愿和能力直接影响着知识转移价值增值的效果与质量。其中，知识发送方转移意愿的强弱不仅影响其能否提供有价值的知识，而且还影响着知识接收方的获取与吸收。在知识转移过程中，知识发送方需要对知识做出恰当的表达，根据不同的转移环境选择合适的转移方式，从而有效地提高知识转移的效率。

3. 知识接收方吸收知识的能力

知识接收方吸收知识的能力是影响知识转移质量和效果的决定性因素之一，知识接收方的吸收能力在很大程度上决定着知识转移的最终效率。转移的知识只有被知识接收方所消化、吸收与应用，才能真正内化为知识接收方的知识，从而提高知识接收方的知识再创新，并最终实现知识的价值增值。

4. 知识转移的情境

知识是一定情境下的产物，因此，知识转移必然受到情境的影响。知识发送方和知识接收方的价值差异会对高校知识转移造成一定的影响。高校追求学术价值，企业则追求经济利益最大化，两者的冲突集中表现在学术价值和经济价值的冲突上。为避免因两者价值上的差异而导致转移障碍，必须努力促成双方的价值协同。

1.4.3 知识转移的理论模型

随着知识转移研究的深入，学者们从不同的角度提出了不同的知识转移模型，本章将对知识转移代表性的模型进行系统地归纳和总结，为下一步模型的构建奠定理论基础。

1. SECI 知识螺旋模型

Nonaka 和 Takeuchi 最早提出组织层次的知识创造理论[4,8]，并提出了 SECI 知识螺旋模型，指出在个体之间或组织之间的知识转移中，存在着隐性知识和显性知识的相互转化，知识通过隐性知识和显性知识之间的相互作用进行创造和传播。该模型阐述了显性知识和隐性知识之间相互转化的四种模式，见图 1-1。

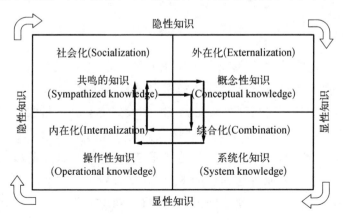

图 1-1 SECI 知识螺旋模型

从 Nonaka 和 Takeuchi 的 SECI 知识螺旋模型中可以看出，知识在隐性知识和显性知识相互作用中不断地进行自转换和互转换，社会化、外在化、综合化和内在化的依次交替，螺旋上升，进而推动组织知识创造、转移和转化的循环递进的动态过程。通过这四种模式的转化，不仅使个人完成知识的整合与重构，增加了自身的知识存量，同时也使个人与组织之间能够顺利进行知识转移，进而增加了组织的知识存量。因此，从个人到组织的不同层面的知识创造、转移和转化的循环进程，实现了知识不断地动态发展。

2. 知识转移四阶段模型

Szulanski 指出，知识转移不同于知识扩散（knowledge diffusion），知识转移强调组织内部的知识移动（knowledge movement）是一个清楚明确的经验转移，而非一个逐步的传播过程（gradual dissemination process），据此提出知识转移的四阶段模型，将组织内部知识转移整个过程划分为开始、执行、跃迁、整合四个阶段，具体见图 1-2。

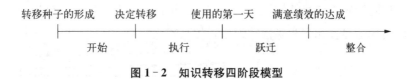

图 1-2 知识转移四阶段模型

开始阶段，知识转移种子刚刚开始形成，组织或个人需要准确识别和正确评价所需外部知识，找到转移的机会并决定是否进行知识转移；执行阶段，知识在知识发送方和知识接收方之间流动，这一阶段需要发送方和接收方建立良好的沟通与互动关系；跃迁阶段，知识接收方开始使用获得的知识，这一阶段主要考察知识转移能否达到预期的目标；整合阶段，运用新知识后，能够满足接收方的绩效要求，便保留新知识并将新知识的运用制度化。

3. **知识转移五阶段模型**

Gilbert 和 Cordey-Hayes 认为,当组织认识到自身缺乏某种知识时,便会产生"知识落差"(knowledge gap),因此产生对知识引进和知识转移行为的需求[9]。他们提出了一个知识转移五阶段模型,将知识转移分为五个阶段,包括知识的获取、交流、应用、接受和同化,具体见图 1-3。

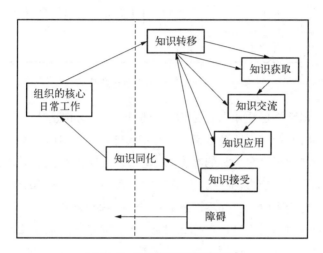

图 1-3 知识转移五阶段模型

知识获取阶段,组织从外部或内部两个方面来获取知识源;知识交流阶段,组织需要建立可供交流的机制和渠道,以有效地保证知识转移的顺利进行;知识应用阶段,通过知识的获取及应用,鼓励组织学习新知识并将知识内化为组织自身所拥有的知识存量,从而达到组织学习的目标;知识接受阶段,要实现知识的广泛吸收与应用,就需要将其扩散到组织的所有成员中;知识同化阶段,这一阶段是整个知识转移过程中最重要的阶段,其实质就是知识创造的过程。

4. **知识转移的一般过程模型**

国内学者王开明和万君康借用传播学的基本原理来分析和探

讨知识转移的微观过程机理,提出了知识转移的一般过程模型,见图1-4。

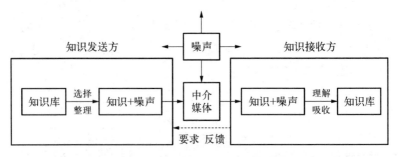

图1-4 知识转移的一般过程模型

知识转移包括知识发送和知识接收两个基本过程,并通过中介媒体将两个过程联结起来。由于知识本身的多样性,知识发送方发送的知识含有一定的噪声,因此知识发送方须具有较强的知识选择和整理能力,而知识在通过中介媒体向知识接收方转移的过程中也会吸收来自外界的各种噪声,这就要求知识接收方对含有大量噪声的知识进行选择和过滤,并根据自身的需要吸收相应的知识。从知识转移的过程可以看出,知识发送方和知识接收方的能力与意愿等都会影响知识转移的效率与效果。

1.5 共性技术

1.5.1 共性技术的概念

共性技术是一项基础性的技术,其应用领域广泛,涉及的内容也比较复杂,国内外学者对共性技术的概念尚未形成统一的概念,一直处于"仁者见仁,智者见智"的状态。

美国国家标准与技术研究院对共性技术进行定义：共性技术指的是对有可能应用于大范围的产品或工艺中的概念、部件、工艺或对科学现象的深入研究。美国布什政府（1990）在 Federal Register 中对共性技术作如下定义：共性技术是存在潜在的机会，可以在多个产业中广泛应用的竞争前产品或工艺的概念、构成、过程，或者有待进一步研究的科学现象的统称[10]。经济学家 G. Tassey 通过对 20 世纪 80 年代美国多项技术政策的回顾及模型分析，将共性技术定义为建立在科学基础和基础技术平台之上的，具有产业属性的技术[11, 12]。

20 世纪 90 年代中期，我国学术界开始研究"共性技术"这一概念。1994 年，宋天虎提出了"基础性共性技术"，他认为基础技术的研究层次从应用基础研究、应用研究至试验开发均有分布。吴建南指出，共性技术是由多个相互竞争的企业共同使用的产业技术组成，是科学知识的最先应用，为私人专有技术提供概念和经验的基础。吴贵生、李纪珍指出，共性技术主要是为了提升行业技术的平台竞争力而不是单个企业的竞争力，是能大范围应用于一个区域内或能使多个行业共同受益的技术[12, 13]。李纪珍则将共性技术定义为：在很多领域内已经或未来可能被普遍应用，其研发成果可共享并对整个产业或多个产业及其企业产生深远影响的一类技术[12]。马名杰指出，共性技术是一项在一个或多个产业中的竞争前阶段能广泛应用的技术[14]。鲍健强、陈玉瑞提出，共性技术与其他技术进行组合后广泛应用在多个产业领域中，能对多个产业或者一个区域的技术基础产生深远的影响，是产品商业化的前提技术基础，是不与专有技术共同的技术平台[15]。

通过以上国内外的研究分析可以看出，早期的共性技术研究主要是从产业技术链的角度出发，对共性技术进行了定义，但至今共性技术也没有形成统一的界定。有的学者从研究阶段出发定义共性技术（G. Tassey），有的学者从影响范围出发定义共性技术

(李纪珍等)。但不管怎样定义共性技术,抓住共性技术的经济效益和社会效益大和影响面广的特点,支持共性技术研究并将其作为一种政策工具已经成为各国提高整体技术水平的重要手段。因此,本章将共性技术定义为一项能够广泛应用于一个或多个产业中,处于竞争前阶段的技术。

1.5.2 共性技术的特性

共性技术是一项广泛运用型的技术,不属于私有产品领域的技术,不为任何公司或企业专属。共性技术的特性主要体现在以下几个方面:

(1)基础性。主要是指共性技术属于基础性研究的技术,是技术吸收者进行后续技术开发的基本手段和技术支持,是一种平台技术。另外,共性技术的基础性特征也决定了其公共产品属性。

(2)外部性。共性技术的研发主体并不能独占共性技术成果及其带来的全部收益,共性技术必须扩散或外溢到相应的领域,为有所需的技术机构服务,最终成为社会公有。共性技术用途广泛且兼具多学科研究能力,由于成本和风险要素的影响,单个企业不愿意或很少投资于共性技术研究,但若完全依靠市场机制,会导致对共性技术研究的投入严重不足,因此,共性技术的外部性决定了共性技术的研究是一个公共性的任务。

(3)集成性。共性技术涵盖了多个产业部门所涉及的技术,共性技术成果也凝聚着多个学科的知识。整个产业乃至整个区域相关产业技术水平随着共性技术水平的提高而不断提升。此外,共性技术也会因其他产业技术进步的扩散效应而得到有益的发展。例如,信息技术和生物技术之间的关联和交融,形成生物信息技术等。

(4)开放性。共性技术是专有技术得以提升的基础平台,是为某一个区域或多个产业的研究机构、企业等服务的,体现了共性技术的开放性。产业技术的开放性直接决定了其应用的深度和广度,也决定了其能否真正实现实用化,真正使之转化为现实生产力。

(5) 资源共享性。共性技术成果被产业内多个企业、研发机构共享,发挥其基础性作用,提高产业或区域的平台技术水平。如发动机技术在汽车、发电机等多个产业中的应用;超大规模集成电路在计算机、通信等与信息有关的产业中的广泛应用。

(6) 层次性。从应用范围来看,共性技术成果是一个产业或多个产业共同应用的产品;从产品的属性来看,共性技术或为纯公共产品,或为准公共产品。共性技术的层次性就体现在不同的共性技术作用及应用范围和在公共属性程度上的差异。

1.5.3 共性技术扩散

1.5.3.1 共性技术扩散的概念

共性技术扩散的实质是将创新知识扩散到需要者的手中,因此共性技术扩散也是一种技术创新的扩散[16,17]。技术创新扩散这一概念已有许多学者研究过,得出的结论不尽相同,但都有着一个共同的特点:供给物——创新技术成果;接受方——创新技术模仿者或创新技术成果推广应用者;传播渠道——市场或非市场的渠道。技术创新可以是共性技术创新,也可以是专有技术创新,基于共性技术的基础性、外部性、高风险性等特征,本章结合技术创新的概念来理解共性技术扩散的概念,即:共性技术扩散是指共性技术通过与之相应的通道在创新网络中的各主体之间进行普及,并且随着时间的推移在空间中实现其转移。

在上述的概念理解中,既涉及技术转移的概念理解,同时也涉及技术扩散与技术转移是否一致的问题。技术转移是指技术在国家、地区、产业内部或其之间以及在技术自身系统内输出与输入的活动过程,包括技术成果、信息、能力的转让、移植、引进、交流和推广普及。但是技术扩散和技术转移是有区别的,如技术的扩散属于无意识的,而技术转移是有意识有目的的;技术扩散的接受方一般不止一个,而技术转移一般只有一个接受方等。

共性技术属于某一个产业或某一个区域的基础平台技术,所以在扩散过程中会有一定的目的性,尽量保证技术信息的完整性,不至于因为扩散损失而导致共性技术扩散的不平衡。其次,共性技术的应用范围广而杂,涉及产业较多,其技术基础性也让共性技术更容易被模仿,不像共性技术转移一样保密性强,所以本章采用"共性技术"扩散的概念,不称共性技术转移。尽管两者存在差异,但本章中"技术扩散"更偏重"技术转移"的概念理解,其差异也不影响本章的研究。

共性技术处于基础知识向技术知识过渡的阶段,具有基础知识和技术知识的特征,是一种准公共产品,共性技术扩散过程是知识在创新网络中的扩散与共享过程。知识又分为基础知识和技术知识,基础知识是对本质规律的认知知识,其应用范围广且周期较长,属于公共属性知识,政府通过对科技创新的调控,建立国家创新体系,为社会提供公益性的科学知识。而技术知识是应用型知识,不仅限制于生产技术,凡是能引起技术产品发展改变的创新知识都属于技术知识,如组织技术、管理技术等。技术知识可以通过内化而成为技术人员所掌握的一种技能,也可以转化为提高技术性能的工具,成为物的知识。共性技术的成功扩散需要将基础知识与技术知识相结合,才能真正起到扩散带来的积极效应。

1.5.3.2 共性技术扩散的特征及过程

1. 共性技术扩散的特征

(1) 共性技术扩散的知识传播特性

共性技术的基础性和知识性决定了共性技术以知识传播的方式进行扩散的特征。共性技术的专利虽然受到保护,但是其创新知识扩散的限制程度远没有专业技术强,共性技术没有垄断利润的获得,它的扩散往往导致市场失灵。共性技术与一般科学知识相同，具有共享性和知识产权的公有性，其最终目标是让知识以最快的速度、最好的质量扩散到一切相关领域，从而快速提升相关产业的平台和夯实产业的基础。共性技术扩散方式与科学知识传播方式一样，都是以技术信息为内容，通过编程语言等方式共享给需求者。

(2) 共性技术扩散的独特网络特性

由于共性技术的关联性和外部性，决定了共性技术的创新网络不是建立在专利技术推广的基础上的。共性技术创新网络中技术扩散是以共性技术源为中心，按关联程度向周围相关专业领域逐一扩散，随着技术扩散周期的推进和技术密切度由高到低的递减，共性技术扩散速率逐渐降低，但共性技术影响程度却逐渐明显化。共性技术扩散对创新网络的影响程度因技术源与网络中各主体的关联度的大小而不同，共性技术创新网络中各结点之间的关系密切度大小所产生的网络效应相比专有技术扩散，能带来更大的经济效益和社会效益。

(3) 共性技术扩散的政府干预性

由于共性技术基础性和公共性的特征，它的扩散和吸收往往会造成一个区域或行业的创新网络发生更新换代的变化以及造成产业结构发生改变等影响，甚至会影响区域或行业的整体实力的增强，因而引起了政府的高度重视。此外，共性技术的平台性使共性技术的扩散容易引起市场失灵，政府的政策推广是防止这种情况发生的有力手段。

(4) 共性技术的扩散与研发形式相关联

技术研发方式主要有两类，即竞争性研发和合作研发，共性技术研发多属于合作研发。合作研发分为整个产业进行合作研发和产业内部分企业进行合作研发。目前，共性技术的主要研发方式为产业内部分企业进行合作研发，即研发联合体，这种方式能够降低联合组织内各企业的投入和风险，又可实现新技术在创新网络中的快速扩散和共享。共性技术扩散与其研发方式有关，比如研发合作主体间的技术信息流动可以是各主体间的共享，也可以是其向网络外部的信息外溢。

2. 共性技术扩散的过程

共性技术扩散既具有一般技术扩散的特征与规律，又有其不同之处。其中，共性技术扩散的高网络性、高关联性和高政策干预性是其区别于其他技术扩散的本质特征。

共性技术扩散是一个较为复杂的技术扩散过程，也是一个系统的技术与经济结合的过程，共性技术扩散的过程与一般技术扩散的影响因素类似，都与技术本身性质、技术扩散速度、时效性以及技术扩散所处的区域有关。与一般技术扩散的不同在于，由于共性技术的市场失灵，政府在共性技术的扩散过程中常常起着非常关键的推动和促进作用。

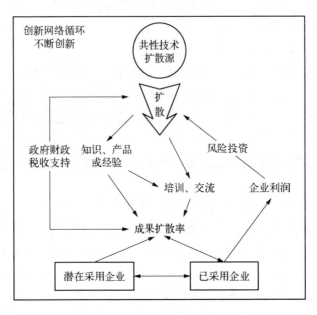

图1-5 共性技术扩散的过程

从图 1-5 可以看到，共性技术的扩散是在一定的区域内进行的，共性技术以知识、产品和经验等形式从创新源向相关企业和产业扩散，并随着潜在采用企业向采用企业的转化，扩散率逐渐提高，扩散带来的成效也会逐渐显现。此外，政府的财政以及税收支持也影响着共性技术的扩散过程。在共性技术扩散过程中，各要素相互作用、相互影响，任何一个要素发生变化都会影响到共性技术的扩散率的大小，同时也决定着共性技术扩散的深度和广度。

1.5.4 共性技术吸收

1.5.4.1 共性技术吸收的概念

对于"吸收"的英语词源"Assimilation"，Merriam-Webster 在线词典给出的解释之一是"被融合进群体的文化、风俗习惯或者道德观念等"。Fichman 定义"吸收"为"技术被组织发掘、购买和部署的过程"；Ravichandran 定义"吸收"为"吸收是一个过程，包括：启动，组织第一次知道存在这种技术；购买，组织作出投资购买决策，技术被接受、使用和制度化。"百科名片对"吸收"做了如下四种解释：① 物体把外界的某些物质吸到内部；② 接纳、接受；③ 机体从环境中摄取营养物质到体内的过程；④ 物质从一种介质相进入另一种介质相的现象。

从上述"吸收"的概念总结得出，吸收是一个过程，并且是一个具有一定层次性的过程。

学者们对于技术信息的吸收也是从过程方面来进行定义的。例如，Meyer 和 Goes[18]将创新信息吸收定义为如下三个子过程：① 启动，组织中个体首次知道存在某种技术；② 购买，吸收机构作出技术购买决策；③ 技术可能会被接收方全部接受、使用和制度化。黄丽华、陈文波等[19]认为技术信息吸收是信息技术与组织相互融合的过程，该过程包括六个子过程：① 机会扫描；② 技术购买；③ 技术部署；④ 技术接受；⑤ 技术惯例化；⑥ 技术内化。同时指出,并非所有的组织信息技术吸收行为都可以完成上述六个子过程,在某些情况下会出现技术信息吸收中的不连续现象或"吸收沟壑",即技术吸收机构可能在某个子过程或两个子过程之间停滞不前。Roger 和 Lorenzo 等[20]学者从机构内部技术信息的扩散过程对技术信息的吸收进行定义"组织机构在一种用户环境中扩散某种技术的努力过程""技术在组织内部的传播过程"。

因此,由上述技术信息吸收的概念研究来看,技术信息价值的发挥是一个循序渐进的过程,大致经过了投资、购买—部署、实施—最终接受—成为组织能力三个阶段,技术的价值也是随着过程的深入以及信息在用户内部的扩散程度而逐渐凸显的。综合这两点,可以从过程方面来定义共性技术吸收。

本章中,共性技术吸收是指共性技术被技术接收方识别并接受后实行有效的内部扩散,通过培训等手段克服技术信息的吸收障碍,最终将共性技术创新与机构原有技术相融合的过程,也是一个隐性知识向显性知识转化的过程。

1.5.4.2 共性技术吸收的特征及过程

1. 共性技术吸收的特征

从共性技术吸收的概念可以看出,共性技术吸收的实质是隐性知识显性化。共性技术信息被技术需求方识别后并不能马上为其所用,而是要经过有效的学习和扩散,慢慢适应之后,才能使共性技术的创新融合在接收机构中,才能实现技术引进提升平台的目的。依据吸收的概念以及共性技术的知识本质,可以将共性技术吸收的特征总结为以下几点:

(1) 渐进性

共性技术的吸收是一个动态过程,包含技术信息被组织识别到技术支持的创新性应用等一系列过程。在这个过程中,共性技术吸收过程中的知识转换遵循知识显性化的原则,隐性的共性技术知识要经过一系列的内化外化的渐进性过程成为显性化知识,即技术接收方容易吸收和接纳的知识形式,然后渐渐地有次序地被接收方内部吸收,而不能一次性将所有技术信息进行消化和吸纳。

(2) 路径依赖性

共性技术是否有效地被吸收是由技术接收方内部的技术知识存量决定的。因为共性技术是基础性技术,跟技术接收机构的原有技术有着密切的关联,共性技术创新知识的增加依赖于技术接收方内部组织知识的原有量,如人力资源、自我创新能力等,这就是共性技术吸收所表现出来的路径依赖性。

(3) 中断性

共性技术具有公共属性,多数技术接收机构不愿意单独对其进行研究。因此,任何一个接收机构对共性技术进行吸纳时都要进行一定的风险评估以免成本过高。此外,共性技术的复杂性让其被吸收的难度也相应提高,一般情况下,共性技术吸收的过程分为风险评估、技术购买、技术部署、技术接受、惯例化和内化六个阶段,但是共性技术的吸收并不一定会经历所有阶段,也有可能因为技术接收机构的能力不足而中断共性技术的吸收,比如,缺乏项目管理与组织变革知识就会导致其在技术部署阶段与技术接受阶段中断;组织内部缺乏技术固化能力就会导致技术惯例化和内化的阶段中断。

(4) 周期长

共性技术的基础性决定了它的复杂性,在共性技术的吸收过程中,基础技术的创新要与原有专有技术相融合,这需要较长的时间。技术接收方的原有专有技术在接纳新的基础技术时并没有发生改变,而是在新的共性技术基础上慢慢变化,慢慢地适应新的基础,甚至需要变动原有技术中的某些核心要素,这样的话就会影响技术接收方的产出绩效和利润收益。因此,在吸收共性技术时,接收机构并不能像采纳其他专有技术一样直接将产业链增加或者改进,而是要以共性技术的创新为基底慢慢改进自身技术,最终容纳共性技术,提升自身的平台。

2. 共性技术吸收的过程

共性技术的吸收关系着整个网络技术创新的进度、广度和深度。由于不同技术吸纳者的技术吸收能力和技术储备能力不同，从而导致创新网络中各吸收主体之间共性技术的吸收落差。

在以往对技术信息吸收过程的研究中，很多研究者将技术信息的吸收划分成一系列按顺序发生的事件，通过对各个独立事件的考察来探讨技术是如何逐步与组织融合的。如 Rogers 提出的创新扩散五阶段模型，McFarlan 和 Mckenney 的四阶段模型，Meyer 的三阶段模型以及 Zmud 等提出的六阶段模型。

本章中对共性技术吸收的过程的研究主要是从知识转换的角度进行的。在共性技术信息扩散的过程中，其逐步从隐性知识向显性知识过渡和转换，但是在被技术吸纳机构识别后，共性技术的显性化过程才真正明朗起来。共性技术在被技术机构吸收之前多处于隐性阶段，一般是被吸收能力较强的机构吸收利用后，被其他技术需求者模仿，进而扩大共性技术的吸收范围，相对减少了共性技术吸收过程中的重复性吸收难题，如图 1-6 所示。因此，共性

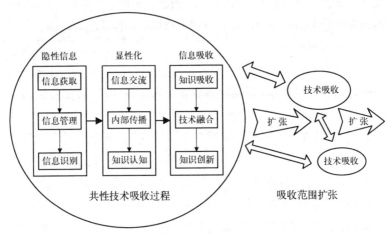

图 1-6　共性技术的吸收与扩张

技术的吸收过程遵循隐性知识显性化的过程原则,但是无论吸收能力好坏,技术需求者对共性技术的吸收过程基本类似,只是吸收周期长短的问题。

第2章
产业技术创新战略联盟中知识转移基本问题研究

2.1 产业技术创新战略联盟知识转移特性分析

随着人类步入知识经济时代,企业仅依靠内部资源实力所带来的市场竞争力可能会被其他企业快速的知识创新所逐渐侵蚀。为了应对这种局面,企业必须学会迅速根据市场外部需求及时调整企业的资源配置,使之与快速变化的市场环境相一致,在这种情景下,动态能力理论逐步形成并快速发展起来。

动态能力是企业通过相应的知识管理来整合、创建、重构其内外部资源,从而能够在快速变化的环境中赢得持续竞争优势的能力。其中"动态"强调了企业在动态环境中必须随市场和环境的变化及时更新自身的知识;"能力"是指企业为了完成某项任务或达成某一目标所体现出来的素质。

知识是一切人类总结归纳的,可以指导解决实践问题的观点、经验、程序等信息;是人类通过不断地学习、实践或探索获得的认识、判断或技能。一个企业如果能够坚持不懈地追求并获取新的知识,那么无形中企业的能力水平也会随之发生改变;企业能力不断改变则会产生一系列新的知识系统。毋庸置疑,企业能力的形成和提升依然无法脱离企业内外部的知识资产,知识是企业动态能力更新和提升的核心要素。

企业动态能力的演化过程往往伴随着知识转移的过程,动态能力的更新和提升主要通过知识对其的改变作用来实现。企业通过知识转移来应用和创造新知识的过程恰恰是其动态能力不断发生变化并逐渐提升的过程[21]。为了进一步研究知识转移在企业动态能力演化中的作用,本章分析了联盟企业动态能力的演化过程、联盟企业动态能力演化过程中的知识转移活动以及两者之间的关联。

2.1.1 联盟企业动态能力演化过程分析

动态能力是企业知识积累、创造和演化的过程,动态能力的演化过程与自然界生物的演化过程存在着某种程度上的相似性。本章认为企业动态能力的演化过程主要围绕着能力的认知阶段、发展阶段和成熟阶段这三个阶段进行,全面地反映了能力随环境变化的动态演变特征。联盟企业动态能力的演化过程如图2-1所示。

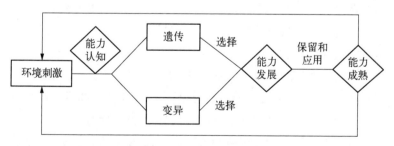

图2-1 动态能力演化过程

由图2-1可以看出,外部环境的刺激使企业洞察到环境变化对自身的能力要求,企业迅速对自身能力是否达标进行认知,认知的结果是企业需要"遗传"自身的知识和能力或者是需要知识和能力的"变异"来应对环境变化。企业选择"遗传"自身知识和能力的根本是其认为自身拥有的知识和能力足够应对环境的变化；相反，企业选择知识和能力的"变异"是因为其认为自身拥有的知识和能力不能够应对环境的变化，需要引进或者创新知识来提高自身能力，以便更好地应对环境变化对企业提出的挑战。接下来，无论是"遗传"的知识或者是"变异"的知识，都需要经过企业和市场的选择。选择的结果是能够适应环境变化，且能给企业带来价值增值的知识被保留下来，并被广泛应用，不能适应环境变化的知识则被淘汰掉，这一过程使企业应对新环境变化的能力逐步提升并趋向成熟。

1. 能力认知

在企业发展过程中，环境刺激对企业的战略决策有着很大的影响。由于环境的动态变化对企业的能力提出了新的要求，此时企业往往会综合评估自身的能力水平是否能够适应环境的动态变化。在这种情况下，如果企业原有知识所蕴含的能力水平足以应对环境的变化，那么企业会选择"遗传"自身的原有知识，使原有的知识继续在组织内部流转，从而帮助组织更好地适应环境变化；如果企业原有知识所蕴含的能力水平不足以应对环境的变化，那么企业会选择令其自身的知识产生"变异"，进而产生更多的能够适应环境变化的知识，以此提升自身的能力。

"遗传"和"变异"最初起源于生物学，"遗传"是指生物亲代和子代之间、子代个体之间相似的现象；"变异"是指生物亲代与子代之间以及子代个体之间存在着或多或少差异的现象。

动态能力通常深隐于组织流程当中，确切地说，动态能力深隐于导致组织发生有效变化的惯例当中，这些惯例往往体现为企业目前的知识存量和知识的不断创新，即知识是企业动态能力不断提升的根源。

企业选择遗传自身知识的原因是企业原有的知识存量和知识质量以及企业原有的组织惯例等能够使企业应对环境变化带来的机会和挑战。相反,企业选择变异是因为环境变化导致企业现有能力无法满足环境改变后对企业的要求,此时,企业迫切需要创造出新的知识或是从外部吸收新知识并利用其来应对环境变化对企业带来的挑战[22]。随着组织内越来越多新知识的产生,组织内原有的旧知识体系或行为惯例就会发生变化,这些变化均倾向于使组织更好地适应环境变化。环境刺激是组织内新知识产生的萌芽时期,它是企业创新知识并使企业原有能力产生变异的源动力。

变异从根本上来说主要是企业通过各种途径,即外部知识的获取吸收和内外部知识的整合创新来重塑知识架构和能力平台,创造出更高的绩效水平,并最终实现能力的变化提升。变异阶段企业通过不断地惯例搜索和惯例感知,尝试或者模仿产生一些假设的替代方案。企业新能力形成的前提条件是出现了使组织惯例变异的知识,变异可能是随机出现的结果,也有可能是企业有意识诱发的结果。有意识诱发的变异主要来自企业创造性地向内和向外搜索有利于促成变化的机会。动态能力认知阶段的演化过程如图2-2所示。

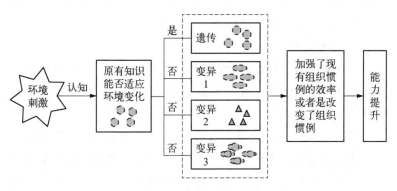

图2-2　动态能力认知阶段的演化过程

2. 能力发展

在生物演化过程中,遗传或变异的生物有的能够很好地适应外界环境的变化,这对生物的生存是有利的;另外,也有一些遗传或变异的生物不能适应外界环境的变化,那么毫无疑问,这不利于生物在自然界中的生存。此时,自然界对遗传或变异的生物进行选择,适应环境变化的物种被留了下来,相反,不适应环境变化的物种被淘汰出局。生物的遗传和变异使生物朝着能够不断适应环境变化的方向进化发展。

同样地,企业知识的"遗传"和"变异"使企业能够不断地适应环境变化,这也是企业能力持续发展的一个过程。对于企业来说,选择的过程是评估能力作用绩效的过程。市场环境的选择是检验企业知识遗传或变异是否成功的最终标准。企业在发展过程中会抛弃一些无法产生经济和社会效用的知识,以此确保选择的知识有利于企业适应动态变化的环境。

一般情况下,在激烈的市场竞争中胜出的企业或者是在市场竞争中表现优秀的企业,其组织知识往往会被快速复制,并得到不断地放大和强化,具有正反馈效应的组织知识可以推动企业能力的不断扩张。在动态变化的环境下,频繁的环境选择使企业想要依靠已有的知识固守成功的可能只会越来越少,只有坚持不断地知识创新的企业才能最可能地获得成功。

3. 能力成熟

存在于自然界的各种生物,经过激烈的生存斗争,那些能够适应环境变化的物种被保留了下来,而那些不能适应环境变化的物种则经过自然选择后被淘汰。

同样地,在企业能力演化过程中,那些促进企业能力扩张的知识逐渐以不同的形式被保留了下来。被保留下来的新知识会在组织中得到扩散和运用,换言之,新知识只有被大量地推广和应用才能给组织带来更多的价值增值。

在组织对新知识的推广运用过程中会产生许多经验,这些经验反过来又会对原有的知识产生反馈,企业可以在这些经验和反馈的基础上,结合原有的知识对自身知识体系不断地进行补充和修正,这样就形成了一个知识创新的良性循环,进而使企业应对环境变化的能力逐步趋向成熟。

在这里需要特别指出的是,企业动态能力演化过程的阶段划分只有相对意义,企业能力的演化是一个能力认知、能力发展、能力成熟不断交织、更迭和循环的过程。联盟企业动态能力演化的发展阶段和成熟阶段的过程,如图 2-3 所示。

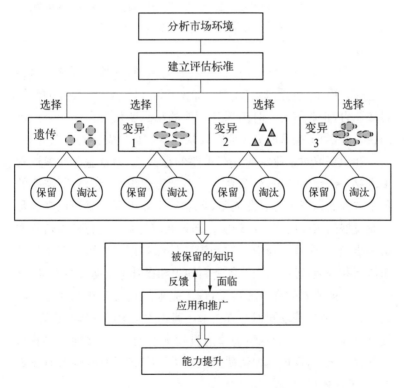

图 2-3 能力发展和能力成熟阶段

2.1.2 联盟企业动态能力演化过程中的知识转移活动

知识作为企业动态能力演化的重要支撑,在动态能力的演化过程中必然会伴随着企业间的知识转移活动。知识转移是联盟企业各主体学习和获取外部知识的重要途径。联盟企业间的知识转移可以促进知识创新,弥补知识缺口,有效解决知识的路径依赖问题,消除"知识孤岛"。联盟企业可以通过知识转移以及转移知识的消化吸收、整合创新等活动来创造新知识,形成和提升企业动态能力,获得持续竞争优势最终实现长期价值创造。知识转移主要是指知识从某个组织转移到另一个组织中的过程,知识转移包括知识获取、知识处理和知识创新三个阶段。

1. 知识获取

知识获取是指企业为了自身发展的需要,从外部市场上以各种途径获得企业所需要的知识。知识获取要求企业有良好的环境感知能力,企业需要及时感知到环境的动态变化对企业能力提出的新要求,为了提升能力企业需要快速获取自身需要的知识资源。

知识获取对企业发展具有重要的意义,因为企业在发展过程中需要多样化的知识,单个企业没有精力也没有能力对所需要的各个方面的知识进行研发创新,单靠从企业内部获取知识来满足企业发展的需要已变得不现实。知识获取是企业进行知识转移的第一步,它使企业自身固有的知识和外部知识环境形成有效的动态协调和沟通,进而为企业创造新知识和提升企业动态能力服务。

在当前激烈的竞争环境下,许多企业通过与合作伙伴建立联盟,并从对方处获取知识的方式来迅速扩大企业的整体知识存量、提升企业在市场中的竞争力。通过建立联盟,企业之间可以获得互补性知识,这样可以加快研发速度,缩短研发周期,降低研发成本,分散研发风险等。

为了获取企业所需要的知识,在实际经营中,许多企业甚至成立了专门的信息业务部,该部门主要负责有关市场动向、外部环境以及技术信息的收集和整理。根据收集到的相关信息制作市场调研报告,为企业知识获取提供便利。此外,即使没有成立信息业务部门的企业,也往往会派出人员进行相关市场、外部环境以及技术信息的搜集工作。

2. 知识处理

处理,即处置、安排、料理的意思。知识处理是将不同来源、不同结构、不同类型的知识,按照一定的目标通过判断、筛选、分类、吸收、整合、创新、评价等一系列处理环节,使组织获取的知识成为一个新的、有序的知识体系。这个新的知识体系可以为组织有效地进行知识管理、提升动态能力,从而为增强企业市场竞争力打基础。

企业进行知识处理的先决条件是知识获取,同时,知识创新是企业进行知识处理的主要目标。企业知识处理包括了准备阶段、加工阶段和完成阶段。准备阶段主要是对企业获取的知识进行判断、筛选、分类以及排序等基础性准备工作;加工阶段主要是对获取的知识进行消化吸收,同时把企业自身原有的知识与消化吸收后的知识进行有效整合,并努力进行知识创新;完成阶段主要是对创新知识进行相应的评价。

在企业进行知识处理的过程中,做好处理的准备工作能够为企业高效地处理知识提供便利。但是,企业知识处理的核心环节是加工阶段,在此阶段,对企业知识创新有重要影响的是知识的吸收和整合。吸收能力是企业知识库和其努力程度的整合,包含了吸收知识的能力和解决问题的能力。企业对新知识的吸收学习是一个逐渐累积的过程,学习绩效的高低与企业原有的知识水平有关。知识整合注重对知识的协调和控制活动,主要是企业把自身知识和获取的知识进行有效架构,根据企业目标将分布在不同"位置"的知识进行有效连接,以实现知识在企业内部的共享和流动,从而为企业知识创新作准备。因此,这个阶段也有效地培养了企业的吸收能力和整合能力。

3. 知识创新

知识创新是企业知识转移的最后一个阶段,是知识获取、知识处理的最终目标。创新的知识被运用到新环境中,为企业创造了能够适应外部环境的相应产品或服务,同时实现了企业知识量的增长。

企业知识创新的结果外在地体现为企业的产品创新、服务创新或者流程惯例创新,内在地体现为企业找到了一种随新机会和新环境而不断调整自身战略决策的知识和能力,企业可以在此基础上建立一个不断开创未来而不是一味固守过去的体系。换言之,知识创新有力地促进了企业适应外界环境变化的动态能力的提升,使得企业可以深刻的、长期的对影响企业竞争优势的趋势不断进行预测,并据此不断调整自身的战略方针。

联盟企业知识转移所经历的知识获取、知识处理和知识创新这三个过程是不断循环的。因为在知识创新过后,随着环境的不断变化,新环境的出现可能使上一阶段创新的知识逐渐变得不合时宜,此时就要求企业重新获取新的知识来提升能力,如此就形成了知识转移过程中知识获取、知识处理和知识创新的不断循环。联盟企业动态能力演化中的知识转移流程如图 2-4 所示。

2.1.3 联盟企业动态能力与知识转移的关联分析

从动态的角度讲,知识转移过程中存在知识流动现象,这个过程也是双方动态能力逐渐提升的一个过程。动态能力是指企业整合、创建、重构其内外部资源,从而在日益复杂多变的外部环境中不断寻求和利用机会的能力,即企业有目的并快速创造、拓展或变更其资源基础的能力。

1. 知识转移推动动态能力提升

知识转移是知识从来源方到接收方的一个过程,这个过程并

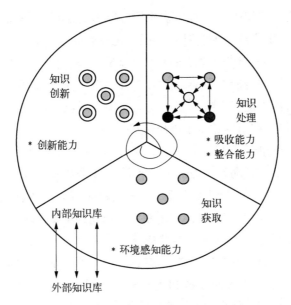

图 2-4 联盟企业知识转移流程

不是独立存在的,而是与知识获取、知识处理、知识创新等一系列动态过程密切相关的。知识转移是影响企业动态能力的重要因素,其会对企业动态能力的提升产生显著的影响。

(1)在知识获取阶段,随着市场竞争的加剧,企业面临的生存环境也越来越复杂,外部环境的变化会给企业经营带来一定程度的威胁。因此,为了更好地在市场竞争中赢得优势,企业必须具备对外界环境的感知能力,及时地预测和判断外部环境的变化,为企业战略决策提供参考。环境感知能力是构成动态能力的一部分,当一个企业具备了良好的环境感知能力时,它便能对环境的变化做出合理的预测并制订出相应的应对措施。

(2)在知识处理阶段,企业需要对获取的知识进行判断、筛选、吸收、整合等一系列工作,为企业知识创新做准备。企业在获取的知识中选择对自身发展有价值的知识,并对知识进行消化吸收和整合。知识吸收本质是企业学习能力的体现,如果企业的学习能力强,那么这个企业对新知识消化吸收的速度和效果都会比较理想。另外,对获取知识的整合需要企业具有良好的整合能力。吸收能力和整合能力是动态能力的有效组成部分,良好的吸收能力和整合能力能够不断地充实企业的知识库,从而提升企业动态能力,帮助其在市场竞争中占据优势。

(3)在知识创新阶段,毋庸置疑,企业进行知识创新需要有良好的创新能力。动态能力的形成本质上就是企业通过知识学习、知识创新不断提升能力的过程,知识创新能力不仅是企业动态能力的重要构成和体现,也是其不断发展演化的重要保障。

2. 动态能力改善知识转移绩效

企业能力的发展始于知识,知识可以来源于企业内部,也可以从外部获取,企业通过获取和吸收整合不同知识以满足企业发展的需要。从知识到企业市场竞争力提升的动态演化过程是企业内部与外部知识相交换的过程。

知识是企业竞争优势循环的逻辑起点,最终产品或服务所带来的市场竞争力是逻辑终点。在此过程中,企业的业务流程、惯例、能力是连接起点和终点之间的桥梁和支撑。从起点到终点的潜在优势向实际优势转化,以及从终点到起点的实际优势对潜在优势的强化与更新都必须要通过这些桥梁来进行。企业在日常运作中运用各种知识,在此基础上形成企业的运作惯例,能力则是在企业惯例的基础上进一步提升和过滤形成的。企业能力帮助企业创造出各种差异化的产品和服务,通过时间和市场环境的选择过滤而逐渐形成企业的市场竞争力,并在市场上获取相应的竞争优势。

企业内动态能力的演化过程可分为能力认知阶段、能力发展阶段和能力成熟阶段。动态能力演化过程中同时包含了知识转移循环以及知识转移带来的业务流程循环、能力提升循环和最终的市场竞争力循环这几个由低层次到高层次的循环过程。动态能力的演化是一个与知识转移密不可分的动态过程,由图2-5可以看到,知识转移循环和其他几个循环之间是彼此联系的。

(1)在能力认知阶段,外部环境的刺激需要企业迅速识别和利用市场机会。企业需要衡量自身知识是否适应环境变化,如果感觉自身知识和能力可以适应环境变化,企业需要"遗传"自身知识,使自身知识在组织内得到广泛分享和运用。如果企业自身知识不能适应环境变化,就不得不考虑通过知识"变异"的途径适当增加知识以提升自身能力。此时,企业会通过各种途径搜索对自身发展有用的知识,并努力获取这些知识;获取知识之后企业会对这些知识进行相应的加工处理,以满足企业知识创新的需要;在知识处理之后,企业会结合自身的战略发展需要以及企业的知识水平努力创新出适应外部环境变化的新知识。

(2)在能力发展阶段,企业为了达到对知识的充分利用,会把认知阶段企业通过遗传或者变异取得的知识在企业内广泛地运用和传播,这些知识会逐渐地渗透到企业的业务流程中。同时,随着环境的动态变化,企业为了提高市场竞争力可能会需要更为先进的业务流程,重组新的业务流程也会需要新知识,如此应用和需求构建了业务流程循环。企业从其日常的业务流程或某个子单位中逐渐发现有效的运作实践,从而将其制度化为组织的惯例,并为企业的各个子单位所采用,逐步开发并提升企业的动态能力。

(3)在能力成熟阶段,那些有价值的、难以被替代的知识和能力经过组织环境的选择和保留逐渐演变成企业提高市场竞争力的重要手段。

当然,随着组织外部环境的不断变化,企业原先在市场上获取的竞争优势可能会面临威胁或挑战,此时企业会产生对能力、惯例、业务流程的新需求,从而对知识也产生了新需求,这样便产生了从高层次到低层次的反馈和循环。动态能力改善知识转移的循环演化过程如图2-5所示。

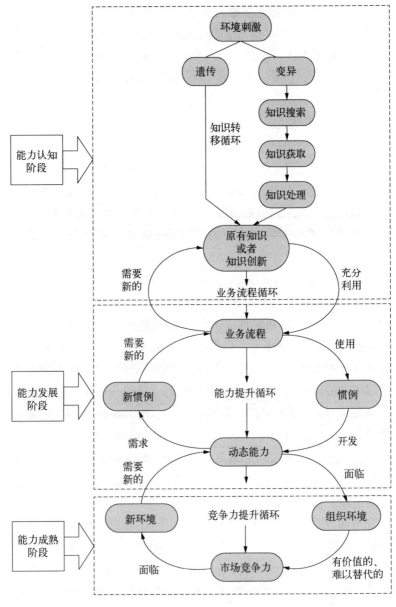

图 2-5 动态能力的演化过程

2.2 产业技术创新战略联盟知识转移形式分类

产业技术创新战略联盟是指企业、高校、科研院所等通过协议的签订、契约的形成等方式直接实现多方主体之间的知识转移。知识转移的内容一般是某一技术的阶段性知识转移或者研发当中的某一环节的知识转移，联盟的主体多是企业，以技术传播和研究开发为重点。共性技术创新知识的转移常常是跨地区、跨领域进行的。

诸多学者及专家对产业技术创新战略联盟知识转移模式进行了研究。产业技术创新联盟知识转移的模式多种多样，主要有委托开发、合作开发、共建实体三种模式。

委托开发是指产业技术创新战略联盟主体以契约的方式对专利技术、技术秘密、实施许可等无形资产进行使用权转让的一种经济法律行为，最常见的形式是高校、科研院所等知识主体出让技术，产业主体受让技术。委托开发模式具有权责分明、容易操作的特点；相关技术成果较为成熟，既有利于短期内促进出让方科研成果产业化，也有利于受让方获得经济技术价值。但是，这种技术转让模式多为一次性转让行为，产业技术创新战略联盟各方关系松散，注重短期效益，缺乏对技术创新的持续刺激，所以，此种知识转移模式主要适用于科研机构中游或下游应用研究成果的转让。

合作开发是指针对一个科研课题，产业技术创新战略联盟各方共同寻求技术解决办法的一种经济法律行为。合作开发多以科研课题为载体，以课题组为依托，由产学研各方派出人员组成临时性研发团队对课题进行研究开发。在实践中，合作开发模式既可能是市场自发行为，也可能是政府引领的合作攻关行为。合作开发模式可充分调动企业与高校各方力量，集中对特定科技项目进行攻关，使企业主体有效利用学术机构的研究资源，使学术机构的研究更具明确的市场导向。然而,受限于合作研究目标的明确单一,合作开发模式难以形成持续的合作动力。许多情况下,随着科研课题的结题,课题组往往归于解散,难以形成相对稳定的研究团队,该模式不利于知识的积累沉淀,不利于企业与高校、科研院所等各方的深入合作。合作开发通常是指企业与高校、科研院所之间建立联盟关系或合作关系,以合同约束行为,高校、科研院所主要提供知识要素,企业提供资金要素;科研院所负责整个研发过程,企业负责研发后的成果商业化。

共建实体是指企业与高校、科研院所各方通过出资或技术入股的形式组建研发实体,进行技术转移或经营。研发实体以资金或技术为纽带把企业、高校、科研院所等主体结合成紧密的利益共同体,有效地解决了风险分担和各方权益分配机制问题,适用于企业与科研机构等的长期深入合作。不过,组建研发实体模式要求合作方必须形成自负盈亏的公司组织形式,因此,在合作中科研需求始终要服务于经济利益,有可能出现不利于科研发展的情形。

以上三种产业技术创新战略联盟的知识转移模式对合作双方的要求不是很高,企业与高校之间的关系比较松散,方式灵活,比较容易达成合作。这三种模式均比较利于集中各方优势,优化资源配置,最终达到共赢。然而这三种模式之间依然存在优劣之分,对这三种联盟知识转移方式进行对比,对比结果如表 2.1 所示。

表 2.1　三种合作方式对比表

分类标准	类别	特点				
		紧密程度	是否易形式化	资金投入	是否易发生纠纷	成果是否易转化
合作关系	委托开发	松散	容易	较小	不容易	不容易
	合作开发	较紧密	不容易	较多	容易	容易
	共建实体	紧密	不容易	多	不容易	容易

从表 2.1 中可以看出,委托开发虽然企业资金投入较少,也不容易发生纠纷,但是委托开发的成果往往不能较好地契合到企业的产品中,企业对这部分技术成果转化较为困难,在商业化过程中,往往需投入大量的商业化资金。而共建实体模式虽然合作双方关系紧密,不容易发生纠纷,但企业资金的投入往往比较高。企业作为营利性组织,追求的永远是最优利益。过多的资金投入会使得企业望而却步。与这两种模式相比,产业技术创新战略联盟合作开发模式常常受到企业的追捧,但此种模式同样存在弊端,合作双方之间容易产生纠纷,如何解决这类问题使产业技术创新战略联盟主体之间信任度更好、知识转移稳定性更强具有现实意义。

2.2.1 委托开发模式

2.2.1.1 含义及特点

委托开发模式是指,在产学研合作中,企业基于某种技术需求向有相应能力的学研方寻求合作,学研方根据企业的需求状况进行立项研发,并最终将技术成果转移给企业的一种技术转移方式。在这种技术转移模式下,企业由于自身研发实力或技术创新能力欠缺,或者是出于节约成本的考虑,将技术研发委托给有资历的学研方,企业并不参与技术研发的过程。这种转移模式双方职责划分清晰,转移过程较为简单明了。

对于委托开发模式的具体分类众说纷纭,主要概括为以下三类:

(1) 技术咨询模式,是指企业为某一特定项目、工程或技术的顺利进行而向学研方提出的合作请求。包括要求学研方提供可行性分析、专项技术实证研究、专家预测、实地调查等咨询式的合作需求。这种模式下,企业一般已经存在或正在开发某种技术产品。

(2) 技术服务模式,是指企业委托学研机构对其现有技术产品存在的问题进行调整改进,提供后续服务的模式。这种服务包括改进关键技术环节、提高产品性能、降低生产成本、优化资源配置、落实安全生产、提高社会效益等一系列内容。这种模式主要发生在企业技术产品的半成熟阶段。

(3) 技术转让模式,是委托代理模式下应用最广的一种模式,是指企业与学研方签订正式的许可合约,来实现技术成果所有权的转让。这种模式建立在学研方已经完成技术产品的研发的基础上,且企业市场需求与学研方的技术成果存在匹配性,企业取得技术产品后将其投放市场。

在实际的转移过程中,由于需求的多样性,三种模式会出现交叉混合的情况。有些合作内容可能会涉及不止一种转移方式。委托开发模式下,技术转移过程图如图2-6所示。

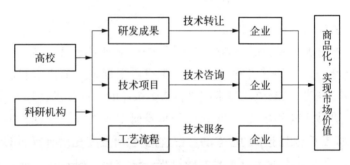

图2-6 委托开发模式下的技术转移过程图

委托开发技术转移模式具有以下特点:

(1) 合作阶段:委托开发模式下由于企业一般不参与研发过程,所以合作内容主要体现在技术流通阶段,企业按合约定价支付技术产品费用即可进入生产阶段。

(2) 合作对象:委托开发模式下对合作对象有较高的要求,在企业需求与学研方技术能力既定的情况下,实现两者的高效对接具有一定的挑战性。若企业选择不当,可能会造成生产周期缓慢、技术成果差别大,甚至需要面临"二次研发"等窘境,造成资源浪费。

（3）企业类型：委托开发模式一般在中小企业中应用较多。一方面因为中小企业由于自身实力较薄弱，很多并不具备独立研发的能力，也缺乏技术人才，难以参与到合作的研发环节。另一方面，出于节约成本的考虑，委托研发缩短了技术成果的产生周期，能够为企业争取更多时间进入市场，在激烈的市场竞争中抢占先机。

在实际应用中，委托开发模式是指参与成员受自身限制因素的牵引与学研方展开合作，实现优势互补，合作共赢。对于企业而言，该模式有利于节约成本，提高投入产出效率，同时，也缩短了技术创新的周期，有利于提高技术创新能力，进而增强企业的市场竞争力。对于学研方而言，该模式实现了技术成果向社会生产力的转化，取得了经济收益，同时也使学研方获得了更多的市场信息。

2.2.1.2　定价方式选择

在委托开发模式下，技术成果的技术转让费用不仅包括流通阶段产生的谈判、专利申请等实际费用，还包括技术研发阶段产生的费用，以及预测技术生命周期等因素对利润的影响。委托开发中的技术转让、咨询或服务合同的客体是一种无形的商品，不同于有形商品。企业在作出定价决策时，要遵守平等互惠、同价兑换的原则。签订正式的技术转让合约和协议，能够保证各参与主体的权利，明确职责，使产学研合作稳定有序地发展。

事实上，合作双方签订技术转移合约后，主要风险由学研方转移到企业。因此，可以说委托开发是事前交易方式的一种。但是，企业可以通过协商等方式，改变技术产品的定价方法，以此来分摊风险。以下是委托开发模式下常用的两种定价方式：

（1）固定报酬定价模式

固定报酬定价模式根据其支付方式的不同，可以进一步分为一次性支付和分期支付。一次性支付操作程序简单，一般应用于项目周期较短、技术条件成熟的情况，当企业认为技术有较好的市场前景且风险相对较少时,往往愿意采用这种支付方式。分期支付方式是在一次性支付方式上发展而来的,由于实践中很多项目具有一定的复杂性,不仅受技术水平等主观因素影响,更依赖于社会客观环境的变化,比如,出口产品往往受出口国的政治、经济、法律、文化等因素的影响,其经济利益难以准确预测。因此,企业会选择分期支付方式来分摊风险。

(2) 产出共享定价模式

企业通过签订合约获得技术成果的所有权,但在后期的市场应用中,可能会因为企业掌握的技术水平不够、理解偏差等原因带来一定的市场应用风险,而此时学研方没有提供后期支持的义务。因此,企业为了慎重起见,规避高风险,也会选择产出共享定价模式,与学研方保持实时互动与信息沟通。需要说明的是,产出共享模式下的定价通常会远高于固定报酬模式下的定价。

2.2.2 合作开发模式

2.2.2.1 含义及特点

合作开发模式作为一种技术转移的合作模式,它是由各参与主体通过订立合约的方式,协同给予研发投入、人员安排与设备配置等,继而对某一具有市场前景的技术进行研发的技术转移活动(见图2-7)。各参与主体通过这一合作模式进行彼此交流和合作,不但能够实现技术研发质量和效率的突飞猛进,而且对于参与成员(教师、研究者、企业员工、管理层等)的科技创新实力和业务能力均是一个很好的锻炼。

近年来,我国产学研进行合作的最主要的合作模式即为合作开发模式。主要原因有两个方面:① 这一模式可以满足企业提高市场竞争力和创新能力的需求,展示了企业提高技术创新需要层次这一现象,同时也增强了企业技术开发的能力;② 缺乏成熟的技术积累,尤其是缺乏成熟的流程化技术积累。在经济不断发展、

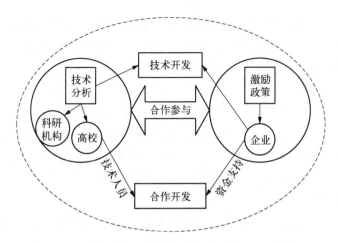

图2-7 合作开发模式下的技术转移过程图

科技不断进步以及专业技术逐渐高度分化这一背景下,每一个企业都难以在某个特定领域占据全方位的领导地位,只有依靠共同合作、长短互补的模式才能克服项目中的技术难题,最终实现技术创新。

合作开发模式的特点如下:

(1) 合作关系

相较于委托开发模式下的技术转移,在合作开发模式下,企业参与到学研方的研发环节中,双方共同投资、共担风险。通过签订技术转移的合约,企业与学研方形成一个利益整体,双方形成持久紧密的合作关系。

(2) 合作内容

合作开发模式下的合作内容不仅仅局限于流通领域,在研发环节双方就展开合作,合作内容涉及生产、营销、人力资源、资本设备等各个方面,形成了多层次的合作局面。

(3) 合作过程

合作开发模式下的合作贯穿技术转移的全过程,从产品设计、研发、生产试验到最后的技术成果商品化，将委托开发模式下的转让内容即技术转让、咨询、服务进行了深入拓展，使合作过程更加完整、顺利。

(4) 合作对象

合作开发模式下的适用企业一般是规模较大的企业，而进行合作的大学和科研机构也是具有较强科研能力的机构。合作内容的拓展以及合作流程的增加，对合作对象提出了更高的要求，只有这样才能在更高领域实现优势互补，实现技术创新的产业化。

合作开发这一模式，将大学、科研院所以及企业紧密结合起来形成了一个利益共同体，从根源上使企业面临过高风险的问题得到了解决，更重要的是，发挥了各方在合作进程中的研发优势，充分体现了优势互补的原则。此外，这一模式对高素质人才尤其是在管理型的技术人才上，也具有较大的优势。然而，这一模式仍有弊端，即因为合约设计得不合理或不全面，再加上管理方面的疏漏，以及参与主体在思想价值、文化理念方面的不同，在合作分工、管理运行、利益划分等其他方面势必会产生冲突。

2.2.2.2 定价方式的选择

根据合作开发模式的特点，可以看到固定报酬的定价方式难以应用其中。固定支付方式简单便捷，但其无法应对技术转移中的突发状况，不能对变化的市场环境作出反应，因此难以适用于深层次的合作。

运用共享定价方式，虽然起到了企业与学研方分摊风险的效果，但是在技术研发前期对学研方缺乏一定的约束力，而且资金投入回收周期较长，容易导致学研方的工作散漫，积极性下降。因此，在合作开发模式下，混合定价方式即固定费用＋变动费用的方式较为适宜。

如何确定变动费用的比例，还应该根据不同的提成方式进行具体分析。常用的提成方式有按产量提成、按利润提成、按销售额提成，不同提成方式下变动费用系数的确认应该与合作项目的期限、技术产品的寿命以及企业的未来预期收益相关。一般来看，合作项目的周期越长、成本回收越慢、投入越高的项目，其变动费用的系数一般较低；对于合作项目周期短、见效快的项目，其变动费用的系数一般较高。同时，技术产品的质量高低也将直接影响技术转移的定价，"含金量"高的产品，其变动费用的系数一般也较高。除此之外，技术产品生产的阶段不同，也会影响变动费用的确定。

2.2.3 共建实体模式

2.2.3.1 含义及特点

共建实体模式是一种新型合作模式，主要以企业、大学和科研机构为参与经营主体，为了达成共同利益，对人、财、物以及信息等资源所进行的一系列规划和管理活动(见图2-8)。共建实体的核心目标是共享优化配置，从而实现财富的创造与共享。其中，建立高新技术产业、合作实验室、组织项目研究中心、设立基地等均是其主要的表现形式。近年来，与政府合作成立高新产业园、与金融机构合作组建研发集体等形式也日益流行起来。

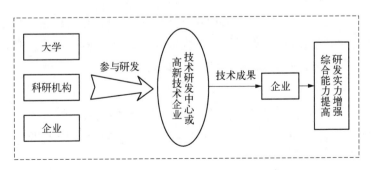

图2-8 共建实体模式下的技术转移过程

共建实体是产学研合作技术转移中合作程度最高、联系最紧密、效率最高的技术转移模式。运用共建实体模式需要各合作方具备前期的信息交流基础，在不断的合作发展中，逐步由松散无序走向稳定高效。通过这种紧密相连、层级分明的组织方式，使合作各方清晰划分职责，进行明确的分工。

对资源进行重组，建立一个崭新的运营实体是共建实体模式有别于合作开发模式的最明显特征。该实体具有独立性，为各参与主体研发活动的进行、实现技术协同创新提供载体，但它独立于任何一方而存在，不受参与主体的掌控，也不归属于任何一个组织。共建实体模式的另一个特征是学研方主导代替了委托开发和合作开发模式中的企业主导。因此，对于学研方而言，在产学研合作中获得了更多的主动权。

共建实体模式是产学研技术转移中合作最紧密的一种，它有如下特点：

（1）具有产业化特征

共建实体模式将产学研三方紧密结合，实现了资源共享、优势互补，通过建立实体组织，使合作更加持久稳定。这种方式下，最大程度发挥了各方优势，并形成了规模化经济效益，实现了产学研合作的高新技术和产业化发展。

（2）促进人才交流

共建实体模式为产学研的成员——教师、科研人员、企业技术人员、管理人员等提供了一个深度合作的平台，有利于实现信息沟通、思维碰撞，促进技术创新能力的提高。

（3）实现了创新和创业的结合

共建实体的合作模式不仅实现了技术创新，也培养了大批优秀人才，为其提供了新的职业道路，实现了创新与创业的有机结合。

对于共建实体模式而言，其合作的高层次、高成效必然要求苛刻的成立条件。对于主导者而言，一般要对合作的各个方面进行慎重考虑，包括合作成员的挑选、合作条约的设计、合作运行的方式以及后期市场需求的判断、商业化的推广等。如果不进行深入的研究，将很难实现资源的优化配置、达到预期的效果。

共建实体模式一般对参与主体具有较强的选择性，适合规模较大的企业、综合实力较强的高校和研究机构。从现有的三种技术转移模式来看，最常见的是委托开发模式，合作开发模式居中，共建实体模式较为少见。这与我国目前产学研合作水平低有着密切的关系。再加上我国高校、科研机构的创新驱动力不足，政府支持力度不足等原因，导致了这种发展现状的出现。由此可见，我国在产学研合作中技术转移的发展任重而道远。

2.2.3.2 定价方式的选择

共建实体模式下，技术产品的定价要考虑后期各主体的利益分配，而利益分配与各参与主体的投入有关。企业在技术转移中一般以资金、固定资产投入为主，而学研方一般以技术、人力资源等无形资产作为主要投入。因此，在制定定价策略时，应充分平衡各方的利益，做到公平、合理。值得注意的是，现在技术成果也可以作为资本进行投资，企业和学研方按股分利。技术成果投资价值的高低与其自身质量和市场需求密切相关。

技术成果不仅可以被视为单独的资本，而且可以与其他资本结合起来，作为一个有机整体来确定技术产品的定价系数。同时，技术转移的主体也应该采取灵活的定价方式，结合技术转移的不同阶段、项目的周期长短等因素合理确定技术转移产品的定价系数，这样才能保证产学研合作中技术转移的水平迈向更高的台阶。

综上所述，不同模式下定价方式的选择如图2-9所示。

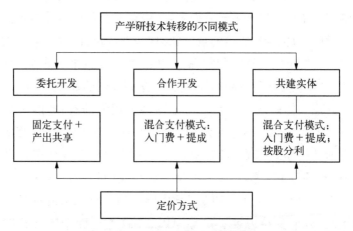

图 2-9 不同模式下定价方式的选择

2.3 产业联盟主体对共性技术扩散和吸收的作用分析

目前,产业技术创新战略联盟的知识转移多以企业为主,但由于市场驱动的影响,产业技术创新战略联盟研发的主体往往会发生变化。产业技术创新战略联盟知识转移主导类型主要有三种:企业主导型联盟创新模式,高校、科研院所主导型联盟创新模式和政府推动型联盟创新模式。

企业主导型联盟创新模式是指在产业技术创新战略联盟研发过程中,企业作为联盟主体进行相关的科研活动,科研院所负责技术研发,企业负责后期商业化过程,实现科技与经济的结合。这样的企业是技术创新的创造者,也是新技术转化为生产力的实施者,即企业既是技术创新的主体,同时也是应用新技术的主体。从目前来看,产业技术创新战略联盟也必须由企业主导,通过市场机制实现技术创新,充分发挥产业技术创新战略联盟的作用。以企业为主导的原因主要是因为企业的经营目标是追求利润最大化,只有通过市场竞争才能实现这一目标。明确并强化企业在产学研结合中的主体地位,有利于在产业技术创新战略联盟中引入市场机制,实现研发工作的市场导向,保证持续技术创新;同时,企业由于市场经验优势,能够较为准确地把握市场现在和未来的技术需求,从而有利于产业技术创新战略联盟正确把握研发方向,迅速地把科研院所和企业的科技资源整合起来,提供有市场前景的产品和服务,提高产业技术创新战略联盟知识转移的成功率和效益。

高校、科研院所主导型联盟创新模式是以高校、科研院所为主体,实现从基础研究开发到应用研究开发,再到技术创新成果的商业化。作为知识转移的主导,不仅要求高校、科研院所具备较高的知识要素,还要具备技术成果转化能力及商业化能力。为了实现高效知识转移,高校、科研院所还必须具备市场预测、营销管理等方面的能力。

政府推动型联盟创新模式是指由政府组织的用来解决科技、经济发展中的重大问题和关键问题的大规模联合行动。在这种模式下,政府的整体协调作用主要体现在对优势力量的集中指挥和对最有优势的单位和个人资源的落实上。研究成果将迅速实现知识转移,实现经济效益;同时,为国内外高新技术合作发展创造良好的环境,培养高级科研管理人才。政府推动型联盟创新模式的特点是:政府设立、投资、引进资金,为具有前沿性的产业技术创新项目提供启动资金,帮助企业占领市场,主要支持符合当地经济社会发展和产业结构调整需要的科研项目。

2.3.1 科研机构对共性技术扩散和吸收的作用分析

共性技术的影响因素包括:共性技术扩散的影响因素,即外部影响因素;共性技术吸收的影响因素,即内部影响因素。共性技术内外部影响因素均受各网络结点的制约,外部因素主要受科研机构、政府、中介机构等的影响,内部因素主要受企业的影响。

2.3.1.1 科研机构科研能力对共性技术扩散和吸收的作用分析

共性技术的研究机构以高校和科研院所为主,企业为辅。这主要是由共性技术的基本性质决定的,共性技术是一种公有性质的技术,也可以看成是一种平台技术,虽然任何一个企业都希望不断提高自己的技术平台和技术基础,但是共性技术的公有性质使其运用广泛,容易被复制和模仿,容易被竞争对手"免费搭车",因此,很多企业都不愿意花成本研究共性技术。所以,共性技术的研究虽是企业的需求,但一般都是通过政府或者产业联盟联手高校和科研院所进行研究。

高校和科研机构作为共性技术的供给源,直接影响共性技术的质量和共性技术的供量,同时还决定着共性技术的技术关联性、技术时效性、技术的成本以及技术的复杂程度,从而对共性技术的吸收产生影响。

共性技术的关联性主要关系到共性技术所涉及的产业范围,必须能够为整个相关技术产业所接纳,以提高整个产业技术水平为目的,也是新的共性技术能否带来再创新的必要条件。虽然共性技术的时效性并不影响某个区域的某个产业的竞争,但是却关乎区域之间的产业竞争,能否占据更大的产品市场,共性技术的快、新起关键作用。此外,共性技术作为某个产业的技术基础,由于其处于基础性技术地位,许多产业、企业技术都是以此为基础进行开发的,如数字技术、集成技术、冶炼技术等,因此,共性技术的研发要求其时效期较长并具有一定的稳定性,不能三天两头就发生较大的变化,这也是共性技术与普通技术的不同之一。共性技术的成本直接影响到技术吸纳者的积极性和采用热情,共性技术吸纳者往往会从成本节约、产出增加、产品质量提高等多个方面对新共性技术的吸纳进行衡量,同一效果的不同创新,费用越低的创新越容易被采用。技术的复杂程度是指共性技术被潜在用户理解和吸收的困难程度。共性技术被吸收的效率往往同其复杂性呈负相关性的。如果一项新的技术比较复杂,技术需求者就需要较长的时间去认识和学习其功能和性能。同时,复杂的共性技术对吸收者的技术能力也有一定的要求,当采纳者的技术能力达不到相应的要求时,共性技术的吸收效率便会直线下降,达不到研究共性技术的目的。为克服技术创新复杂性的影响,通常采取提高用户的技术能力或改进产品降低对用户技术能力的要求,但是对共性技术创新而言,要提高用户的技术能力是一项长期而艰巨的任务,周期长不利于共性技术创新的传播和吸收,所以,高校和科研机构要合理设计共性技术创新,以达到简单易学的目的,从而最大限度地提高共性技术的吸收效率。

2.3.1.2 科研机构空间位置对共性技术扩散和吸收的作用分析

科研机构空间位置若较为偏僻,与企业等技术需求者的空间距离较远,则将直接影响到共性技术信息的初始含量。技术信息的初始含量指在技术被技术需求者吸收前的技术信息量。技术信息被吸收前的初始含量主要取决于技术源与技术需求者的空间距离和保密措施的严密性。对于具有公共性质的共性技术而言,技术信息的初始含量对共性技术扩散和吸收的影响主要与空间距离有关(见图2-10)。

图2-10 共性技术信息初始含量受空间距离的影响

各类技术需求者之间相互联系、相互制约、相互促进,直接影响着企业间信息、观念、物资、人才、资金等要素的空间流动,从而影响着技术的扩散与吸收。任何一项技术扩散的过程都是通过创新者与最早的技术需求者之间的信息传输来实现的,之后,首批技术吸纳者又作为新的扩散源继续将技术进行扩散,从而形成技术的扩散网络,循序渐进,进而发展为创新网络。

由于空间距离影响着网络中各类主体间的信息传播和物资流通,随着空间距离的增大技术势能差也会增加,而技术信息的流失量会随着技术势能差的增加而不断减少。对于共性技术而言,即便其具有较强的模仿性,但是随着技术信息的流失,技术的失真性也会增加;对共性技术吸纳者而言,引进技术的创新效果将会减弱。因此,空间距离严重影响着技术信息的初始含量。技术需求者距离技术创新源越近,其获得的技术信息的可靠性越大,带来的创新效益也越高,反之则较低。因此,要从根本上减少共性技术含量,首先必须减少技术供需者之间的距离,要求创新网络中各类创新主体进行空间性的集聚,减少技术引进、技术交流合作的时间和费用成本,更有利于技术的及时扩散和吸收。

2.3.2 企业对共性技术扩散和吸收的作用分析

2.3.2.1 企业技术人员对共性技术扩散和吸收的作用分析

共性技术信息本身并不是实体,而是包含在消息、情报、指令、数据和信号中的内容,这些技术信息,必须通过企业技术人员在技术扩散以及吸收过程中进行传递。共性技术知识的形态主要以显性知识和隐性知识呈现。

共性技术扩散过程和吸收过程是共性技术的显性知识和隐性知识借助于一定的力量,在不同网络主体之间进行传播、转化以及促进技术知识吸收的过程。这里的"力量"是指企业的人力资源,即技术人员,他们经验丰富,对技术创新的途径有针对性的了解,发挥着共性技术信息的依托者和传递者的作用(见图 2-11)。

技术知识的学习与研究本质相同,但是技术的研究过程是一个复杂的、反复的过程,而学习过程则相对更为典型化和简约化,学习技术的目的不再是探索的过程,而是一个吸收、验证与应用技

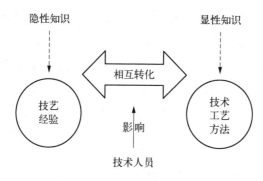

图 2-11 技术人员的影响作用

术的过程。从共性技术本身的特性来说,由于在技术扩散和吸收过程中,隐性知识对主体、研发过程和研发环境具有特定的依赖性;隐性知识本身的内隐性和模糊性等特征,给共性技术的顺利扩散和吸收都带来了困难。因此,技术知识的隐形特征对企业的知识吸收能力有一定的要求,只有了解技术知识的操作性、原理性和管理性,才能对技术知识进行有效的扩散和全面的吸收。而这些都需要企业的专业技术人员来完成。

对于共性技术扩散而言,技术知识的社会化、外在化就是获取技术创新的隐性共性技术知识,以及将个人的隐性技术知识转化成组织的显性技术知识的过程。共性技术知识通常是由供方或者中介机构技术人员通过演示、讲解、交流等方式,再通过企业技术人员的沟通、模仿、观察和学习等共同活动来分享隐性技术知识,使隐性的技术知识更加清晰、透明,最终转化为显性的共性技术知识,再通过需求方技术人员对已经理解到的技术知识进行整合、编码、复制、信息传播,为实现对共性技术创新知识的吸收做好准备。

在共性技术吸收方面,企业技术人员发挥的作用就是对共性技术的合适性作出判断。引进任何一项新的技术时,新技术与原有技术或多或少会有冲突,影响着需求企业的生产效率,因此在技术吸收前,正确判断技术并进行适当的考察尤为重要。技术人员可以帮助企业识别技术,从而作出正确的抉择。在引进某项技术之前,技术人员运用自身的专业和经验先对需引进技术的正负效应作一番考察,根据多项标准进行取舍,避免引进不适合企业自身的共性技术,避免造成不必要的经济损失和社会危害。此外,通过增强企业内在素质和适应性,专业技术人员可以帮助企业提高对技术的内化能力。如企业引进技术时,专业技术人员可以协助企业挑选合适的人员来促进技术的吸收;在培训方面,技术人员可根据企业的实际情况以及引进技术与企业技术融合情况,对企业内部人员进行针对性的相关培训。如此便可有效地减少技术创新方之间的技术势能差,提高企业吸收、融合新技术以及再创新的能力。

2.3.2.2 企业技术势能对共性技术扩散和吸收的作用分析

技术势能是指共性技术创新的程度与企业实际技术水平之间的差异。技术势能与技术供需方之间的各类资源相关联,比如人力、财力、需求方规模以及自身的技术创新水平等。造成技术势能差大的原因主要有三个:资金缺乏、新技术研发较少以及高素质人力资源缺乏,这三个主要原因是针对技术需求方的。对于共性技术而言,一般不会出现供需方技术知识完全平行的情况,因为共性技术的研发主要是为技术需求方而进行的,但是共性技术的创新却未必完全适应于所有的需求者,因为共性技术属于基础性的技术,技术研究考虑因素比较复杂,创新的难度也较大,不可能针对每个需求者的情况进行创新,只能依照整个产业的趋势进行共性技术的研究和开拓。对于企业来说,将自身技术平台提高一级也不是一件很容易的事情,毕竟原有的技术平台所产出的产品正在流通或运营,即便有创新,也只是原有产品的改进而已。如果企业的技术水平本身较低,甚至未能达到整个产业的平均水平,比如某些中小企业,那么在吸收新共性技术的过程中必然会遇到很大的困难,再加上本身实力较弱,很可能在不久后就面临破产的危险。

总之,如果技术势能越大,那么共性技术扩散和吸收的条件就越高,企业吸收技术需要付出的成本就越大,面临的技术吸收风险也越大。相反,如果技术势能越小,那么共性技术的扩散和吸收就变得更加便捷和容易。

2.3.3 中介机构对共性技术扩散和吸收的作用分析

共性技术的中介是一个起协调作用的机构。美国经济学家泰格提出,技术需求双方之间的交流就像无线电波传送信息,只有双方都有足够功率的电波发送和接收设备才能互通信息。这里的"电波发送和接收设备"是指技术需求双方的信息传播和吸收能力。泰格认为,在一般情况下,技术需求双方不可能都具有"足够功率的电波发送和接收设备",因此,要提高技术的转移率和吸收率,在技术的交易过程中,中间人传递信息的作用是不可忽视的。技术中介机构就是这样的"中间人"和协调者,在成功的技术交易中发挥着重要作用。

技术中介对共性技术的作用主要集中在降低技术的内隐性与不确定性上,具体作用主要是使技术更透明化,增强技术转移率和吸收率。技术商品交易并不像一般的商品交易那样简单,其涉及的信息繁多,技术供求双方也不仅是买卖关系,需要双方深入地沟通与协调。技术中介对于供求双方关系的作用主要体现在协调与沟通上(见图 2-12)。

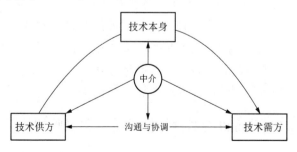

图 2-12 中介机构发挥"中间人"作用

在共性技术的交易市场上,由于技术供需双方技术信息的不对称导致技术转移率下降的事例举不胜举。共性技术中的信息不对称还会产生大量的交易成本,加之技术的专业性及技术知识含量等原因,使技术在交易和吸收的过程中也会有大量的资源被消耗,使交易成本进一步加大。因此,要从根本上提高技术的交易成功率以及减少技术的吸收障碍,关键还是要降低交易双方之间信息不对称程度,通过尽可能的信息透明化和信息共享制度,降低技术交易成本,提高社会资源的配置效率。共性技术中介作为技术需求双方的桥梁和媒介,对减少交易双方信息不对称、降低共性技术交易成本和提高共性技术吸收效率所起到的作用日渐凸显。

在共性技术转移和吸收的过程中,中介机构的服务主要针对以下几点:① 促成技术供需双方技术合同的订立和履行;② 为技术供需方洽谈、签约、履约提供全程服务,且服务周期长,服务内容丰富全面;③ 以技术知识为基础提供中介服务。归结起来,中介服务机构为共性技术提供的服务类型主要有五种,即提供硬、软件设施,提供法律、管理和技术咨询。硬件设施主要包括:中介机构开展活动时提供的活动场地、基础设施、管理人员及服务人员等。软件设施包括:中介机构为顺利开展活动必须收集的文献资料以及数据处理、网络必备设施、计算机设备和相应的技术、管理或服务人员等信息。法律咨询是中介机构通过技术鉴定、专利服务、资金担保、合同服务等来促进技术的成功交易、避免或解除纠纷。管理咨询指中介机构为共性技术需求双方提供相关的技术评估、市场研究、企业技术策划、技术制度建立以及技术人员培训等服务来促进技术的有效转移。技术咨询主要指中介机构协助企业解决技术难点、进行技术指导、技术培训等方面的咨询工作。

2.3.4 政府机构对共性技术扩散和吸收的作用分析

首先,由于共性技术具有很强的外部性,共性技术的突破能加快一个产业或一个区域的技术升级步伐,具有很大的经济和社会效益,但同时也会造成共性技术市场失灵程度高,市场供给严重不足的情况,所以需要政府出面从资金和政策上予以支持,或者由政府主导组织有实力的科研机构联合研发共性技术,减少共性技术扩散和吸收的成本。其次,资源的短缺性。发展中国家的财力有限而且发展的项目也很多,如何以有限的资金支持产业技术更快进步,提高资金使用效率成为我们国家面临的棘手问题。共性技术外部性强、经济和社会效益大的特点,满足了以较少的财政投入获得更大创新产出的要求,政府的财政支持对具有复杂性的共性技术的扩散和吸收承担了很多的风险。

政府在共性技术外部环境中的主要作用,集中体现在提高社会资源配置效率、协调社会各方面利益、弥补共性技术扩散和吸收的缺陷、提供基础设施等几个方面(见图2-13)。由于共性技术本身属公共品性质,具有很强的政策性,在外部环境中,政府对共性技术的扩散与吸收具有不可替代的主导作用。共性技术的研发是为了提高整个产业甚至某个区域的技术水平,如果实现了共性技术的有效扩散和吸收,其产生的经济效益和社会效益是巨大的,所

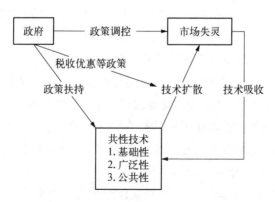

图2-13 政府影响共性技术的扩散与吸收

以政府应责无旁贷地负起推动共性技术扩散和吸收的责任。在外部环境中,政府在共性技术扩散和吸收的作用主要通过政府制定的各种政策表现出来,政府通过制定税收、法律、人才以及财政等政策可以形成一个有利于共性技术扩散和吸收的政策环境。政府支持共性技术的形式分为四大类:资助专项计划、设立非政府的专门组织(如组织有实力的企业构成研发联合体)、国家研究所(院)、促进合作研究开发和技术共享。

在市场需求方面,由于共性技术是公共性质的技术,容易被行业内众多企业所接纳,从而出现市场失灵的情况。政府通过政策的调控可以有效地降低市场失灵带来的损失。

2.4 产业技术创新战略联盟知识转移问题分析

2.4.1 监督机制的缺失

产业技术创新战略联盟主体之间进行知识转移时,政府所起的作用仅仅是牵头,未持续跟进产业技术创新战略联盟知识转移的整个过程,没有真正有效地参与到产业技术创新战略联盟知识转移的过程中,对于产业技术创新联盟主体行为做不到有效的监督。整个知识转移过程缺乏监督机制。

产业技术创新战略联盟知识转移虽然在一定程度上促进了产业技术的进步,但是在知识转移的过程中缺乏监督机制,使产业技术创新战略联盟主体知识转移行为缺乏有效的机制限制,联盟主体可能会因为某种原因在知识转移时出现懈怠,因参与联盟的主体不满而最终导致联盟破裂。

因此,建立有效的监督机制是促进和维护产业技术创新战略联盟知识转移的基础。在有效的监督机制下,联盟主体依据机制标准约束自身行为，有力地促进了产业技术创新战略联盟知识转移的完成。此外，可适当地引入第三方主体参与到联盟中并充当"裁判"角色，监督整个产业技术创新战略联盟的知识转移行为。

2.4.2 "搭便车"行为

"搭便车"行为是指自身不付出任何成本，通过投机取巧获得收益的行为。搭便车出现的根本原因是在产业技术创新战略联盟知识转移的过程中，最终的成本由合作双方进行平分，而合作过程中的收益却由合作的每个成员分配，从而出现了自身不付出成本却获得收益这样"搭便车"的投机心理与行为。

曼昆《经济学原理：微观经济学分册》中曾指出："搭便车"现象的产生事实上是一件事情出现了正外部性。外部性就是经济主体的活动对他人及社会造成了非市场化的影响。外部性分为正外部性和负外部性，正外部性指经济主体的行为对于他人或者社会产生的影响是有益的，而负外部性则相反。"搭便车"现象使部分人无须付出相应的成本就可获得一定的收益，但往往会损害另一部分人的利益。

在产业技术创新战略联盟知识转移过程中，一方的搭便车行为都有可能使联盟中其他主体失去知识转移意愿。因此，在知识转移过程中注重自身资源的投入，并有效地参与到合作当中，才能避免发生"搭便车"的行为，同时，在利益分配时注重投入比例，以真实投入分配所得利益。

2.4.3 利益分配不均

利益分配理论提出，产业技术创新战略联盟主体通常不追求其所期望的收益，而是追求利益的分配标准，通过利益的分配比例获得联盟知识转移过程中产生的成果收益。在产业技术创新联盟知识转移过程中，联盟主体的目标都是知识转移的成功，实现共赢，但共赢的关键仍然是最终的利益分配，只有在利益分配公平的基础上产业技术创新战略联盟知识转移才能平稳进行。因此，合作分配机制是不可缺少的，良好的利益分配机制可以促进产业技术创新战略联盟知识转移长期、稳定发展。

利益分配不均是导致产业技术创新联盟破裂的重要原因，在知识转移过程中，各方主体因自身的资源投入差异对最终利益的分配比较敏感，利益的分配不均会使主体产生"搭便车"心理，破坏合作平衡。

因此，建立适当的收益分配机制，有利于促进产业技术创新战略联盟主体知识转移意愿的提升；建立相应的正激励与负激励政策，可有效提升产业技术创新战略联盟主体知识转移的稳定性。

2.4.4 技术成熟度不够、技术创新不强

产业技术创新战略联盟知识转移过程必然是基于一定的技术基础，对于部分技术不够成熟的项目，产业技术创新战略联盟更容易对其进行创新，但往往创新出的产品价值不大；对于部分技术成熟度较高的项目，产业技术创新战略联盟对其创新的难度较高，但往往创新出的成果价值较高。因此，技术成熟度与技术创新程度对于整个产业技术创新战略联盟知识转移过程有着较大的影响。

2.5 产业技术创新战略联盟知识转移关键影响因素分析

2.5.1 利益分配系数

产业技术创新战略联盟在知识转移时，往往因为知识转移收益分配不均而使联盟破裂。联盟企业主体是利益型团体，对于企

业而言,利益最优是其追寻的最终目标;高校、科研院所作为参与者,在整个合作过程中同样会投入部分资金,最重要的是高校、科研院所的知识投入,高校、科研院所作为知识集聚体,其在联盟知识转移过程中主要担任着知识要素的投入,而在最后知识转移收益的分配中,如果其所占比例过低最终可能导致联盟瓦解。对于联盟企业主体而言,作为整个联盟知识转移的主要推动者,在知识转移过程中投入大量资金,其目的旨在最终的收益,如果在收益分配过程中给予高校、科研院所较多收益亦会导致自身利益受损。因此,在产业技术创新战略联盟知识转移过程中,应建立合适的收益分配机制。机制的建立应综合考虑各方面因素,包括要素的投入,企业主体对于资金的投入以及运营的投入,高校、科研院所主体对于知识要素的投入等都应综合考虑,这样才更能有效地促进产业技术创新战略联盟知识转移的成功。

2.5.2 负向激励

在产业技术创新战略联盟知识转移过程中,联盟主体会由于其自身的有限理性,而选择符合自身利益的策略。"搭便车"行为是指在整个合作过程中,其中一方为谋取自身利益,减少要素投入甚至是不投入,谋求最终收益。在产业技术创新战略联盟知识转移过程中,如果联盟中有一方利用"搭便车"行为去获取收益会导致对方的情绪不满,进而降低对方的知识转移意愿。

为有效防止此类情况出现,产业技术创新战略联盟应该找寻第三方主体作为监督者,由于其自身特性政府是监督方的首选。政府发挥其职能时,应建立有效的机制监督产业技术创新战略联盟的知识转移,约束联盟主体的行为,防止"搭便车"行为出现。在联盟知识转移过程中,建立适合的负向激励机制。但是,负向激励机制的制定应根据产业技术创新战略联盟主体的投入大小及合作的重要性而定,不可随意制定,这样的负向激励能有效提升整个产业技术创新战略联盟知识转移过程中各方主体的知识转移意愿。

2.5.3 知识转移成本

产业技术创新战略联盟知识转移往往涉及成本的投入，知识转移过程中，企业主要付出的要素是资金，而企业作为联盟的主要发起者，投入多，获益多。高校、科研院所在整个知识转移过程中负责少量的资金投入及自身知识投入。这样在联盟知识转移过程中，高校、科研院所与企业都相应地进行了要素投入，而对于最终的成本，投入要素的多少需要进行明确界定，即使对于高校、科研院所的知识要素投入也需要折算价值，这样更有利于创建一个稳定的知识转移环境。

2.5.4 政府政策

政府政策对于促进产业技术创新战略联盟知识转移非常重要。目前，我国对于企业的发展极为重视，在制定政策时通常会考虑企业的研发投入，政府政策是企业加大研发投入的推手。因此，在产业技术创新战略联盟知识转移过程中，政府给予的政策优惠可以减轻高校、科研院所与企业的研发压力，同时，对于政府直接的资金支持，也会使高校、科研院所与企业研发的动力更加充足。

2.5.5 技术因素

技术成熟度是衡量当前一项技术研究开发成熟程度的指标。技术成熟度越高，企业与高校、科研院所在此项技术上进行创新的难度越大。技术创新度是指一项技术研究开发后的创新程度。技术创新度越高，说明企业与高校、科研院所在此项技术上进行创新的空间越大。不同的技术成熟度与技术创新度会影响产业技术创新战略联盟知识转移的意愿。

第3章
产业技术创新战略联盟企业动态能力演化中知识转移过程建模分析

联盟企业知识转移和动态能力两者之间存在着相互促进的关系,知识转移中伴随着能力的更新,能力演化中伴随着知识的转移和创新。本章从知识转移过程中的知识获取、知识处理和知识创新这三个方面分析其对企业能力提升的影响。

3.1 联盟企业知识获取模型构建与分析

某企业计划开发一种新产品,由于自身缺乏开发新产品所必需的知识,为了快速从外部获取所需的知识,企业以契约的形式将产品的研发活动外包给联盟内的其他机构,自己则负责整合自身资源与合作伙伴的研发成果,并根据整合结果进行创新,然后把创新成果产业化[23,24]。产品的市场收益取决于企业的成本、市场销量、知识供应方的知识量、企业的创新成本等因素。双方在合作开始之前会签订支付契约,由于知识的一次性买断不能有效刺激知识供应方的积极性,为了鼓励合作伙伴努力进行研发和知识转出,企业往往会采用固定支付与收益共享相结合的方式,企业在产品销售完成后按一定的比例与合作伙伴共享市场收益[25, 26]。

3.1.1 知识获取模型构建

3.1.1.1 问题描述和模型假设

企业为了获取外部知识,在与其他机构合作的过程中,会考虑到是否要付出更多的努力以吸引对方下期继续与自己保持合作关系。在这一过程中,知识供应方对企业的知识转出量受两方面因素的影响:① 企业对知识供应方的报酬激励水平;② 知识供应方是否计划下期继续与企业保持合作,即知识供应方是否考虑与企业长期合作[27]。如果知识供应方不考虑与企业长期合作,那么他会根据企业对其激励水平,以单次合作自身利益最大化为目标选择相应的知识转出量;如果知识供应方考虑与企业长期合作,为了使企业看到其长期合作的诚意,那么知识供应方不会仅关注于单次合作的收益,而是会更加关注于整体收益的提高,以研发项目整体收益最大化为目标选择相应知识转出量[28, 29]。同时,企业也会考虑下期是否要继续与知识供应方保持合作,如果企业考虑与知识供应方长期合作,那么为了鼓励知识供应方对显性知识和隐性知识的转移,并保持他们之间长期合作的关系,企业会对知识供应方的研发成本给予一定的补贴[30, 31];反之,如果企业不考虑与知识供应方长期合作,那么企业会仅仅以单次合作利益最大化为原则确定最优产量,不给予知识供应方成本补贴。

由于在合作过程中可能会出现一方计划下期继续与对方合作,从而付出了额外的努力,而另一方并没有付出额外努力的风险,所以在考虑下次继续合作过程中双方都会存在一个心理保留收益,即自己付出额外努力吸引对方与其长期合作的最低收益水平。本章假设双方的心理保留收益为0,也即当一方期望与对方长期合作而付出额外努力的最坏打算是不赔也不赚。

假设 B 企业是知识获取方,A 代表知识供应方,其可以是科研机构、企业或者是高校。B把本企业某个研发工作外包给A,并把A的研发成果与本企业资源进行整合、重构,快速生产出符合市场需求的产品,并根据产品在市场上的销量按一定的比例支付给A报酬。假设知识供应方A和企业B都是风险中性的。产品需求函数为:$p=a-q$,其中a代表产品的需求规模,p代表产品价格,q代表产品的产量。企业B的单位成本函数为:$C_B=c-x_1+y$,其中c代表不从外部获取知识时的边际成本,x_1为知识供应方向企业B转移的知识量,y为企业把研发成果与本企业资源进行整合、重构的成本。假设知识供应方A的成本为:$C_A=rx_1^2/2$($0<r<1$),其中r代表知识供应方A的知识转出能力,知识转出能力越强,r值越小;反之,知识转出能力越弱,r值越大。

3.1.1.1.2 模型构建

基于上述情景,企业B和知识供应方A之间的知识转移博弈分为两个阶段:

第一阶段:企业B和知识供应方A签订支付合同,企业B根据支付合同付给知识供应方A定金,知识供应方根据支付契约选择最优知识转出量。

第二阶段:项目研发成功后,知识供应方A将研发成果转移给企业B,企业B将研发成果与本企业资源进行整合、重构。同时进行市场推广并定价,确定最优产量。知识供应方A提供必要的技术服务,待产品的市场价值实现以后,企业B按照合同中规定的收益共享分配比例给知识供应方分配利润。

按照逆向博弈求解法,假定合作项目成功,产品在市场上销售后得到的收益为:

$$\begin{cases} \left[\dfrac{(x-\text{mean})}{(\text{max}-\text{mean})}\times 50+50\right]\times 20\% & x>\text{mean} \\ \left[50-\dfrac{(\text{mean}-x)}{(\text{mean}-\text{min})}\times 50\right]\times 20\% & x<\text{mean} \end{cases} \quad (3.1)$$

知识供应方 A 从企业 B 那里得到的收益为：

$$S_A = \bar{w} + uR \tag{3.2}$$

其中，$\bar{w}$ 为知识供应方 A 的固定报酬，u 为企业 B 给知识供应方 A 的边际激励强度。

知识供应方 A 的净现值收益期望效用函数为：

$$W_A = S_A - C_A \tag{3.3}$$

企业 B 的净现值收益期望效用函数为：

$$W_B = R - S_A \tag{3.4}$$

双方合作项目整体的价值增值期望效用函数为：

$$W = W_A + W_B \tag{3.5}$$

3.1.2 知识获取模型分析

本章主要从双方均不考虑长期合作；企业考虑单次合作自身利益最大化，知识供应方考虑长期合作；企业考虑长期合作，知识供应方考虑单次合作自身利益最大化；双方均考虑长期合作，这四种情形分析在合作过程中企业和知识供应方是否计划下期继续与对方合作时双方的策略选择及所得收益。

3.1.2.1 双方均不考虑长期合作的情形

若技术供给方和技术需求方均不考虑下期继续合作的问题，追求各自本次合作利益最大化。

此时，企业 B 的利润函数为：

$$W_B = (1-u)(a - q - c + x_1 - y)q \tag{3.6}$$

知识供应方 A 的利润函数为：

$$W_A = u(a - q - c + x_1 - y)q - \frac{1}{2}rx_1^2 \tag{3.7}$$

企业和知识供应方之间的博弈分为两个阶段,在第二阶段,企业以自身利益最大化为原则确定最优产量(所有的产量均大于0),即 $\max\limits_{q} W_B(q, x_1)$,因此企业 B 的最优产量可以表示为:

$$q^{1*} = \frac{a - c + x_1^1 - y}{2} \qquad (3.8)$$

在第一阶段,知识供应方以自身利益最大化为原则确定最优知识转出量(知识转出量大于0),即 $\max\limits_{x} W_A(q, x_1)$,因此知识供应方 A 的最优知识转出量可以表示为:

$$x_1^{1*} = \frac{-cu + au - yu}{2r - u} \qquad (3.9)$$

将式(3.9)代入式(3.8),可以求得:

$$q^{1*} = \frac{a/2 - c/2 - y/2 - (cu - au + uy)}{2(2r - u)} \qquad (3.10)$$

将式(3.9)、式(3.10)代入式(3.6)、式(3.7),可以分别求得:

$$W_A = \frac{ru(a - c - y)^2}{2(2r - u)} \qquad (3.11)$$

$$W_B = \frac{-(u-1)r^2(a - c - y)^2}{(2r - u)^2} \qquad (3.12)$$

3.1.2.2 企业考虑单次合作自身利益最大化,知识供应方考虑长期合作

知识供应方认为与企业长期合作能够节约研发成本,增加收益。为了使企业感受到其长期合作的诚意,知识供应方不会仅单纯考虑自己的收益而来决定对企业知识转出量的多少,而是会从整体收益出发来考虑决定自己的知识转出量。
双方合作项目整体价值增值函数为:

$$W = (a - q - c + x_1 - y)q - 0.5rx_1^2 \quad (3.13)$$

此时,企业 B 和知识供应方 A 的利润函数和式(3.6)、式(3.7)相同,但是知识供应方 A 的最优知识转出量和企业 B 的最优产量有所变化。

在第二阶段,企业以自身利益最大化为原则确定最优产量,此时企业 B 的产量仍可用式(3.8)表示。

在第一阶段,知识供应方为了能够吸引企业与其长期合作,选择以共同利益最大化为原则确定其最优的知识转出量,知识供应方 A 的最优知识转出量 $\max\limits_{x_1} W(q, x_1)$。

此时知识供应方 A 的最优知识转出量可以表示为:

$$x_1^{2*} = \frac{-c + a - y}{2r - 1} \quad (3.14)$$

将式(3.14)代入式(3.8)得到企业 B 的产量为:

$$q^{2*} = \frac{a/2 - c/2 - y/2 - (c - a + y)}{2(2r - 1)} \quad (3.15)$$

将式(3.14)、式(3.15)代入式(3.6)、式(3.7),可以分别求得:

$$W_A = \frac{r(a - c - y)^2(2ru - 1)}{2(2r - 1)^2} \quad (3.16)$$

$$W_B = \frac{-(u - 1)r^2(a - c - y)^2}{(2r - 1)^2} \quad (3.17)$$

3.1.2.3 企业考虑长期合作,知识供应方考虑单次合作自身利益最大化

为了降低研发成本,缩短研发周期,企业考虑在后续的研发项目中继续与知识供应方 A 合作。为了鼓励知识供应方更努力地进行研发并积极进行研发成果的知识转移,企业会根据知识供应方的研发成本给予其一定的成本补贴,假设企业 B 为知识供应

A 分担的研发成本的比例为 n_1。同时企业会以项目整体利益最大化为出发点决定最优的产量。

此时,企业 B 的利润函数为:

$$W_B = (1-u)(a-q-c+x_1-y)q - \frac{1}{2}n_1 r x_1^2 \quad (3.18)$$

知识供应方 A 的利润函数为:

$$W_A = u(a-q-c+x_1-y)q - \frac{1}{2}(1-n_1) r x_1^2 \quad (3.19)$$

在第二阶段,企业以整体利益最大化为原则确定最优产量,此时企业 B 的产量为 $\max_q W(q, x_1)$,计算得:

$$q^{3*} = \frac{a-c+x_1^3-y}{2} \quad (3.20)$$

在第一阶段,知识供应方考虑自身利益最大化,以自身利益最大化为原则确定其最优知识转出量,知识供应方 A 的最优知识转出量为 $\max_{x_1} W_A(q, x_1)$,计算得:

$$x_1^{3*} = \frac{(c-a+y)u}{(u-2r+2n_1 r)} \quad (3.21)$$

把式(3.21)代入式(3.20)得:

$$q^{3*} = \frac{r(n_1-1)(a-c-y)}{(u-2r+2n_1 r)} \quad (3.22)$$

将式(3.21)、式(3.22)代入式(3.18)、式(3.19),可以求得企业 B 和知识供应方 A 的利润函数分别为:

$$W_B = \frac{-r(a-c-y)^2(2r(u-1)(n_1-1)^2+n_1 u^2)}{2(-2r+u+2n_1 r)^2} \quad (3.23)$$

$$W_A = \frac{ru(a-c-y)^2(n_1-1)}{2(u-2r+2n_1r)} \quad (3.24)$$

3.1.2.4 双方均考虑长期合作

企业 B 和知识供应方 A 均考虑与对方长期合作,企业 B 会给予知识供应方 A 一定的研发补贴,并按照整体利益最大化的原则确定产量。同时,知识供应方 A 也以整体收益最大化为目标决定自己的知识转出量。

此时,企业 B 和知识供应方 A 的利润函数与式(3.18)、式(3.19)相同。企业 B 的产量与式(3.20)相同,知识供应方 A 的知识转出量与式(3.14)相同。

将式(3.14)代入式(3.20)得到企业 B 的产量为:

$$q^{4*} = \frac{r(a-c-y)}{2r-1} \quad (3.25)$$

企业 B 和知识供应方 A 的利润函数分别为:

$$W_B = \frac{-r(a-c-y)^2(n_1-2r+2ru)}{2(2r-1)^2} \quad (3.26)$$

$$W_A = \frac{r(a-c-y)^2(n_1+2ru-1)}{2(2r-1)^2} \quad (3.27)$$

3.1.3 算例分析

由于均衡结果的表达式相当复杂,很难直接从分析中得出结论,所以采用仿真的方法,针对双方不同的决策行为进行比较分析。知识供应方的固定报酬 $\bar{w}$ 不影响知识需求方对其边际激励强度和双方的努力水平,因此可假设 $\bar{w}=0$。依据模型假设对相关参数取值:$r=1, a=200, c=100, y=20, n_1=0.3$。

3.1.3.1 合作双方的策略选择与策略分析

1. 知识供应方的策略选择

图 3-1 模拟了四种不同情况下,知识供应方的知识转出收益随企业对其激励力度 u 的变化,u 的变化区间为 $[0,1]$。其中,W_{A1} 表示双方均不考虑长期合作时知识供应方收益;W_{A2} 表示企业考虑单次合作自身利益最大化、知识供应方考虑长期合作时知识供应方收益;W_{A3} 表示企业考虑长期合作、知识供应方考虑单次合作自身利益最大化时知识供应方收益;W_{A4} 表示双方均考虑长期合作时知识供应方收益。

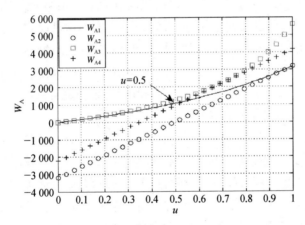

图 3-1 知识供应方的收益 W_A 随 u 变化趋势图

由图 3-1 可以看出知识供应方的收益随企业对其激励力度 u 的增大而增大。图中 W_{A1}、W_{A3}、W_{A4} 在 $u=0.5$ 时相交。当 $u<0.5$ 时,知识供应方不考虑长期合作,仅仅考虑单次合作利益最大化时,W_{A1} 和 W_{A3} 的收益比较高。因此,当企业对知识供应方的激励力度小于 0.5 时,知识供应方会选择不考虑长期合作。

当企业对知识供应方的激励力度 $u \geqslant 0.5$ 时,此时,知识供应方考虑长期合作的收益 W_{A4} 比单次合作的收益 W_{A1} 要高很多。

更重要的是,如果下次依然能够与企业 B 合作,由于和企业 B 有了一定的合作经验,对其要求的研发产品有了一定的研发经验,知识供应方不仅可以节约与企业 B 的沟通交流成本,还可以节约一部分研发成本。但是,当 $u \geqslant 0.5$ 时,知识供应方 A 考虑与企业 B 长期合作也是有风险的。如果知识供应方考虑与企业 B 长期合作,而企业 B 不考虑与知识供应方长期合作,那么知识供应方获得的收益 W_{A2} 会比保守情况下考虑单次合作的收益 W_{A1} 要低一些。但是,如果此时知识供应方的最低收益 W_{A2} 不小于其心理的保留效益 0,那么知识供应方有可能考虑与企业 B 长期合作。此时,知识供应方会综合考虑长期合作的风险和收益。很明显,如果企业 B 也考虑与自己长期合作,那么知识供应方不仅可以增加现期收益,而且可以减少未来合作的成本,增加未来合作的收益。因此,有远见的知识供应方会考虑与对方长期合作,选择使整体利益最大化的知识转出水平来促使对方与其保持合作关系。

2. 企业的策略选择

图 3-2 模拟了四种不同情况下企业收益随其对知识供应方激励力度 u 的变化,u 的变化区间为 $[0,1]$。其中,W_{B1} 表示双方均不考虑长期合作时企业收益;W_{B2} 表示企业考虑单次合作自身利益最大化,知识供应方考虑长期合作时企业收益;W_{B3} 表示企业考虑长期合作,知识供应方考虑单次合作自身利益最大化时企业收益;W_{B4} 表示双方均考虑长期合作时企业收益。

由图 3-2 可以看出企业收益随其对知识供应方激励力度 u 的增大而减小。图中 W_{B1}、W_{B3}、W_{B4} 在 $u=0.65$ 时相交。当 $0<u\leqslant 0.65$ 时,企业考虑长期合作的收益为 W_{B3} 和 W_{B4},仅关注单次合作得到的收益为 W_{B1} 和 W_{B2}。其中知识供应方考虑长期合作时的 W_{B2} 最大,而知识供应方不考虑长期合作时的 W_{B1} 最小,W_{B3} 和 W_{B4} 处于最大值和最小值之间。根据上文的分析,当激励力度 u 较小时,知识供应方考虑长期合作的可能性很小,如果此时企业还

第3章 产业技术创新战略联盟企业动态能力演化中知识转移过程建模分析

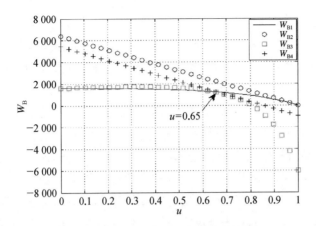

图 3-2 企业的收益 W_B 随 u 变化趋势图

关注于单次合作,那么其不太可能得到单次合作最高收益 W_{B2},反而会得到最小收益 W_{B1}。因此,当 $0 < u \leqslant 0.65$ 时,企业会考虑与知识供应方长期合作。

当 $0.65 < u < 1$ 时,企业不考虑长期合作的收益 W_{B1}、W_{B2} 大于考虑长期合作的收益 W_{B3}、W_{B4}。此时,由于与知识供应方合作的代价较大,企业 B 会考虑不与知识供应方长期合作,在下次获取知识时转向愿意与其合作且收费较低的合作对象。

3. 合作双方的策略分析

综合分析图 3-1 和图 3-2 中不同情况下双方收益变化曲线可知:企业对知识供应方的激励力度 u 是影响双方收益水平的重要因素,知识供应方的收益随着 u 的增大而增大,企业收益随着 u 的增大而减小。当激励力度 $0.5 \leqslant u \leqslant 0.65$ 时双方均愿意长期合作,此时,知识供应方得到的收益 W_{A4} 和企业得到的收益 W_{B4} 均比双方考虑单次合作的收益 W_{A1}、W_{B1} 大。若企业不考虑与知识供应方长期合作,在保证双方合作关系不会破裂的前提下,企业会尽量减低对知识供应方的激励力度。若企业想要与知识供应方保持长期合作,企业应该适当提高对知识供应方的激励力度。

在合作双方中,如果一方考虑长期合作,而另外一方不考虑长期合作,那么考虑长期合作一方的利益将会受到损害,同时,不考虑长期合作的一方将会得到超额利润。这种合作方式的结果是双方为了从对方那里得到超额利润,各自都选择不考虑长期合作。但是,从长远来看,双方都考虑长期合作不仅可以节约寻找合作伙伴的时间和费用,而且可以节约沟通交流成本,在一定程度上可以缩短产品研发周期,持续提升动态能力。另一方面,在合适的激励力度范围内,双方均考虑长期合作还可以分别增加双方的现期收益。因此,基于长期合作带来的风险和诱惑,双方均会选择在一定的激励力度范围内,当考虑合作的最低收益大于自己心理保留收益时选择考虑与对方合作,以最大限度地减少合作可能带来的风险,同时还可以带来自身现期收益和后期收益的增加以及自身动态能力的持续提升。

从上述分析可以得出,企业对知识供应方的激励力度 u 是制约双方是否考虑长期合作,从而持续提升动态能力的重要因素。一定条件下,激励力度 u 存在一个合适的范围使双方考虑长期合作的收益大于仅考虑单次合作的收益,从而促进双方的长期合作。

因此,企业对知识供应方设置合理的激励力度 u 是保证双方能够长期合作并持续提升动态能力的关键所在。

3.1.3.2 补贴力度改变后双方的策略选择和策略分析

1. 补贴力度改变后双方的策略选择

为了分析企业对知识供应方的成本补贴力度对双方长期合作的最优激励力度是否有影响,我们令成本补贴力度降低为 $n_1 = 0.1$,其他参数不变,即 $r=1$, $a=200$, $c=100$, $y=20$, $n_1=0.1$。得到企业对知识供应方的成本补贴力度 n_1 降低后双方的收益在不同合作计划下随激励力度 u 变化的趋势图如图 3-3 和图 3-4 所示。

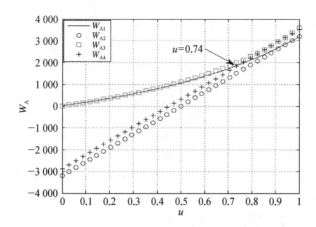

图 3-3　n_1 减小后知识供应方的收益 W_A 随 u 变化趋势图

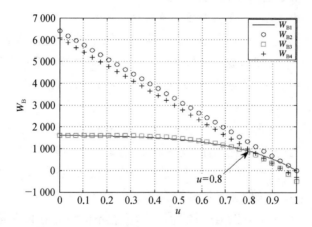

图 3-4　n_1 减小后企业的收益 W_B 随 u 变化趋势图

图 3-3 和图 3-4 中的 W_{A1} 和 W_{B1} 分别表示双方均不考虑长期合作的情况下,知识供应方和企业的收益;W_{A2} 和 W_{B2} 分别表示企业考虑单次合作自身利益最大化,知识供应方考虑长期合作的情况下,知识供应方和企业的收益;W_{A3} 和 W_{B3} 分别表示企业考虑长期合作,知识供应方考虑单次合作自身利益最大化的情况下,知识供应方和企业的收益;W_{A4} 和 W_{B4} 分别表示双方均考虑长期合

作的情况下,知识供应方和企业的收益。

从图 3-3 中可以看出 W_{A1}、W_{A3}、W_{A4} 在 $u=0.74$ 时相交。经分析可得,在企业对知识供应方的成本补贴力度降为 $n_1=0.1$ 的情况下,当激励力度 $0<u<0.74$ 时,知识供应方不考虑长期合作;当企业对知识供应方的激励力度 $0.74\leqslant u<1$ 时,有远见的知识供应方会考虑与企业长期合作,选择使整体利益最大化的知识转移水平来促使对方与其保持合作关系。

从图 3-4 中可以看出 W_{B1}、W_{B3}、W_{B4} 在 $u=0.8$ 时相交。对于企业来说,当企业对知识供应方的激励力度 $0<u\leqslant 0.8$ 时,企业会考虑与知识供应方长期合作;当 $0.8<u<1$ 时,企业不会考虑与知识供应方长期合作。

2. 补贴力度改变后双方的策略分析

综合以上分析可以看出:当企业对知识供应方的激励力度 $0.74\leqslant u\leqslant 0.8$ 时,双方均愿意长期合作,从而持续提升动态能力。此时,知识供应方得到的收益 W_{A4} 和企业得到的收益 W_{B4} 均比双方考虑单次合作的收益 W_{A1}、W_{B1} 大。

如果双方均考虑长期合作,以共同利益最大化为目标进行努力,那么在合适的激励力度范围内双方都可以在当期合作中获得超额利润。此外,从长远来看,长期合作不仅可以增加现期收益,还可以增加未来收益且同时提升动态能力。但是,对比分析企业对知识供应方的补贴力度降低前后双方在不同情况下的策略选择可以发现,当企业对知识供应方的成本补贴力度 $n_1=0.3$ 时,激励力度 $0.5\leqslant u\leqslant 0.65$ 时,双方均愿意考虑长期合作,以共同利益最大化为目标进行努力;当企业对知识供应方的成本补贴力度降低为 $n_1=0.1$ 时,激励力度 $0.74\leqslant u\leqslant 0.8$ 时,双方才愿意考虑长期合作。当成本补贴减少时,能够保证双方均愿意在下期继续合作的最优激励力度变大;反之,当成本补贴增大时,能够保证双方均愿意在下期继续合作的最优激励力度减小。

综合上述分析可得：在联盟企业知识获取的过程中，知识需求方和知识供应方在合作过程中均考虑长期合作有利于双方动态能力的持久提升和收益的增长；知识需求方给予知识供应方的激励力度影响着双方的收益和动态能力提升水平，一定条件下，激励力度存在一个合适的范围使双方考虑长期合作的收益大于仅考虑单次合作的收益。

企业知识获取过程中伴随着知识的流动，知识的流动过程也是双方动态能力逐渐提升的一个过程。在合理的激励力度下，知识需求方和知识供应方在合作过程中均会考虑长期合作。首先，知识供应方会努力进行知识研发，并以合作双方整体收益最大化为目标，努力把自身的知识包括知识运用过程中的相关经验传授给对方，以期对方能够使知识产生最大的经济效益。知识供应方的这一行为也在无形中提升了自身的知识创新能力，由于知识创新能力是动态能力的有效组成部分，因此，在这一过程中，知识供应方的动态能力也会得到提升。其次，企业在获取知识之后，会迅速吸收获取的知识，并把自身知识和获取到的知识进行有效整合和创新，这一过程使企业的知识量增加，同时提升了企业的吸收能力、整合能力和创新能力。由于吸收能力、整合能力和创新能力是动态能力的有效组成部分，因此，在这一过程中，知识需求方的动态能力也会得到提升。

3.2 联盟企业知识处理模型构建与分析

知识作为企业创新的元素，对企业提升其市场竞争优势具有非常重要的作用。只有及时有效地处理企业获取的零散的、无序的知识才能在真正意义上实现对知识的有效管理，进而帮助企业赢得竞争优势。

知识处理是企业动态能力演化过程中知识管理活动的过渡环

节,处于企业知识获取的后续阶段,同时也是企业知识创新的基础。知识处理在企业的知识转移活动中起着承上启下的关键作用。

3.2.1 知识处理模型构建

联盟企业知识处理通常涵盖了从知识筛选到知识创新的整个过程。知识处理的过程包括知识的判断、筛选、分类、吸收、整合、创新、应用、存储等一系列过程。

企业知识处理的过程和动态能力提升的过程是密不可分的,知识处理推动企业动态能力提升,而动态能力提升是联盟企业提高绩效水平的必要条件。同时,动态能力提升和联盟绩效水平的提高又会刺激联盟企业寻找新的知识,进而重新进行知识处理和知识创新。这是一个良性循环过程,此过程有三个阶段,分别是准备阶段、加工阶段和完成阶段。其中准备阶段包含知识筛选、知识分类、知识排序三部分;加工阶段包含知识吸收、知识整合、知识创新这三个环节;完成阶段主要是对创新知识进行评价。联盟企业动态能力演化中的知识处理模型如图3-5所示。

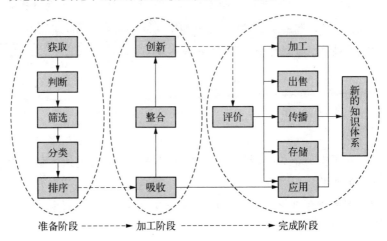

图3-5 知识处理的概念模型

3.2.2　知识处理模型分析

1. 准备阶段

知识处理的准备阶段首先要对组织获取的知识进行判断。企业在发展过程中不可避免地会产生一定的知识缺口,同时,企业动态能力提升的需求也会产生对知识资源的需求。企业会在自身的知识水平同外部市场需求之间进行衡量,找出自身与外部需求之间的知识差距,并努力在联盟成员内部寻找自己需要的知识,并通过不同的途径获取知识。但是,企业在一定时间内通过各种途径获取的知识可能有很多,在企业获取的大量知识中,不可避免地存在一些不符合企业需要的知识或者是企业暂时用不到的知识,那么此时就需要对这些不同类型、不同结构的知识进行判断并筛选,去除那些与企业战略目标相悖的、无用的、冗余的知识,进一步筛选出对企业可用的知识。这里需要说明的是,虽然知识筛选是企业常有的活动,但是企业应该尽量减少那些被筛选掉的、被认为是对组织无用的知识,这样可以在一定程度上避免一些有潜在价值的知识被筛选掉。

在筛选出的对企业可用的知识的基础上,企业需要根据知识的属性、结构、用途以及知识的新旧程度等特征对知识进行分类,并按照知识对企业的重要程度或者企业使用此部分知识的先后顺序等规则对获取的知识进行排序,以方便企业后期的知识创新和知识应用。

2. 加工阶段

在准备阶段完成之后就进入了加工阶段。企业需要根据上一阶段对知识的分类和排序状况进行有选择性地消化吸收。对于企业消化吸收的知识,如果企业能够直接拿来应用,并能够快速有效地为企业创造价值,那么这部分经过消化吸收的知识可以直接在企业里得到应用,进一步帮助企业提升动态能力,赢得市场竞争优势。如果这些知识不能直接为企业创造价值,或者企业认为直接应用这些知识创造的价值并不是很高,但对这些知识进行一定程度的加工和创新可以给企业创造更多的价值,那么此时企业会根据组织的战略目标选择对自身已有的知识和消化吸收的知识进行适当的整合,使之为企业价值增值作铺垫。联盟企业知识整合是一个动态的过程,在这个过程中,企业对其所拥有的知识重新进行整理,同时将企业员工的知识与组织的知识进行有机融合,使之具有较强的条理性和系统性。在一定情况下,还需要对企业原有的知识体系进行重构,并形成新的核心知识体系。

知识整合是知识创新的前提条件,知识如果不经过整合就进入知识管理层面,那么这类知识就很难为企业创造高额价值。知识整合要求企业对自身固有的知识和从外部获取并消化吸收的知识进行一种自动的、多维的、立体的切片。在对知识的切片中,可以从知识的背景、知识的操作、知识的职能、知识的固化等方面对知识信息进行切片研究。通过对知识信息进行切片,企业就可以认知到知识之间的关联性。对知识进行有效整合可以帮助企业进行高效的知识创新活动,从而有效地提升企业动态能力和企业的市场竞争力。

3. 完成阶段

在企业进行知识创新之后,需要组织专家对创新的知识进行评价,主要是对知识的用途、价值等指标进行评价,以此来决定创新的知识是自己应用、存储、传播、出售还是加工等。此外,企业对知识的加工会形成企业新的知识体系;创新知识在应用和传播一段时间后会得到反馈,这些反馈信息可为创新知识的不断改进提供宝贵的参考信息,同时其也成为企业新知识体系的一部分。

3.2.3 案例分析

韩国三星电子是在市场上颇有竞争力的电子工业企业,其在

第3章 产业技术创新战略联盟企业动态能力演化中知识转移过程建模分析

半导体业务上的成功经验一直是众多企业争相学习的典范。半导体制造是一个复杂的大规模生产过程,具有其独特的产业特征。首先,半导体制造是技术密集型行业,其生产过程复杂且生产难度较大,需要较高的技术水平;其次,半导体制造也是资本密集型行业,其需要大量的资金投入;更为重要的是,半导体产品的更新换代速度快,大约每3年就会推出新一代产品。因此,企业必须高度重视其对知识的处理效率,不断更新产品,以满足企业发展需要。

三星电子依赖其强大的知识管理理念,从一个在动态随机存取存储器(Dynamic Random Access Memory,DRAM)行业的后发企业,历经容量为64 kB、256 kB、1 MB、4 MB、16 MB、65 MB等过程,发展到如今的容量8 GB,并连续多年在行业中处于领先地位的企业。三星电子DRAM的开发历程如表3.1所示。

表3.1 三星电子DRAM发展历程

项目	64 kB	256 kB	1 MB	4 MB	16 MB	64 MB	256 MB	1 GB	8 GB
投资额/百万美元	730	1.13	23.5	50.8	61.7	120	120	220	350
开发周期/月	10	9	15	20	26	26	30	29	35
领先企业研发时间	1979年	1982年	1985年	1987年末	1990年末	1992年末	1995年中	—	—
三星电子研发时间	1983年	1984年	1986年	1988年初	1990年中	1992年末	1995年初	2006年	2013年
落后或者领先于竞争对手	落后4年	落后2年	落后1年	落后6个月	落后3个月	同步 —	领先 —	领先 —	领先 —

由表3.1可以看出,三星电子在DRAM行业从最初的跟随者逐渐变为行业的领先者。从企业知识管理的角度分析,三星电子的成功是其对知识高效处理的结果,三星电子的知识处理过程可

以分为准备阶段、加工阶段和完成阶段。

1. 准备阶段

1983年,三星电子开始在半导体市场上崭露头角,三星电子是作为一个后发企业进入半导体行业的。为了快速赶超其他企业,三星电子选择通过购买芯片设计技术许可和外购技术的方式,跨越式发展直接进入大规模集成电路制造。在购买相关技术的同时,三星电子也派遣工程师到供应商那里接受培训。另外,三星电子还聘用了多名曾经在大企业从事半导体设计的高层次人才参加相关领域的研讨会以及持续关注最新的学术报告、学术论文等,以此来保证知识获取的数量和质量。三星电子知识转移准备阶段流程如图3-6所示。

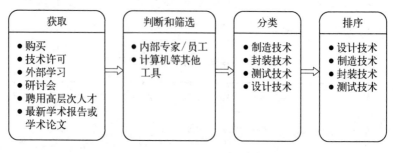

图3-6 三星电子知识转移准备阶段流程

在获取知识的同时,三星电子成立了针对不同业务领域的专家团队,这些团队成员不仅负责研发,同时还要对获取的知识进行判断、筛选和分类。针对半导体行业中的DRAM业务,三星电子对获取的知识进行了严格分类,按照设计、制造、封装、检测这几个不同的类别对知识进行分类和排序,为企业DRAM业务的研发创新作准备。当然,随着技术的不断进步,三星电子基于互联网架构,借助一些高科技软件管理系统对企业知识结构、知识分类存储、知识共享等方面进行管理,极大地提高了知识判断、筛选以及分类的速度和效率。

2. 加工阶段

为了更好地对获取的知识进行消化吸收，首先，三星电子通过从相关文献中学习知识并进行相关研究。其次，三星电子十分注重对员工知识管理的培训，强调知识学习的重要性，平均每年30次聘请具有核心知识的公司讲师，召开相关的研讨会，促进企业员工对知识的学习和消化吸收。此外，三星电子还采用奖励机制来提升员工自身的能力水平，促进对获取知识的消化吸收，加快员工技术学习速度。三星电子提倡全员学习，并且定期对员工的学习情况进行考核，以督促员工不断学习新知识。最后，三星电子还相继派遣大批的工程师到供应商和制造商企业进行一系列的学习和培训，学习知识运用过程中的各种经验。

三星电子从美国美光公司购买了用于DRAM制造的电路设计和芯片设计技术，为了快速掌握该技术，三星电子通过逆向分解的方法研究美国美光公司的技术，努力寻求各项知识之间的联系和规律，并结合企业已有的知识对美国美光公司的技术进行改进。

此外，考虑到知识在企业中的分布并不是均匀的，而三星电子作为一个知识密集型企业，要求其必须具有跨学科、跨领域解决专业问题的能力，而知识整合可以将企业分散的局部优势变为企业整体的竞争优势。为了提高整合能力，三星电子通过跨职能的工作惯例、教育、培训以及任务团队等方式进行内部整合。

同时，为了有效整合知识资本，三星电子推出了"新经营"理念，其核心是"变"，即改变一切不能有效提高知识资本运作效率的管理机构、管理方式、业务流程、企业文化等。为此，三星电子依据是否有利于知识整合，将公司的各项产业划分为"种子事业""苗圃事业""果树事业"和"枯树事业"四类，并针对不同类型的事业采用不同的策略。其中，"种子事业"是指在未来几年能够获得较高收益,且技术含量较高的新产业。对待这些产业企业需要果断地创新知识、培养人才,为新产业的发展作准备;"苗圃事业"是指那些可能在现阶段无法给企业带来大幅度的价值增值,但是在未来会有良好发展前景的产业,这时企业需要做的是提高产品质量和相关产品的市场营销能力,尽快抢占市场先机;"果树事业"是指目前已经在市场上占有主导地位的产业,需要继续加强在该产业的优势;"枯树事业"是那些对企业发展没有任何帮助的产业,企业需要迅速对这些产业进行清理。为此,三星电子果断地将被其划分为"枯树事业"的三星建筑机械、三星叉车等10个事业部卖给了海外财团,为企业进行知识整合创造了良好条件。三星电子知识吸收、整合和创新的流程如图3-7所示。

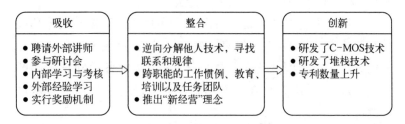

图3-7 三星电子知识转移加工阶段流程

三星电子一系列的促进知识学习吸收和知识整合的举措有效地帮助了三星集团的知识创新,公司成功地研发了C-MOS(Complementary-Motal Oxide Semiconductor)技术和堆栈技术等较为先进的主流技术,公司申请的专利数量不断上升,产品所占市场份额也开始连年上升,并长期在DRAM领域处于行业领跑者地位。2015年全球主要电子厂商DRAM市场第一季份额占比如图3-8所示。从图中可以看出,三星电子DRAM产品的市场份额遥遥领先于其他厂商,这与其重视知识吸收和知识整合,不断追求创新的精神是分不开的。

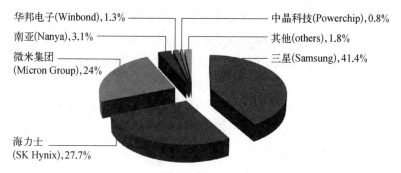

图3-8 2015年全球主要电子厂商DRAM市场份额占比

数据来源：百度资料，https://xueqiu.com/5870904687/43492454

3. 完成阶段

完成阶段的主要任务是对创新的知识进行评价，三星电子从新知识的利用率、满意度以及知识经营成果这三方面对知识进行评价。

评价知识的利用率主要是通过对各种知识进行相关的统计及分析。知识满意度评价方面，三星电子对于注册的所有新知识进行满意度测评，使满意度较高的知识在集团中得到优先运用；定期分析各类知识的满意度变化，为知识的合理利用作准备。知识经营成果评价方面，通过各种财务指标计算各类知识为企业带来收益的状况。根据评价结果综合决定这些知识是要继续应用，还是要存储、传播、出售或者再次加工。知识在应用、加工、传播过程中会对原有知识产生一定的反馈，这些反馈经验重新构成了企业新的知识系统。

综合上述分析可得，企业在知识处理过程中采用的聘请外部讲师、参与研讨会、内部学习与考核、外部学习、培训、教育、实行奖励机制等所有这些措施，均是从员工个人和企业组织两个层面出发进行考虑的，员工层面要求所有员工努力进行知识学习；企业组织层面要求企业创建合理的激励机制和学习条件，以促进员工的知识学习。

知识处理的这三个阶段离不开企业创建的良好的学习条件和激励机制，也离不开每个员工的努力学习，知识处理是企业动态能力提升的必要条件。企业在准备阶段对获取的知识进行的判断、筛选、分类、排序等活动为企业进行知识加工作准备，提高了企业知识创新的效率，从而间接地促进了企业动态能力的提升；加工阶段企业进行知识吸收、整合和创新，促进了企业吸收能力、整合能力和创新能力的提升，极大地提升了企业的动态能力；完成阶段对知识创新的评价帮助企业有效利用知识，也在一定程度上有助于企业动态能力的提升。

3.3 联盟企业知识创新模型构建与分析

知识创新是知识转移的最终目标，也是加快企业动态能力提升并帮助企业获取市场竞争优势的主要因素。企业知识创新的直接成果表现为知识存量的增加，但更为重要的是，知识创新在一定程度上促使企业能力和企业收益发生改变；同时，企业收益的改变会对下一轮的知识创新产生影响，企业能力的改变也会对知识创新产生促进或抑制作用。知识创新与企业动态能力和收益之间存在着千丝万缕的联系，本节综合分析知识创新与动态能力和收益之间的非线性关系，研究使企业收益水平增长的策略问题。

3.3.1 知识创新模型构建

3.3.1.1 模型构建基础

知识创新是推动企业能力提升和收益增长的重要因素。影响知识创新成功的主要因素包括内部和外部两个方面，内部因素主要是企业的创新投入，表现为企业在创新方面所投入的资金、人员、设备、时间等。创新投入是企业进行知识创新的基本条件，没有创新投入，企业不可能完成知识创新，更不可能带来动态能力的提升以及市场竞争力的提升。外部因素主要包括政府政策、宏观环境等。由于企业较难控制外部因素的变动,因此,如何以合理的创新投资使企业获得能力和收益的大幅度提升是许多企业比较关心的问题。

许多学者研究了动态能力、知识创新投资与收益两两之间相互促进、相互制约的关系(为了表述方便,下文中将知识创新投资简称为"投资")。动态能力能够促进收益增加,随时间变化的动态能力的发展与收益成正比[32,33]。知识创新投资增加可促进动态能力发展[34],但当投资额达到一定值时,过多的投资反而对动态能力的发展有一定的抑制作用[35,36]。

企业动态能力的大幅度提升可以在一定程度上适当弥补创新投资的不足,带来企业收益的增长。知识创新投资发展速度在其峰值到来之前很快,峰值之后逐渐变缓。企业发展早期需要大量的投资,达到峰值后投资对收益的影响会逐渐变小,即当组织意识到已经达到行业收益最高点后会适当地降低在这方面的投资[37,38]。

期初当企业的动态能力相对比较低时,加大知识创新投资可以带来动态能力提升,并促进收益增加。当动态能力达到比较高的水平时,企业可以很好地重新构建、调配和使用自身的核心竞争力,使企业能够与时俱进,此时,可以适当减少创新投资,若过度增加在知识创新上的投入会在一定程度上造成企业的资源浪费。当企业的创新能力相对薄弱时,创新投资的增加可以促进收益增长;后期当企业的创新能力已经达到同行业比较高的水平时,则需要将重点放在把创新知识转化为有利于收益提高的生产、销售等其他环节[39-41]。对知识创新投入量不当不仅会造成资源浪费,还可能导致产生许多无效创新及科技成果转化率低下等情况,这些对企业都是不利的[42]。投资和收益之间是双向因果关系,投资对收益增加有促进作用,但投资量不当也会阻碍企业收益增加[43,44]。

这些研究为探讨企业的动态能力、知识创新和收益之间的复杂关系提供了有益的借鉴。以往关于知识创新投资、收益相关研究构建的模型比较简单,模型中的变量也比较单一,且变量间多属于线性关系,未能对与知识创新投资、收益相关的变量做一个综合性的分析。本章将动态能力纳入知识创新投资和收益的演化系统,三者之间呈现出的非线性关系更贴合实际。

3.3.1.2 模型建立

动态能力的开发利用不仅可以提高企业的竞争能力,还可以在企业投资水平不变的情况下提高收益率,非常符合当前创新驱动发展经济的要求。创建动态能力约束下的创新投资收益系统,进一步深入分析动态能力在创新投资收益系统中的演化影响,是解决企业如何以合理的创新投资水平达到收益率最大化的关键所在。根据上述国内外学者对企业动态能力、知识创新投资、收益的相关研究,在二维投资收益系统中,加入动态能力更加贴近实际。加入动态能力的三维投资收益系统如下:

$$\begin{cases} \dfrac{\mathrm{d}x}{\mathrm{d}t}=a_1x\left(1-\dfrac{y}{M}\right)+a_2y+a_3z \\ \dfrac{\mathrm{d}y}{\mathrm{d}t}=-b_1x+b_2y\left(1-\dfrac{y}{C}\right)+b_3z\left(1-\dfrac{z}{E}\right) \\ \dfrac{\mathrm{d}z}{\mathrm{d}t}=c_1\dfrac{y}{x}\left(1-\dfrac{x}{N}\right)+c_2y\left(1-\dfrac{y}{C}\right)-c_3z \end{cases} \quad (3.28)$$

式中,$x(t)$——企业动态能力;

$y(t)$——企业知识创新投资;

$z(t)$——企业收益;

a_1——企业动态能力的发展系数;

a_2——知识创新投资对动态能力的影响系数;

a_3——收益对动态能力的影响因子;

b_1——动态能力对知识创新投资的影响系数;

b_2——投资发展速度的弹性系数;

b_3——上期收益对下期知识创新投资的影响系数;

c_1——动态能力对收益的影响系数；
c_2——知识创新投资对收益的影响系数；
c_3——其他随机因素对收益的抑制系数；
M——知识创新投资对动态能力影响的转折点；
C——一个经济时期内知识创新投资的转折点；
E——一个经济时期内收益的峰值；
N——动态能力对收益影响的转折点；

$a_1, a_2, a_3, b_1, b_2, b_3, c_1, c_2, c_3, M, C, E, N$ 均为大于 0 的常数。

方程组(3.28)中第一个公式表示随时间变化的动态能力 $x(t)$ 的发展与收益 $z(t)$ 成正比。知识创新投资 $y(t)$ 的增加会促进动态能力 $x(t)$ 的发展。当知识创新投资 $y(t)$ 到达一个转折点时，过多的投资 $y(t)$ 反而对动态能力 $x(t)$ 的发展有一定的抑制作用。对于 $a_1 x(1-y/M)$，当 $y<M$ 时，即 $(1-y/M)>0$ 时，动态能力的发展速度增快；当 $y>M$，即 $(1-y/M)<0$ 时，动态能力的发展变缓。

方程组(3.28)中第二个公式表示知识创新投资 $y(t)$ 的发展在其转折点 C 到来之前很快，发展转折点到来之后逐渐变缓。收益 $z(t)$ 发展早期会需要大量的投资，达到峰值 E 后投资 $y(t)$ 对其影响会逐渐变缓。动态能力 $x(t)$ 的快速发展会适当降低企业对创新投资 $y(t)$ 的依赖。对于 $b_2 y(1-y/C)$，当 $y<C$，即 $(1-y/C)>0$ 时，知识创新投资 $y(t)$ 的增加导致其发展速度加快；当 $y>C$，即 $(1-y/C)<0$ 时，知识创新投资 $y(t)$ 的继续增加会导致其发展速度变缓。对于 $b_3 z(1-z/E)$，当 $z<E$，即 $(1-z/E)>0$ 时，收益 $z(t)$ 对创新投资 $y(t)$ 的影响是正向的；当收益 $z(t)$ 发展到一定规模，即达到一个峰值 E 后，收益 $z(t)$ 对创新投资 $y(t)$ 的依赖逐渐降低，即当组织意识到已经达到行业收益最高点后会适当地降低在这方面的投资。

方程组(3.28)中第三个公式表示动态能力 $x(t)$ 通过知识创新投资 $y(t)$ 对收益 $z(t)$ 产生影响，y/x 表示对单位动态能力的投入，当 $x<N$，即 $(1-x/N)>0$ 时，表示 y/x 的增加，即对单位动态能力投入的增加对收益 $z(t)$ 有促进作用；当 $x>N$，即 $(1-x/N)<0$ 时，表示 y/x 的增加，即对单位动态能力投入的增加对收益 $z(t)$ 有抑制作用。知识创新投资 $y(t)$ 最初对收益 $z(t)$ 有促进作用，当投资达到转折点 C 后继续增大投资对收益 $z(t)$ 有一定的阻碍作用。

3.3.2 知识创新模型分析

3.3.2.1 模型平衡点及稳定性分析

根据 Hurwitz 理论的雅可比矩阵可以判断系统平衡点是否稳定，式(3.28)所示三维投资收益系统的雅可比矩阵 J 为：

$$J = \begin{bmatrix} a_1 - a_1\dfrac{y}{M} & -a_1\dfrac{x}{M} + a_2 & a_3 \\ -b_1 & b_2 - 2b_2\dfrac{y}{C} & b_3 - 2b_3\dfrac{z}{E} \\ -\dfrac{c_1 y}{x^2} & c_1\left(\dfrac{1}{x} - \dfrac{1}{N}\right) + c_2 - \dfrac{2c_2 y}{C} & -c_3 \end{bmatrix} \tag{3.29}$$

加入动态能力的三维投资收益系统是非常复杂的动力系统，$a_1, a_2, a_3, b_1, b_2, b_3, c_1, c_2, c_3, M, C, E, N$ 取不同的值，会出现不同的动力学行为。经过大量的调试和数值仿真后发现当方程组(3.28)取下列参数时展示出非常好的动力学行为，因此对该三维投资收益系统固定系数如下：

$$\begin{aligned} &a_1=0.05, a_2=0.0025, a_3=0.01, b_1=0.395, \\ &b_2=0.085, b_3=0.77, c_1=0.04, c_2=0.0083, \\ &c_3=0.07, M=0.85, C=2.02, E=2.75, N=0.5 \end{aligned} \tag{3.30}$$

通过计算得出系统(3.28)有四个实平衡点,它们分别是:

$$s_1(-3.0373, 0.9012, -1.1403), s_2(0.2762, 2.7935, 2.4595),$$
$$s_3(0.4503, 1.017, 0.1881), s_4(-0.2533, -0.8504, 2.7466) \quad (3.31)$$

固定该模型的系数如(3.30)所示,计算得出在 s_1 处的雅可比矩阵的特征值为 $\lambda_1=-0.0301$, $\lambda_2=-0.0169+0.447i$, $\lambda_3=-0.0169-0.447i$,所有特征值的实部都小于0,因此 s_1 为稳定鞍点;在 s_2 处的雅可比矩阵的特征值为 $\lambda_1=-0.2959$, $\lambda_2=-0.0192+0.2522i$, $\lambda_3=-0.0192-0.2522i$,所有特征值的实部都小于0,因此 s_2 为稳定鞍点;在 s_3 处的雅可比矩阵的特征值为 $\lambda_1=0.157$, $\lambda_2=-0.1187+0.1031i$, $\lambda_3=-0.1187-0.1031i$ 不是所有特征值的实部都小于0,因此 s_3 为不稳定鞍点;在 s_4 处的雅可比矩阵的特征值为 $\lambda_1=0.4432$, $\lambda_2=0.1446$, $\lambda_3=-0.4012$,不是所有特征值的实部都小于0,因此 s_4 为不稳定鞍点。

3.3.2.2 情景分析

知识创新投资、动态能力、收益之间相关参数的变化可能会引起复杂的演化现象。本章经过数据调试和数据分析,选取了能够较好表现系统变化趋势的参数和初值,发现了动态能力约束下的投资收益吸引子以及知识创新投资、动态能力、收益之间的演化规律。

1. 系统混沌现象分析

混沌是指确定性系统在一定条件下所呈现的貌似随机实则有序的不规则运动,混沌行为来源于确定性方程的无规则运动。对初始条件的敏感依赖性是混沌最重要的特征,即使初始条件十分微小的变化,经过不断放大,对其未来状态也会造成非常大的影响。但是,由于确定性系统的短期行为是完全确定的,通过对系统短期行为的适当调控可以使系统的轨道朝着期望的方向移动[45]。

系统的李雅普诺夫指数[46]是用来度量运动对初值的敏感程

度的量,若最大李雅普诺夫指数大于0,就会有混沌现象存在。固定系统的参数如式(3.30)所示,取初值[0.05,0.523,0.24],此时相应的李雅普诺夫指数图如图3-9所示。

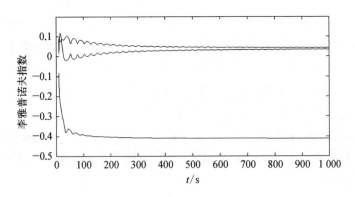

图3-9　李雅普诺夫指数图

由图3-9可见,此时系统有正的最大李雅普诺夫指数,因此系统中存在混沌现象。这时可以得到一个混沌吸引子,我们称之为动态能力约束下的投资收益吸引子,如图3-10所示。

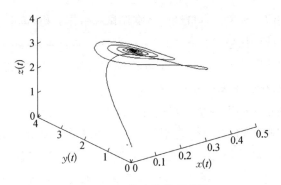

图3-10　投资收益吸引子

吸引子是刻画系统整体特性的概念,动力系统长时间演化的极限状态称为吸引子。

如图 3-10 所示，随着时间的增加，系统的轨线进入了如图所示的圆饼状的结构中，即动态能力、创新投资、收益之间的关系此时呈现出无序的混沌状态。

系统相图在二维平面的投影可以更为详尽地展示系统轨线的运动规律，图 3-11～3-13 显示了吸引子的二维图。

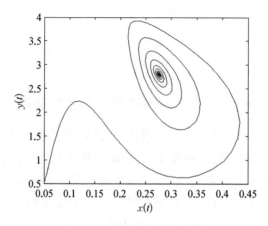

图 3-11　关于 X-Y 的二维图

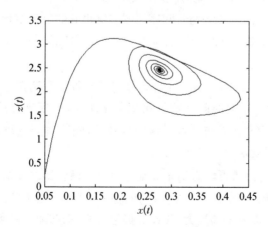

图 3-12　关于 X-Z 的二维图

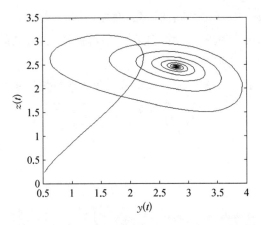

图3-13 投资收益吸引子关于 Y-Z 的二维图

由图3-11~3-13可以看出,在初始状态下动态能力、创新投资、收益两两之间是正相关的,即动态能力增加促使投资增加,动态能力增加促使收益增长,投资增加也促进了收益的增长。但是,一段时间后系统各个变量之间不再是简单的正相关或是负相关,而是会呈现出一种不规则的循环现象。

系统(3.28)的时间演化历程如图3-14所示。图3-14显示的 $x(t)$, $y(t)$, $z(t)$ 的时间序列图能够很好的呈现变量是否随时间变化而呈现某种趋势,还可以很好地反应系统运行的频率和振幅。

由图3-14可以看出企业创新投资和收益在期初会出现剧烈的震荡现象,随着时间的增加振幅越来越小,后期逐渐趋于稳定。企业动态能力在期初出现轻微震荡现象,随着时间的增加振幅越来越小,最后基本趋于平稳。

由以上分析可以看出企业动态能力、创新投资、收益会呈现出非周期的循环现象。三者在期初都会呈现出一定程度的震荡现象,创新投资的振幅最大,收益的振幅次之,动态能力的振幅最小,随着时间增加三者的振幅最后基本趋于平稳。

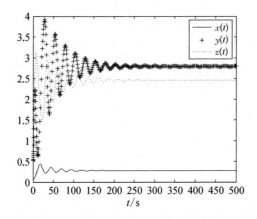

图 3-14 系统关于 t-xyz 的时间序列图

2. 系统对参数和初值敏感依赖性分析

混沌系统的一个显著特征就是系统对参数和初值有很强的敏感依赖性,一个参数或者初值的变化都可能会对结果产生巨大的影响[47]。固定其他参数和初始条件不变,令 $a_3 = 0.072$,此时,系统的轨线发生了改变,如图 3-15~3-18 所示。系统的时间序列图也发生了改变,如图 3-19 所示。

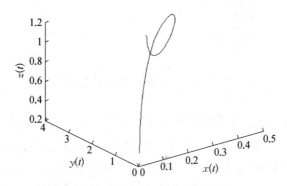

图 3-15 a_3 改变后的投资收益吸引子

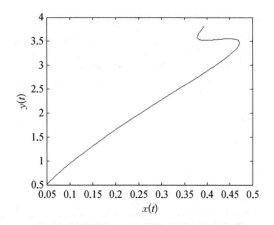

图 3-16 系统关于 X-Y 的二维图

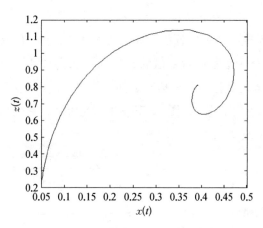

图 3-17 系统关于 X-Z 的二维图

a_3 改变后系统的轨线呈现出如图 3-15 所示的圆勺形状。如图 3-16 所示,在 $x(t)$、$y(t)$ 都较小时是近似线性的,说明在此参数范围内,动态能力和投资的增长是正相关的;后期随着投资的增长,动态能力出现了迂回的现象,即后期投资增加,动态能力没有增加反而减少了。如图 3-17 所示,期初动态能力的增加导

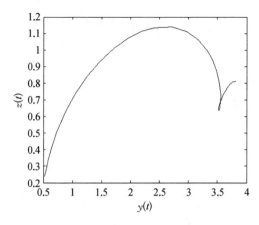

图 3-18　系统关于 Y-Z 的二维图

致收益的增加,但收益增加的速度是越来越慢的,后期动态能力的过度增加,即对动态能力的过度投入,会导致收益的降低。如图 3-18 所示,投资的增长会带来收益的增加,当收益达到一个顶点后继续投资,不会带来收益的继续增加,此时收益开始下降,后期随着投资的继续增加,收益出现小幅度回升现象。这是因为期初在一定的行业技术水平情况下,技术的投资收益率是有一个固定阈值的。在阈值到达之前,投资增加带来收益增加。当投资收益率达到现阶段本行业的固定阈值后,再继续投资不会导致收益增加,反而会因为投资过度带来收益的降低。后期随着行业所处外界环境的不断发展变化,前期投资带来企业技术、管理或其他方面的提高,使企业投资收益率提升,逐渐弥补前期过度投资的亏损,导致收益出现回升现象。此时,企业要把握市场先机,合理预估本行业现阶段技术水平的投资收益率,最好把投资控制在收益到达顶点之前的投资范围内。

由系统的时间序列图可以看出(见图 3-19),动态能力、投资、收益在短时间内波动很大,一定时间后基本趋于稳定,说明在此参数范围内,企业能较快处于稳定发展的状态。

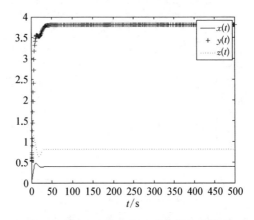

图 3-19　系统关于 $t\text{-}xyz$ 的时间序列图

同理，固定其他参数不变，令初值 $x(t)=0.003$，即初始值为 [0.003，0.523，0.24]，此时系统的轨线再次发生改变，如图 3-20 所示。

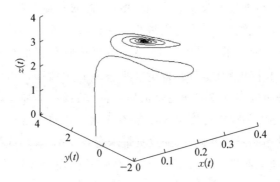

图 3-20　改变初值后的投资收益吸引子

初值改变后所呈现的也是一个混沌吸引子，但可以明显地看到这个吸引子是与图 3-10 最初的投资收益吸引子及图 3-15 参数改变后的吸引子不同。以上这些分析均验证了某一个参数或者初始值的变化都有可能会引起系统轨线的改变，系统对参数和初始值的变化有一定的敏感依赖性。

3.3.3 案例分析

3.3.3.1 参数获取

系统(3.28)是根据企业动态能力、知识创新投资、收益之间相互支持、相互制约的复杂关系建立的动态模型,其中参数的选取对实际有着重要意义。本章根据统计公报、公司年报、相关网站及其他统计资料获得联想控股2004~2014动态能力、创新投资、收益的相关数据,运用非线性最小二乘回归法对参数进行拟合,得到实际系统中的参数。

本章参考联想控股信息披露文件中所涉及的内容,查阅相关文件及相关网站,经过多次比较筛选,最后制定了3项量化指标和20项非量化指标。本章的量化指标是专利数量、研发费用、研发成果转化率,非量化指标可以用表3.2来说明。在指标计算过程中,本章对每个量化指标赋予 α 的权重,对20个非量化指标赋予$(1-3\alpha)$的权重。经调查,IT(Internet Technology)企业的研发费用通常占总费用的15%~25%,且专利数量与研发费用密切相关,研发成果转化率也与研发费用、专利数量密切相关,本章取研发费用占总费用比值的平均值(20%),以 $\alpha = 20\%$ 的情况进行分析[48]。

表3.2 动态能力非量化指标评分标准[49,50]

指　　标	指 标 分 级	指标分级赋权(%)
公司是否能够迅速掌握	是	5
并分析各种信息	否	0
公司是否了解顾客需求	是	5
和竞争者状态	否	0

(续表)

指标	指标分级	指标分级赋权(%)
公司是否能够发现潜在的市场价值	是	5
	否	0
公司是否能充分认识到所处环境的变化与发展趋势并有效应对	是	5
	否	0
公司是否进行跨行业的交流与合作	是	5
	否	0
公司是否重视员工的学习与培训	是	5
	否	0
核心技术专业人员的专业资质及专业程度	核心技术人员在人数、学历、职称方面明显突出	5
	核心技术人员有一定的专业资质	3
	核心技术人员无专业资质	0
公司是否存在完整的研发体系	是	5
	否	0
公司是否与大学有研发合作项目	是	5
	否	0
公司是否经常进行跨企业的交流与合作	经常	5
	一般	3
	很少	0
公司是否有明确的创新计划	是	5
	否	0
创新产品是否为自主研发	创新产品核心技术或专利是自主研发	5
	创新产品核心技术或专利从外部买入	3
	无创新产品	0
是否制定创新激励措施	是	5
	否	0
公司是否为行业标准的制定者	是	5

(续表)

指　　标	指　标　分　级	指标分级赋权(%)
	否	0
企业的品牌管理	企业拥有自主品牌	5
	企业没有自主品牌	0
对动态能力的认识	认为动态能力非常重要	5
	认为动态能力一般重要	3
	认为动态能力不重要	0
产品的市场信誉度	良好	5
	一般	0
是否重视企业文化建设	重视	5
	一般	3
	不重视	0
是否允许打破正规的工作程序	允许	5
	不允许	0
是否与合作伙伴保持良好的关系	良好	5
	一般	0

动态能力的评估结果来自量化指标和非量化指标的整合，非量化指标的评估直接基于权重，因此，可以直接将此部分数值结果与处理后的量化指标合并。在处理量化指标时，首先统计出每个指标序列的最大值(max)、最小值(min)和均值(mean)，然后按照最大值为100，最小值为0，均值为50的标准将每个指标的数值进行转化。具体的公式如下：

$$\begin{cases} \left[\dfrac{(x-\text{mean})}{(\text{max}-\text{mean})} \times 50 + 50\right] \times 20\% & x > \text{mean} \\ \left[50 - \dfrac{(\text{mean}-x)}{(\text{mean}-\text{min})} \times 50\right] \times 20\% & x < \text{mean} \end{cases} \quad (3.32)$$

本章的知识创新投资采用研发费用;收益为组织的税前利润。根据以上方法得到联想控股 2004~2014 年动态能力、知识创新投资、收益的相关数据如表 3.3 所示。

表 3.3 联想控股动态能力、创新投资、收益的统计数据

年 份	x	y(千美元/年)	z(千美元/年)
2004	45.19	49 438	137 405
2005	48.72	27 992	151 534
2006	51.95	164 822	48 429
2007	55.98	196 225	154 551
2008	62.60	229 759	512 850
2009	55.68	220 010	−187 945
2010	57.33	214 343	176 303
2011	65.09	303 413	357 751
2012	77.46	453 334	582 443
2013	62.00	623 987	692 541
2014	71.02	703 651	801 299

对表 3.3 中的数据进行归一化处理,用非线性最小二乘法拟合得到联想控股的相关系统参数如表 3.4 所示。

表 3.4 根据实际得出的系统方程(3.28)的参数

a_1	a_2	a_3	b_1	b_2	b_3	c_1
0.055 77	0.000 1	0.002 56	0.030 09	0.218 42	0.009 46	0.000 13
c_2	c_3	M	C	E	N	
2.596 16	0.951 53	2.712 89	1.862 66	151 354.990 7	1.658 57	

3.3.3.2 动态能力、知识创新投资、收益的混沌现象分析

取表 3.4 中的数据为系统参数,任选一年的数据作为系统的

初始值,本章选定 2014 年归一化后的数据作为系统的初始值,即初始值为 [0.8004 1 1],可以得到联想控股实际系统的吸引子相图(见图 3-21~3-24),从图中可以看出实际系统的发展不是处于稳态状态。系统的吸引子相图可以反映出在当前的各种条件下系统动态能力、创新投资、收益的发展轨迹和未来发展趋势,这些均可以帮助组织更为有效地作出决策。

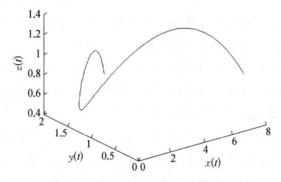

图 3-21　实际系统关于 x-y-z 的三维图

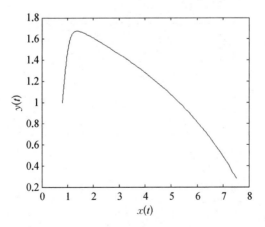

图 3-22　实际系统关于 x-y 的二维图

由图 3-22 可以看出在一定时间内,动态能力增加,创新投资迅速增加,一段时间后随着动态能力的增加创新投资反而减少了。这是由于期初动态能力的提高使得企业的投资收益率大幅度提高,所以企业大量投资,以便可以获得更丰厚的回报。后期随着动态能力达到一定程度时,企业的知识储备和核心能力也达到了比较高的水平,企业有能力重新构建、调配和使用自身的核心竞争力。此时可以适当减少创新投资,若过度增加在知识创新上的投入则会在一定程度上造成企业的资源浪费。如图 3-23 所示,前一段时间里动态能力的增加促进收益的增加,当收益增加到一个顶点后,对动态能力的过度投入又会导致收益的减少,当收益减少到最低点后会出现反弹的现象,也就是收益会随着动态能力的增加继续升高,最后达到的最高值要比前一次达到的收益最高值大。这可能是由于期初对动态能力的投入促进了动态能力的提高,进而使收益增加。当在一定范围内为了快速提高动态能力而过度投入资金、人员、组织资源以及管理资源等时,这些资源的消耗并不能马上带来收益增加,反而会因为过度投入而给企业带来一定的

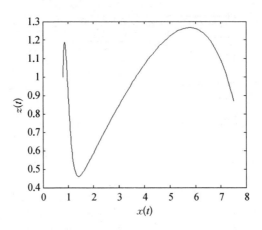

图 3-23 实际系统关于 x-z 的二维图

负担,最终导致总体收益下降。后期随着企业经验的逐渐丰富,相应地减小了急功近利的过度投入行为,之前的投入逐渐对动态能力提升产生影响,并带来了经济效益,这样就使得企业的收益开始上升。从图3-24中可以看出投资和收益出现了迂回的现象,期初投资和收益是近似线性的关系,投资增加带来收益增加;随着投资的继续增加,当收益达到一个顶点之后开始下降,但收益并非无限制的下降,后期收益又出现了迂回上升的情况,即投资减少收益反而增加,但此时收益的最高值较之前有所下降。这是由于期初投资增加导致收益增加,当投资收益率达到最大后再继续增大投资导致部分投资属于无效投资,增加的部分投资不能带来收益增加,反而给企业带来负担,使得收益减少,当收益减少到一定程度后,企业收回部分无效投资,减少资金占用,收益开始慢慢回升。实际系统的时间序列图如图5-25所示。

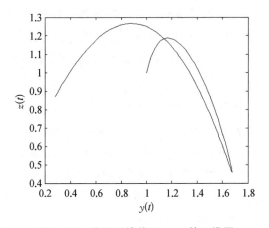

图3-24 实际系统关于 y-z 的二维图

由图3-25可以看出,在此参数范围内,随着时间的增加,动态能力是增加的,并且增加的速率越来越快。在当前这种发展趋势下,随着时间的增加,投资在期初迅速增加,达到一个转折点后

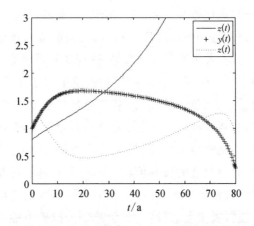

图 3-25　实际系统关于 t-xyz 的时间序列图

投资会随着时间逐渐降低。即一段时间里收益随着时间的增加而增加,当收益达到一个最高点时,随着时间的增加收益会出现下降的现象。当收益降低到最低点时会出现回升现象,接下来收益越来越高,最后重新达到新的最高点,且此时的收益最高值比之前的最高值要略微高一些。这时需要组织及时地调整战略,促使组织朝着最有利于收益增加的方向发展。

3.3.3.3　系统对参数和初值的敏感依赖性

混沌系统对参数和初始值有很强的敏感依赖性,其中一个参数或者初始值的变化都有可能引起系统运行轨迹的变化。

取表 3.4 中的数据为系统参数,初始值为 [0.8004 1 1],把 a_1 的值在原来的基础上增大 0.5,即令 $a_1=0.10577$ 可以得到收益随时间变化的比较图如图 3-26 所示。

取系统参数为表 3.4 中的数据,初始值仍为 [0.8004 1 1],把 b_2 的值在原来的基础上分别减小 0.1 和增大 0.1,即 $b_2=0.11842$,$b_2=0.31842$ 可以得到收益随时间变化的比较图,如图 3-27 所示。

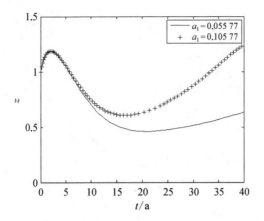

图 3-26　改变 a_1 后系统的时间序列图

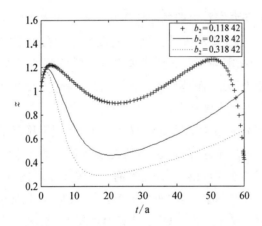

图 3-27　改变 b_2 后系统的时间序列图

取表 3.4 中的数据为系统参数,初始值为 [0.8004 1 1],把 y 的值在原来的基础上分别减小 0.1 和增大 0.1,即初始值分别为 [0.8004 0.9 1] 和 [0.8004 1.1 1] 可以得到收益随时间变化的比较图,如图 3-28 所示。

a_1 为动态能力的发展系数,对比观察图 3-26 两条曲线发现在期初两条曲线是重合的,后期两条曲线开始逐渐分离,后期 a_1

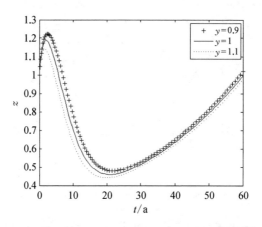

图 3-28 改变 y 后系统关于 t-z 的时间序列图

值较大的那条曲线较之前的曲线更高一点。这表明单纯增大动态能力的发展系数，即增大动态能力的发展速度在短期内很难对收益增加产生作用，对于联想控股来说，目前制约收益增加的因素并不是动态能力不足，而是其他因素。因此，联想控股可以在短期内将现在的动态能力维持在适当的水平。

b_2 为投资发展的弹性系数，b_2 的变化体现了投资发展的速度变化。图 3-27 显示了 b_2 由小到大逐渐变化时收益变化的演化图。对比三条曲线可以看出，与当前 $b_2=0.218\,42$ 的状况相比，当 b_2 增大到 $0.318\,2$ 时，图形的峰值降低了，当 b_2 减小到 $0.118\,2$ 时，图形的峰值升高了。这说明在当前的状况下，令投资发展速度的弹性系数变小，即投资发展变得略微缓慢时，在未来的时间里组织将会得到更大的收益。当 b_2 逐渐降低时图形的波谷越来越高了，且再次达到峰值的时间缩短。由图 3-27 中 $b_2=0.118\,2$ 的曲线可以看出，图形第二次的峰值比第一次的要略微高一点。这说明略微减慢投资发展的速度可以减小收益波动的幅度，使组织发展趋向于稳定，且当收益再次升高时会达到比前期更高的收益水平。

y 为组织的投资水平，y 的大小体现了组织的投资力度。图

3-28显示了 y 由小到大逐渐变化时收益变化的演化图。对比观察三条曲线发现三条曲线的演化趋势非常一致,但是曲线在坐标中的高低位置不同。与当前 $y=1$ 的情况相比,当 y 增大到 1.1 时,图形的最高点降低了,当 y 减小到 0.9 时,图形的最高点升高了。这表明投资力度在小范围内波动不会过于影响未来收益走势,但是会影响收益的高低水平。在当前的发展状况下,令投资 y 略微减少,在未来的时间里组织的收益将会更大。

在实际情况中,企业可以利用财务数据、咨询机构的定性数据,进行回归得到相关参数,同时根据本企业上一年度的财务数据以及专业咨询机构的定性数据得到企业动态能力、投资、收益的初始值。根据对上一年度的分析预测公司未来动态能力、投资的变化对收益的影响趋势,同时参考国内外有关本行业的最大投资收益率对企业未来投资水平进行决策。对于联想控股而言,目前状况下保持现在的动态能力,在一定范围内适当降低投资水平和投资速度,努力提高企业科技成果转化率可以提高企业未来收益水平,促使企业健康发展。

综合以上分析可知,知识创新投资可以有效提升企业动态能力并带来企业收益的增长,但是,创新投资并非越高越好,单纯加大创新投资也不能有效提高收益;提高动态能力短期内收益可能不会显著增加,但是后期会给企业收益带来巨大贡献。

因此,为了更好达到知识创新的效果,企业需要努力以最少的知识创新投资获得最大的创新收益,努力提高知识创新的成果转化率。此外,动态能力提升企业绩效是一个长期的过程,企业需要保持自身良好的学习习惯和内部机制,以保障动态能力在企业发展中充分发挥作用。

第4章
产业技术创新战略联盟异质企业间知识转移模式研究

4.1 产业技术创新战略联盟内企业知识转移模型的建立

相关领域学者相继从知识转移内涵及影响因素[51, 52]、机制及模式构建[52-54]等角度对产业技术创新联盟内企业知识转移问题进行了研究。

产业技术创新战略联盟内的企业具有共生共荣、相互依赖与系统动态演化等生态性内涵[55]。随着联盟内企业关系的不断发展,各主体之间开始显现出类似于生物学上的"共生"和"竞争"特征,并向更复杂的竞合关系转变[56]。产业技术创新战略联盟内企业不同的竞合关系会对知识转移产生不同的影响。相关研究表明:互惠共生、竞争共存等竞合关系对不同创新主体之间的知识转移会产生重要影响[57, 58]。

同时,由于知识转移行为与疾病传染扩散现象具有相似性,以SIR 模型(Susceptible Intected Recovered Model)为代表的传染病模型相继被学者应用到企业知识转移研究领域[59-61]。薛娟等[59]

运用 SIR 模型对众包社区的知识转移过程进行研究。胡绪华等[60]利用疾病传染模型对产业集群内的知识转移机理进行研究。吴小桔等[61]借鉴传染病模型构建了企业知识流动的 SIR 模型。已有研究成果为本章运用传染病模型研究创新生态系统内知识转移奠定了方法论基础。

在对产业技术创新战略联盟内异质企业间知识转移过程和传染病模型中疾病传染过程进行对比分析的基础上,归纳出产业技术创新战略联盟内企业知识转移的关键特征要素并提出本章研究假设,构建基于产业技术创新战略联盟的异质企业间知识转移机理模型。

4.1.1 模型假设

传染病模型在知识传播和转移方面的应用已经成为数学知识扩展应用的一个重要方面。结合产业技术创新战略联盟内异质企业间知识转移的基本过程和特征(见图 4-1),本章给出以下几点假设。

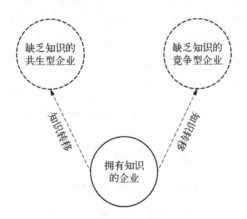

图 4-1 知识转移过程示意图

(1) 根据产业技术创新战略联盟内各类企业对知识的掌握情况,将其划分为三类:拥有知识的企业 I,这类企业掌握并能够运用先进的知识资源,是现有的知识传染源;接受主体 S,指缺乏知识的企业,但时刻愿意学习新知识;升级企业 R,这类企业由于知识创新企业进行了转型升级,不主动转移知识也不接受知识转移,成为现有知识转移系统的"免疫者",因此,对现有知识转移不产生影响。同时,为了研究企业不同竞合关系下的异质性特征对知识转移的具体影响,将 S 分为两类,S_1 代表缺乏知识的共生型企业,S_2 代表缺乏知识的竞争型企业。由此可得,产业技术创新战略联盟内的企业满足以下数量关系:$N = S_1 + S_2 + I + R$

(2)知识转移率:t 时刻单位时间内 S 类企业学习新知识并转化为 I 类企业的概率,$P \in [0, 1]$。P 在转移过程中受到转移主体、转移途径和接受主体多方面因素的影响,本章考虑知识转移率主要受企业接触频率(单位时间内接触企业的数量)β 和知识整合时间 c 的影响。知识整合时间能够反映企业在知识转移过程中对新知识的学习和吸收能力,企业间竞合关系的差异导致不同类型企业在吸收整合新知识时所耗费的时间也不尽相同。相比于竞争型企业,共生型企业之间信任程度更高,知识转移路径更为通畅,因此,所需的知识整合时间更短。在此基础上,假设共生型企业知识整合时间短于竞争型企业,即 $c_1 < c_2$,则单位时间内,S_1 类企业(缺乏知识的共生型企业)成功学习到新知识并转变为 I 类企业的概率为 $\frac{\beta}{c_1}$,S_2 类企业(缺乏知识的竞争型企业)成功学习到新知识并转变为 I 类企业的概率为 $\frac{\beta}{c_2}$。

(3)产业技术创新战略联盟内知识转移应当是一个动态变化的过程,受外部环境和企业发展策略的影响,拥有知识的企业 I 可能进行转型升级,企业升级后的知识很可能不再适应原有的知识转移系统。因此,I 类企业转型升级后可能转向 R 类企业,退出当前知识转移机制,假定该比例系数为 γ,则单位时间内 I 类企业升

级成为 R 类企业的数量为 γI。

（4）同时，产业技术创新战略联盟是一个相对开放的系统，在其发展过程中，不仅会有新企业进入该系统，系统内部也会有企业因其他原因而退出，这种进入退出的动态过程可以反映产业技术创新战略联盟的开放程度。在本章中我们假设三类企业均有可能因为转型升级或遭遇淘汰而退出当前产业技术创新战略联盟，也均可能为获得更好的发展机会而进入产业技术创新战略联盟。假设新企业进入系数等于老企业退出系数，均为 q，其中在单位时间内进入产业技术创新战略联盟的共生型企业数量为 pqN，竞争型企业数量为 $(1-p)qN$。此时，单位时间内缺乏知识的共生型企业退出数量为 qS_1，竞争型企业退出数量为 qS_2，拥有知识的企业退出数量为 qI，升级企业退出数量为 qR。产业技术创新战略联盟内企业总数保持为一常数 N。

4.1.2　模型构建

根据以上假设，产业技术创新战略联盟内企业间知识转移过程可用图 4-2 所示框架图描述。

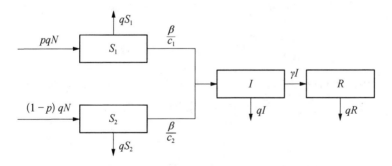

图 4-2　企业知识转移框架图

根据图形描述，可以建立新的知识转移模型：

$$\begin{cases} \dfrac{\mathrm{d}S_1}{\mathrm{d}t} = qpN - \dfrac{\beta}{c_1}IS_1 - qS_1 \\ \dfrac{\mathrm{d}S_2}{\mathrm{d}t} = q(1-p)N - \dfrac{\beta}{c_2}IS_2 - qS_2 \\ \dfrac{\mathrm{d}I}{\mathrm{d}t} = \dfrac{\beta}{c_1}IS_1 + \dfrac{\beta}{c_2}IS_2 - \gamma I - qI \\ \dfrac{\mathrm{d}R}{\mathrm{d}t} = \gamma I - qR \end{cases} \quad (4.1)$$

模型(4.1)中各方程两端分别相加可得 $\dfrac{\mathrm{d}(S_1+S_2+I+R)}{\mathrm{d}t} = \dfrac{\mathrm{d}N}{\mathrm{d}t} = 0$,即 $N(t) = S_1(t) + S_2(t) + I(t) + R(t) = N$。

本章考查的重点是拥有知识的企业(I)和缺乏知识的企业(S_1 和 S_2),且观察模型(4.1)不难看出,前三式并不依赖于第四式。因此,此处去除模型(4.1)中最后一个方程,从而得到新的知识转移模型(4.2),主要考查该模型的稳定性和阈值。

$$\begin{cases} \dfrac{\mathrm{d}S_1}{\mathrm{d}t} = qpN - \dfrac{\beta}{c_1}IS_1 - qS_1 \\ \dfrac{\mathrm{d}S_2}{\mathrm{d}t} = q(1-p)N - \dfrac{\beta}{c_2}IS_2 - qS_2 \\ \dfrac{\mathrm{d}I}{\mathrm{d}t} = \dfrac{\beta}{c_1}IS_1 + \dfrac{\beta}{c_2}IS_2 - \gamma I - qI \end{cases} \quad (4.2)$$

式中,$\{(S_1(t), S_2(t), I(t), R(t)) \mid 0 \leqslant S_1(t) \leqslant N, 0 \leqslant S_2(t) \leqslant N, 0 \leqslant I(t) \leqslant N, 0 \leqslant R(t) \leqslant N\}$。

4.2 模型分析

为求模型(4.2)的平衡点,令其右端等于 0,得到模型(4.3):

$$\begin{cases} qpN - \dfrac{\beta}{c_1}IS_1 - qS_1 = 0 \\ q(1-p)N - \dfrac{\beta}{c_2}IS_2 - qS_2 = 0 \\ \dfrac{\beta}{c_1}IS_1 + \dfrac{\beta}{c_2}IS_2 - \gamma I - qI = 0 \end{cases} \quad (4.3)$$

下面分 $I=0$ 和 $I \neq 0$ 两种情况讨论。

4.2.1 知识再生数的求解

在疾病传染模型中,基本再生数是指一个病原体在平均患病期内所传染的人数,本章所指的知识再生数是一个拥有知识的企业(I)在单位周期内能够成功将知识转移给缺乏知识的企业(S)数量。知识再生数 R_0 的大小对系统平衡状态起决定性作用,当 $R_0 < 1$ 时,平衡点 E_0 渐近稳定;当 $R_0 > 1$ 时,平衡点 E_0 不稳定。如果系统内的知识转移行为最后进入无知识转移平衡态,则此时拥有知识的企业数量会归于 $0(I=0)$,在此情况下,系统内的知识转移活动将会自发消失,缺乏知识的企业数量均为正。

根据模型(4.3)可求得无知识转移的平衡点为 $E_0(pN, N-pN, 0)$。

下面通过考察 E_0 的稳定性来推导知识转移系统内的知识再生数 R_0。

模型(4.2)在 E_0 点的雅可比(Jacobi)矩阵为:

$$J = \begin{bmatrix} -q & 0 & -\dfrac{\beta}{c_1}pN \\ 0 & -q & -\dfrac{\beta}{c_2}(1-p)N \\ 0 & 0 & -(\gamma+q) + \dfrac{\beta}{c_1}pN + \dfrac{\beta}{c_2}(1-p)N \end{bmatrix}$$

显然,只要 $-(\gamma+q)+\frac{\beta}{c_1}pN+\frac{\beta}{c_2}(1-p)N<0$,则雅可比矩阵的所有特征值均为负。在此情境下,我们将知识转移系统内的知识再生数 R_0 定义为:

$$R_0=\frac{\frac{\beta}{c_1}pN+\frac{\beta}{c_2}(1-p)N}{\gamma+q}$$

对 p 求一阶偏导可得:

$$\frac{\partial R_0}{\partial p}=\frac{\frac{\beta}{c_1}N-\frac{\beta}{c_2}N}{\gamma+q}=\frac{\beta N}{\gamma+q}\left(\frac{1}{c_1}-\frac{1}{c_2}\right)>0$$

因此,可以判定 R_0 关于变量 p 的函数单调递增。

结论一:在拥有两类企业的知识转移模型中,共生型企业知识整合时间通常小于竞争型企业($c_1<c_2$)。因此,随着共生型企业数量的上升,知识再生数将逐渐上升,知识转移活跃性将越来越高。

4.2.2 无知识转移平衡点与稳定性

本部分主要证明当 $R_0<1$ 时,无知识转移平衡点 E_0 的稳定性。

根据模型(4.2)中方程 1 和方程 2 可得:

$$\frac{dS_1}{dt}\leqslant qpN-qS_1,\ \frac{dS_2}{dt}\leqslant q(1-p)N-qS_2$$

由此可得:

$$S_1(t)\leqslant pN+S_1(0)e^{-qt},\ S_2(t)\leqslant (1-p)N+S_2(0)e^{-qt}$$

根据模型(4.2)中方程 3 可得:

$$I(t) = I(0)\exp\left(\frac{\beta}{c_1}\int_0^t S_1(u)\mathrm{d}u + \frac{\beta}{c_2}\int_0^t S_2(q)\mathrm{d}q - \gamma t - qt\right)$$

$$\leqslant I(0)\exp\left(\left(\frac{\beta}{c_1}p_1 + \frac{\beta}{c_2}p_2 - (\gamma+q)\right)t + \frac{\beta}{c_1\mu}S_1(0) + \frac{\beta}{c_2\mu}S_2(0)\right)$$

$$= I(0)\exp\left((\gamma+q)\left(\frac{\frac{\beta}{c_1}p_1 + \frac{\beta}{c_2}p_2}{\gamma+q} - 1\right)t + \frac{\beta}{c_1\mu}S_1(0) + \frac{\beta}{c_2\mu}S_2(0)\right)$$

$$= I(0)\exp\left(\frac{\beta}{c_1\mu}S_1(0) + \frac{\beta}{c_2\mu}S_2(0)\right)\exp((\gamma+q)(R_0-1)t)$$

由上可得,当 $t \to \infty$ 且 $R_0 < 1$ 时,相应的 $I(t)$ 则趋向于 0。因此,本章通过讨论 $(S_1 = pN, S_2 = N - pN)$ 在 Ω 区间($\Omega = \{(S_1, S_2) \mid 0 \leqslant S_1 \leqslant N, 0 \leqslant S_2 \leqslant N, I = 0\}$)内的渐近稳定性,即可验证 E_0 的渐近稳定性。

在区间 Ω 内,模型(4.2)中方程1和方程2可以改写为方程组(4.4):

$$\begin{cases}\dfrac{\mathrm{d}S_1}{\mathrm{d}t} = qpN - qS_1 \\ \dfrac{\mathrm{d}S_2}{\mathrm{d}t} = q(1-p)N - qS_2\end{cases} \tag{4.4}$$

求解可得:

$$\begin{cases}S_1(t) = pN - (pN - S_1(0))\mathrm{e}^{-qt} \\ S_2(t) = (1-p)N - ((1-p)N - S_2(0))\mathrm{e}^{-qt}\end{cases} \tag{4.5}$$

由式(4.5)可以看出,当 $t \to \infty$ 时,$S_1(t)$ 和 $S_2(t)$ 分别趋向于 pN 和 $(1-p)N$。

结论二:当知识转移系统中存在两类企业时,知识再生数 $R_0 < 1$,该知识转移系统的无知识转移平衡点 $E_0(S_1 = pN, S_2 = N - pN)$ 将渐近稳定。

4.2.3 有知识转移平衡点与稳定性

本部分主要讨论当 $R_0 > 1$ 时,模型(4.1)的稳定性和平衡点。
(1) 平衡点是否存在及唯一性的讨论
根据模型(4.3)中方程 1 和方程 2 可得:

$$S_1 = \frac{qpN}{\frac{\beta}{c_1}I + q}, \quad S_2 = \frac{q(1-p)N}{\frac{\beta}{c_2}I + q}$$

将以上两式代入模型(4.3)中的方程 3,可得到:

$$\frac{\beta qpN}{\beta I + c_1 q} + \frac{\beta q(1-p)N}{\beta I + c_2 q} - (\gamma + q) = 0 \qquad (4.6)$$

可以得出,当且仅当式(4.6)存在一个 I 值大于 0 时,模型(4.1)会出现知识转移平衡点。

以式(4.6)左边作为函数:

令 $F(I) = \dfrac{\beta qpN}{\beta I + c_1 q} + \dfrac{\beta q(1-p)N}{\beta I + c_2 q} - (\gamma + q)$

对 $F(I)$ 求导可得:

$$F'(I) = -\frac{\beta^2 qpN}{(\beta I + c_1 q)^2} - \frac{\beta^2 q(1-p)N}{(\beta I + c_2 q)^2}$$

显然,$F'(I) < 0$,可以得出,函数 $F(I)$ 是单调递减函数,对 $F(I)$ 求极限可得:

$$\lim_{I \to \infty} F(I) = -(\gamma + q) < 0$$

由于 $R_0 = \dfrac{\dfrac{\beta}{c_1}pN + \dfrac{\beta}{c_2}(1-p)N}{\gamma + q} > 0$,

所以

第4章 产业技术创新战略联盟异质企业间知识转移模式研究

$$F(0) = \frac{\frac{\beta}{c_1}pN + \frac{\beta}{c_2}(1-p)N}{(\gamma + q)}(\gamma + q) - (\gamma + q)$$
$$= (\gamma + q)(R_0 - 1) > 0$$

函数 $F(I)$ 的图像如图 4-3 所示。

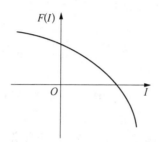

图 4-3 函数 $F(I)$ 图像

此时,式(4.6)的 I 存在唯一的正解,即当 $R_0 > 1$ 时,模型(4.1)存在知识转移的平衡点且唯一。

(2) 平衡点的稳定性讨论

令 $E^*(S_1^*, S_2^*, I^*)$ 是知识转移系统内唯一的知识转移平衡点,并作以下假设:

$$I = I^*(1+y), \quad S_1 = S_1^*(1+x_1), \quad S_2 = S_2^*(1+x_2)$$

其中,$-1 < x_1 < +\infty$,$-1 < x_2 < +\infty$,$-1 < y < +\infty$。代入模型(4.2)中可得:

$$\begin{cases} \dfrac{\mathrm{d}x_1}{\mathrm{d}t} = -\left(q + \dfrac{\beta}{c_1}I^*\right)x_1 - \dfrac{\beta}{c_1}I^*y - \dfrac{\beta}{c_1}I^*x_1 y \\ \dfrac{\mathrm{d}x_2}{\mathrm{d}t} = -\left(q + \dfrac{\beta}{c_2}I^*\right)x_2 - \dfrac{\beta}{c_2}I^*y - \dfrac{\beta}{c_2}I^*x_2 y \\ \dfrac{\mathrm{d}y}{\mathrm{d}t} = \dfrac{\beta}{c_1}S_1^* x_1 + \dfrac{\beta}{c_2}S_2^* x_2 + \dfrac{\beta}{c_1}S_1^* x_1 y + \dfrac{\beta}{c_2}S_2^* x_2 y \end{cases} \quad (4.7)$$

不难发现,模型(4.7)与模型(4.2)具有相同的稳定性。

根据李雅普诺夫(Liapunov)稳定性理论,讨论常微分方程组平衡点稳定性时,一般是通过构造无限大的正定李雅普诺夫函数来考查,如果其沿系统轨迹线的全导数在相应区域内负定,则该平衡点在该区域内具有全局渐近稳定性。

构造李雅普诺夫函数如下:

$$\Pi(x_1, x_2, y) = \frac{S_1^* x_1^2}{2I^*} + \frac{S_2^* x_2^2}{2I^*} + y - \ln(1+y)$$

可以看出,除 $(x_1, x_2, y) = (0, 0, 0)$ 时,$\Pi = 0$ 外,Π 的值均为正。

在模型(4.7)的基础上对 Π 求 t 的全导数:

$$\begin{aligned}
\frac{d\Pi}{dt} = & -\frac{S_1^* x_1^2}{I^*}\left(\left(q+\frac{\beta}{c_1}I^*\right)x_1 + \frac{\beta}{c_1}I^* y + \frac{\beta}{c_1}I^* x_1 y\right) - \\
& \frac{S_2^* x_2}{2I^*}\left(\left(q+\frac{\beta}{c_2}I^*\right)x_2 + \frac{\beta}{c_2}I^* y + \frac{\beta}{c_2}I^* x_2 y\right) + \\
& \frac{y}{1+y}\left(\frac{\beta}{c_1}S_1^* x_1(1+y) + \frac{\beta}{c_2}S_2^* x_2(1+y)\right) \\
= & -\frac{S_1^* x_1^2}{I^*} - \frac{S_2^* x_2^2}{I^*} - \frac{\beta}{c_1}S_1^* x_1^2(1+y) - \frac{\beta}{c_2}S_2^* x_2^2(1+y) \\
\leqslant & 0
\end{aligned}$$

显然 $\frac{d\Pi}{dt}$ 为负定,且只有 $(x_1, x_2, y) = (0, 0, 0)$ 时为0。上述讨论表明:模型(4.2)具有全局渐近稳定性。

结论三:当知识转移系统中存在两类企业时,知识再生数 $R_0 > 1$,该知识系统会存在唯一的知识转移平衡点 E_0^*,且该点具有全局渐近稳定性质。

4.3 数值与案例仿真

截至 2018 年底,泰州市新能源产业产业技术创新战略联盟已经逐步形成了多方联动的产业生态,不断壮大新能源产业规模,助力企业转型升级和地区供给侧改革,积极打造国家级新能源产业创业新区。泰州市新能源产业产业技术创新战略联盟当中拥有机电、医药、汽车等诸多异质成员单位,企业生态关系复杂。

4.3.1 知识再生数对知识转移的影响

为了更直观地说明产业技术创新战略联盟中企业之间知识转移的过程和规律,把握关键要素对知识转移的影响,本章参考泰州市新能源产业产业技术创新战略联盟成员特征,设置如下初始参数:

(1) 仿真实验一

产业技术创新战略联盟内企业数量设定为 200 家,其中共生型企业占比为 0.75,初始状态下产业技术创新战略联盟内拥有 50 家企业掌握并运用知识(共生型企业 38 家,竞争型企业 12 家),即知识转移主体。进一步假设 $q=0.02$,$p=0.75$,$\beta=0.5$,$\gamma=0.08$,设定单位时间为小时,由于知识整合时间 $c_1 < c_2$,我们假定 $c_1 = 1\,000$,$c_2 = 1\,050$。

初始参数组合下,计算知识再生数的大小,可得:

$$R_0 = \frac{\frac{\beta}{c_1}pN + \frac{\beta}{c_2}(1-p)N}{\gamma + q}$$

$$= \frac{0.5/1\,000 \times 0.75 \times 200 + 0.5/1\,050 \times 0.25 \times 200}{0.08 + 0.02}$$

$$= 0.99 < 1$$

将数值带入 MATLAB 软件仿真,得到结果如下:

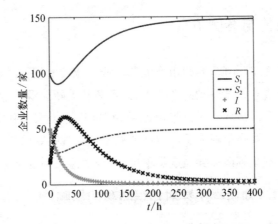

图 4-4　$R_0 < 1$ 时两类企业知识转移情况

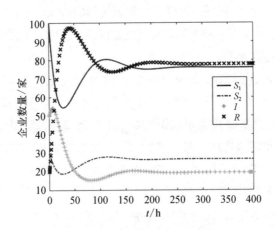

图 4-5　$R_0 > 1$ 时两类企业知识转移情况

由图 4-4 可以看出,在知识再生数小于 1 的情况下,虽然初始状态产业技术创新战略联盟内存在 50 家知识源企业,但随着时间演化,$t = 350$ 时刻左右时拥有知识的企业和转型升级企业的数量均趋近于 0,而缺乏知识的共生型企业数量却达到近 150 家,缺乏知识的竞争型企业数量趋近于 50 家,这与前文得到的结论二:当知识再生数小于 1 时,知识转移系统的无知识转移平衡点 E_0 将渐近稳定,基本一致。进一步观察可以发现:在仿真 1 中单位时间内 S 企业转变为 I 企业的数量远小于 I 企业由于转型退出知识转移系统的数量和 I 企业转变为 R 企业的数量之和,所以 I 企业的数量会呈现急剧下降并最终趋近于 0 的变化趋势。在现实的产业技术创新战略联盟内,我们也可以观察到这种现象:产业技术创新战略联盟内企业虽然在一定时期内存在知识交流与合作,但同时部分企业仍然会以一定速率转型至其他行业,退出现有的知识转移系统,这种转型速率过快时,很可能会导致整个系统面临转型,而且一旦核心知识源企业流失很可能引发一种模仿效应,这会导致拥有知识的企业数量不断下降直至知识再生数小于 1,此时企业间的知识转移活动不再进行。

(2) 仿真实验二

产业技术创新战略联盟内企业数量设定为 200 家,其中共生型企业占比为 0.75,初始状态下产业技术创新战略联盟内拥有 50 家企业掌握并运用知识(共生型企业 38 家,竞争型企业 20 家),即知识转移主体。进一步假设 $q=0.02$,$p=0.75$,$\beta=0.5$,$\gamma=0.08$,设定单位时间为小时,由于知识整合时间 $c_1 < c_2$,我们假定 $c_1 = 500$,$c_2 = 550$。此时

$$R_0 = \frac{\frac{\beta}{c_1}pN + \frac{\beta}{c_2}(1-p)N}{\gamma + q}$$

$$= \frac{0.5/500 \times 0.75 \times 200 + 0.5/550 \times 0.25 \times 200}{0.08 + 0.02}$$

$$= 1.95 > 1$$

将新的数值代入 MATLAB 进行仿真,得到结果如图 4-5

所示。

观察图 4-5 可以看出,当知识再生数大于 1 时,在 $t=250\ \text{h}$ 时刻左右,产业技术创新战略联盟内的知识转移活动趋于相对稳定,缺乏知识的共生型企业数量维持在 75 家左右,缺乏知识的竞争型企业数量在经历了小幅度的下降之后稳定在 30 家左右。总体来看,缺乏知识的企业数量相比初始状态数量都出现了下降趋势,而此时拥有知识的企业数量已稳定在 20 家左右,处于知识转型升级的企业数量接近 80 家。这与前文得到的结论三:当知识再生数 $R_0>1$ 时,该知识系统会存在唯一的知识转移平衡点 E_0^k,且该点具有全局渐近稳定性质,基本一致。

4.3.2 不同类型企业所占比例对知识转移的影响

主要考察产业技术创新战略联盟内共生型企业和竞争型企业数量所占比例的变化对知识转移平衡点的影响。在仿真实验一的基础上将参数 p 的值从 0.75 调整为 0.25,此时:

$$R_0 = \frac{\frac{\beta}{c_1}pN + \frac{\beta}{c_2}(1-p)N}{\gamma + q}$$

$$= \frac{0.5/1\,000 \times 0.25 \times 200 + 0.5/1\,050 \times 0.75 \times 200}{0.08 + 0.02}$$

$$= 0.964 < 1$$

将新参数代入 MATLAB 进行仿真,结果如图 4-6 所示。可以看出,系统在 $t=350\ \text{h}$ 时刻左右达到渐近稳定,此时产业技术创新战略联盟内拥有知识的企业和转型升级的企业数量均趋近于 0,系统内的知识转移活动趋于停滞状态。

同样在仿真实验二的基础上将参数 p 的值从 0.75 调整为 0.25,此时:

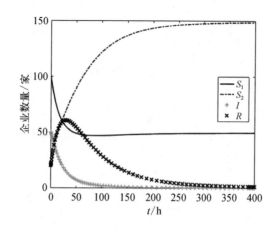

图 4-6 $R_0 < 1$ 且 p 值调整为 0.25 时的结果

$$R_0 = \frac{\frac{\beta}{c_1}pN + \frac{\beta}{c_2}(1-p)N}{\gamma + q}$$

$$= \frac{0.5/500 \times 0.25 \times 200 + 0.5/550 \times 0.75 \times 200}{0.08 + 0.02}$$

$$= 1.864 > 1$$

将新参数代入仿真系统,得到仿真结果如图 4-7 所示。观察图 4-7 可以看出,系统在 $t = 250 \mathrm{~h}$ 时刻左右开始趋于渐近稳定状态,产业技术创新战略联盟内拥有知识的企业维持在 20 家左右,处于知识转型升级状态的企业数量维持在 70 家左右,说明此时产业技术创新战略联盟内企业相互之间知识交流活跃性较差,知识转移比较封闭。

比较图 4-4 与图 4-6 可以看出,虽然知识再生数 $R_0 < 1$ 导致产业技术创新战略联盟趋于稳定后均不再发生知识转移行为,但当系统内共生型企业所占比例为 0.75 时,相应的知识再生数大于当共生型企业所占比例为 0.25 时的知识再生数,共生型企业比例为 0.25 时,知识转移系统提前进入无转移平衡状态。同样的,

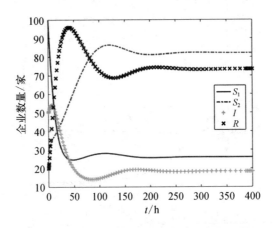

图 4-7 $R_0>1$ 且 p 值调整为 0.25 时的结果

比较图 4-5 和图 4-7 可以看出,虽然知识再生数 $R_0>1$ 时,知识转移活跃性较高,但明显可以发现当 $p=0.25$ 时,拥有知识的企业数量与 $p=0.75$ 时相比企业数量有所下降。这与前文得到的结论一内容基本一致。

4.3.3 系统开放程度对知识转移的影响

在知识再生数 $R_0>1$ 的情况下,考查进入退出系数 q 对产业技术创新战略联盟知识转移平衡点的影响。本部分在仿真实验二 ($q=0.02$) 的基础上将 q 先后调整为 0.01 与 0.03,结果如下:

观察图 4-5、图 4-8 与图 4-9 可以看出,随着 q 值的增加产业技术创新战略联盟内拥有知识的企业数量呈现递增趋势,图 4-8 $q=0.01$ 时系统内拥有知识的企业数量稳定在 15 家左右,图 4-5 $q=0.02$ 时系统内拥有知识的企业数量稳定在 20 家左右,而图 4-9 $q=0.03$ 时稳定状态下系统内拥有知识的企业数量已经超过了 20 家。进入退出系数的大小在一定程度上代表了系统的开放性和动态能力,这说明产业技术创新战略联盟开放程度的增强有助于内部知识转移的进行。

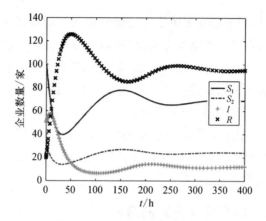

图 4-8　$q=0.01$ 时的仿真结果

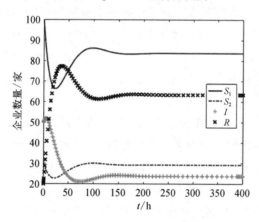

图 4-9　$q=0.03$ 时的仿真结果

4.4　模型构建的意义及得到的结论与启示

4.4.1　模型构建的意义

在创新驱动战略背景下,知识转移对构筑企业竞争优势提供了知识保障,研究创新主体不同特征变量在知识转移系统中的作用机理尤为重要。本章基于生态视域,针对产业技术创新战略联盟多主体、生态性、异质性、动态性等特征,借鉴传染病模型构建了产业技术创新战略联盟内的知识转移模型,通过推演知识转移平衡点的一般表达式,验证了知识再生数对知识转移系统的决定性作用。同时,根据模型假设和求解的不同情况,分别选取接触频率、企业比例、进入退出系数等关键特征变量进行数值仿真,得到如下结论与启示。

4.4.2 模型构建得到的启示

在产业技术创新战略联盟内异质企业间存在的知识转移系统内,知识再生数 R_0 对系统知识转移平衡状态具有决定性影响。当 $R_0<1$ 时,不论初始状态下存在多少知识源企业,最终系统将进入无知识转移的平衡状态;而当 $R_0>1$ 时,最终系统将稳定在有知识转移的动态平衡状态。

另一方面,从知识再生数 R_0 的一般表达式可以发现,产业技术创新战略联盟内企业进入退出系数 q、企业转型升级系数 γ、知识整合时间 c 与知识再生数 R_0 成反比;而企业接触频率 β 与知识再生数 R_0 成正比。政府、创新平台、中介服务机构、产学研联盟等可以通过举办知识分享、交流活动提高企业间的接触次数,加强知识主体间的沟通合作,进而提高知识再生数 R_0。

此外,在产业技术创新战略联盟内若共生型企业占比 p 越高,则知识再生数 R_0 越大,系统内知识转移的氛围也更活跃。究其原因,主要是因为共生型企业能够与伙伴企业相互匹配并与之建立稳定持久的合作关系,企业之间知识交流渠道更为通畅,这会推动知识转移系统的优化。而竞争型企业在知识转移过程中由于竞争关系的存在,知识转移双方的"顾虑"和"保留"削弱了所吸收知识,而且这种缺乏信任的现象很容易导致双方向恶性竞争的方向演变。因此,当一个产业技术创新战略联盟主要由共生型企业组成时,创新发展的要求使得它们对专业知识的追逐直接促进了企业间知识的密切交流,其无形中充当了产业技术创新战略联盟内知识转移的媒介角色,此类产业技术创新战略联盟内企业间的知识交流活动也将变得更加活跃;而当一个产业技术创新战略联盟主要由竞争型企业组成时,它们学习和分享知识的动力则相对较弱,更容易停留在原有基础或者维持企业现状,不利于企业间交流合作和产业技术创新战略联盟内创新活动的展开。

第5章
产业技术创新战略联盟共性技术扩散与吸收模型构建研究

5.1 以企业需求为中心的创新网络

5.1.1 创新网络研究背景

由前文的理论基础可知,本章中的创新网络是以企业的需求为出发点、共性技术的扩散和吸收为背景进行研究的,主要是基于共性技术的扩散和吸收效果来判断创新网络如何有效地达到同步状态。

5.1.2 创新网络同步的条件

由图 5-1 可以看出,共性技术扩散主导外环境,共性技术吸收主导内环境,内外环境的和谐与稳定是创新网络同步的先决条件。此外,外环境虽然以共性技术的扩散为主,但内环境的吸收过程是否有效决定了外环境技术扩散的最终实现。因此,从严格的意义上说,共性技术的扩散过程包括了其吸收过程,但是为了共性技术在运用过程中能更好地分析创新网络同步的有效性和可研究

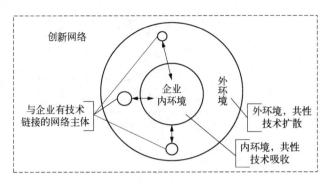

图 5-1　以企业需求为中心的创新网络

性,本章将共性技术扩散和吸收分别进行分析。详细的分析过程以及其与创新网络同步的关系在下列内容中进行讲述。

创新网络各结点对共性技术创新知识进行的扩散和吸收影响着创新网络的同步,因此,创新网络同步模型与创新网络结点的关系分析,可以转为分别对共性技术扩散模型与创新网络结点之间的关系分析及共性技术吸收模型与创新网络结点之间的关系分析。

5.2　共性技术扩散模型的构建

5.2.1　共性技术扩散与创新网络同步的关系

共性技术信息在创新网络中扩散的过程中,网络中各主体是相互独立的。对于创新网络中各主体来说,技术信息的扩散方向不存在稳定性,再加上共性技术的基础特性,共性技术信息在研发网络的多个主体中呈网状扩散,如图 5-2 所示。但是,在同一时刻,对于两个独立扩散主体来说,共性技术扩散的方向是有序的,且是单向的,如图 5-3 所示。

在共性技术的研发网络中,研发机构将技术信息扩散或转移

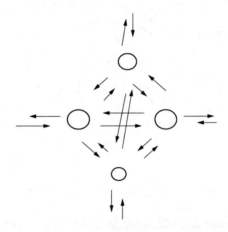

图 5-2　共性技术源在研发网络中呈网状扩散

图 5-3　同一时刻独立主体间的单向扩散

到企业或中介机构,也就是说,对于共性技术而言,企业或中介一般都是从外界获取技术信息,这主要是由共性技术的公共性质以及研发成本大决定的。此外,共性技术的基础性质决定了其接受者众多,因此,共性技术涉及的机构总量或者人员总量不是常量,通常是随着时间变化的变量。

在共性技术信息不断扩散及接受者不断集成技术信息的过程中,各个主体之间以及各主体内部都在进行共性技术的扩散和转移,直至此项技术沉淀于各主体中,即各主体将退出这项技术的需求系统,重新迎来新一轮技术信息的洗礼,进行更进一步的升级和创新。

5.2.2　共性技术扩散模型

5.2.2.1　共性技术的扩散类似 SIR 模型

共性技术的扩散过程与 SIR 模型十分相似,在总结技术扩散模型与 SIR 模型结合运用的基础上,在本章节中采用 SIR 模型的传播机理来描述和分析共性技术的扩散过程以及共性技术扩散后带来的影响(见图 5-4)。

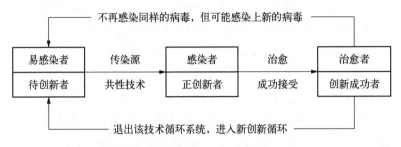

图 5-4 技术扩散原理与 SIR 模型的对比

共性技术是整个研发网络的技术扩散源,主要以隐性知识为主,包括从事该项技术的经验、技能以及诀窍等,因此,对于共性技术主要是专业人才充当媒介进行扩散或转移。换句话说,共性技术的扩散受到专业人才分布、技术接受者的承受能力以及共性技术的转移程度等因素的影响。

此外,共性技术在研发网络中不断进行扩散和转移,当该项技术在研发网络中达到一定的饱和状态时,这项共性技术将处于一种平衡和同步的状态,即成就了整个研发网络一个更高的平台和一个技术更加雄厚的研究基础,这将更有利于研发网络的进一步发展和系统升级。

5.2.2.2 共性技术扩散模型

1. 共性技术扩散模型的构建

根据共性技术扩散与 SIR 模型的相似点,本章将从共性技术研发网络的角度出发建立共性技术扩散模型,同时,该模型的建立以以下说明和假设为基础进行:

(1) 共性技术扩散模型以共性技术的创新网络为基础,即包括高校、科研院所等科研机构,中介、企业、政府等,共性技术在创新网络各主体之间相互扩散。但是,由于各主体间相互独立,所以在同一时刻 t,对于单个主体来说,技术扩散的方向呈单一性。

(2) 在一定的产业区域范围内,由于共性技术的不断创新与升级,从而导致共性技术扩散系统中各成员的总数不断变化,在本书中用 $N(t)$ 表示在 t 时刻产业区域内扩散系统中的成员总量。

(3) 该模型还考虑到边缘企业的存在,即创新水平暂时不够,不能成功转化新技术,但是经过整合后重新进入到扩散系统的一类成员,一般指距共性技术源较远的远程机构或者新技术接受失败的一类机构,用 Y 表示。$y(t)$ 表示 t 时刻时该类机构的比例,$Y(t)$ 表示 t 时刻该类机构的成员数。

(4) 模型中用 $s(t)$ 表示在时刻 t 共性技术待扩散的成员比例,$m(t)$ 表示接受了共性技术的成员比例;$i(t)$ 表示已成功转化共性技术的成员比例;$r(t)$ 表示接收技术后成功升级退出该扩散系统的成员比例。$S(t)$、$M(t)$、$I(t)$、$R(t)$ 分别表示 t 时刻上述不同类成员的数量。

根据以上说明建立共性技术扩散模型,如图 5-5 所示。

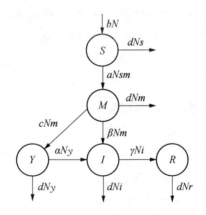

图 5-5 共性技术扩散模型基础图

根据图5-5有以下方程组成立:

$$\begin{cases} \dfrac{ds}{dt} = b - (d+as)m \\ \dfrac{dm}{dt} = asm - (d+c+\beta)m \\ \dfrac{di}{dt} = \beta m + \alpha y - (d+\gamma)i \\ \dfrac{dy}{dt} = cm - (d+\alpha)y \\ \dfrac{dr}{dt} = \gamma i - dr \end{cases} \quad (5.1)$$

其中,有 $s(t)+m(t)+i(t)+y(t)+r(t)=1$,$S(t)+M(t)+I(t)+Y(t)+R(t)=N(t)$ 成立。

在上述模型中,b 代表新的机构进入技术扩散系统的比率;d 表示机构的破产率,因为在 SMYIR 五类成员机构形成的扩散网络中,机构破产的现象也会影响到整个共性技术扩散系统的稳定性和有效性,所以在模型中应予以考虑;a 表示接受共性技术的成员比率;c 表示未成功将共性技术进行转化的成员比率;β 表示共性技术的成功扩散率;α 表示未成功转化技术的成员经过调整后的成功转化率;γ 表示机构成功接收新技术升级后顺利退出扩散系统的比率,即共性技术的创新率。

2. 阈值 T 的计算

共性技术扩散模型中阈值 T 是判别共性技术应用情况以及影响的重要指标。本章根据 Carlos M. Hernadez-Suarez 提出的理论和数学模型对共性技术扩散模型的阈值进行计算。

在共性技术扩散模型中,M、Y 类成员处于消极扩散状态,I 类成员处于积极扩散状态,而 S、R 类成员以及 D 类破产状态的成员处于反射状态,令状态集合 $\Phi_1=\{S,R,D\}$,$\Phi_2=\{M,Y,I\}$,

则整个共性技术扩散过程由状态 $\Phi_1(S \subset \Phi_1)$ 转移到 Φ_2,再回到状态 $\Phi_1(D \subset \Phi_1)$,这个过程可以看作一个扩散周期,根据方程组(5.1),可以得到如下所示的扩散矩阵 P:

$$P = \begin{matrix} & M & Y & I & \Phi_1 \\ & \begin{bmatrix} 0 & \dfrac{c}{c+\beta+d} & \dfrac{\beta}{c+\beta+d} & \dfrac{d}{c+\beta+d} \\ 0 & 0 & \dfrac{\alpha}{\alpha+d} & \dfrac{d}{\alpha+d} \\ 0 & 0 & 0 & 1 \\ 1 & 0 & 0 & 0 \end{bmatrix} \end{matrix} \quad (5.2)$$

将得到的阈值公式结合 Matlab 7.0 编程计算得到:

$$\Pi = I(P+\Lambda-E)^{-1} = \begin{bmatrix} 0 & \dfrac{c}{c+\beta+d} & \dfrac{\beta}{c+\beta+d} & \dfrac{d}{c+\beta+d} \\ 0 & 0 & \dfrac{\alpha}{\alpha+d} & \dfrac{d}{\alpha+d} \\ 0 & 0 & 0 & 1 \\ 1 & 0 & 0 & 0 \end{bmatrix}$$
$$(5.3)$$

由式(5.3)得到 $\Pi = \{\varepsilon_M, \varepsilon_Y, \varepsilon_I, \varepsilon_{\Phi_1}\}$,其中:

$$\varepsilon_M = \frac{4(\alpha+d)(c+\beta+d)}{|P|}, \varepsilon_Y = \frac{4(\alpha+d)c}{|P|},$$

$$\varepsilon_I = \frac{4(\beta d+\alpha\beta+cd)}{|P|}, \varepsilon_{\Phi_1} = \frac{4(\alpha+d)(c+\beta+d)}{|P|}$$

在本章共性技术扩散模型的研究中,不考虑大企业的衍生子公司,即 $k_i = 0$,新进入机构在整个产业中的各个方面都处于新的状态,接受共性技术的条件尚未成熟,因此 $\zeta_i = 0$。由此可以得到:$T = \sum_{i \in Z} \delta_i(\varepsilon_i/\varepsilon_{\Phi_1}\chi_i)$,I 类成员处于积极扩散状态,即 $I \subset Z$,

所以阈值为：

$$T = \gamma \frac{(\beta d + \alpha\beta + cd)}{(\alpha+d)(c+\beta+d)(\gamma+d)} \quad (5.4)$$

其中，$\delta_i = \gamma$。

由共性技术扩散的阈值 T 的表达式可以看出，创新网络的外环境同步主要受到共性技术的创新率 γ、共性技术的成功扩散率 β、创新网络内各主体的破产率 d、机构重新调整后的成功转化率 α、未成功转化共性技术创新的机构比率 c 五个要素的影响。

5.3 共性技术扩散模型与创新网络结点的关系分析

阈值 T 是判别共性技术的扩散是否达到稳定期的重要指标。一般而言，当 $T>1$ 时，说明共性技术的扩散不稳定，扩散范围将继续扩大，还可能存在部分企业没能参与共性技术的扩散活动；当 $T<1$ 时，说明共性技术扩散状态稳定，需求产业或区域都已经参与了共性技术的扩散活动，也已经开始准备对共性技术进行吸收，此时，创新网络的外环境对共性技术的接触已经达到一致和稳定，即外环境的同步状态。

由于本章是对创新网络同步的情况进行研究，所以主要通过对阈值 $T<1$ 的情况进行解析，来分析共性技术扩散如何影响创新网络的同步。

$$T = \gamma \frac{(\beta d + \alpha\beta + cd)}{(\alpha+d)(c+\beta+d)(\gamma+d)} < 1 \quad (5.5)$$

即：$\gamma(\beta d + \alpha\beta + cd) < (\alpha+d)(c+\beta+d)(\gamma+d)$

当创新网络中的机构破产率 $d=0$ 时，即技术需求区域不考虑机构破产,此时当 $\alpha c > 1$ 时,共性技术扩散达到平衡。即当不考虑机构的破产率时,首次未能成功接受共性技术的机构比率 c 与其重新调整后对共性技术的成功转化率 α 两个因素对共性技术扩散的稳定影响最大。c 不断减小的同时意味着创新网络中共性技术的接受机构的能力不断增强,这表明创新网络中各主体对共性技术的适应性增强,同时也说明共性技术的成功扩散率 β 逐渐增大,当 $c \to 0$ 时,α 便也不复存在。此时,共性技术的扩散体系如图5-6所示。

可见此时的共性技术扩散体系变得更为简洁明了,且共性技术的扩散效率也大大加强。

在实际的共性技术扩散的创新网络中,机构的破产率会影响到整个共性技术扩散系统的稳定性和有效性,所以 $d \neq 0$ 的情况对创新网络同步的研究更有意义。为了让共性技术扩散达到稳定状态,即让 $T < 1$,需要尽量减小 T,根据 T 的表达式,主要从以下几方面对 T 的值进行考虑:

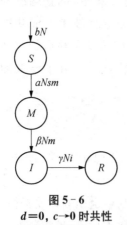

图5-6
$d=0$, $c\to 0$ 时共性技术的扩散体系

(1)减小 c,即降低未成功转化共性技术创新的机构比率 c。c 是在由 M 类机构向 Y 类机构转化过程中产生的,降低 c 实质上就是提高共性技术的扩散率 β,这主要从两方面着手:① 提高共性技术接收机构的技术素质,加强共性技术创新与自身的链接和结合;② 减小技术势能差,边缘企业应该尽量接近技术源,减少技术扩散中的摩擦,使原有技术更为完善地进入需求循环。

(2)增大 α,即加强机构重新调整后的成功转化率。α 是 Y 类机构成功转向 I 类机构的概率,也是 M 类机构转化的最终方向。Y 类机构是从 M 类机构中隔离出来的,主要是因为技术源的远程机构或者自身条件不够而导致技术创新失败的机构。提高 α,实质上是提高 Y 类机构共性技术创新的转化能力,对于远程机构来说,主要是技术势能差的问题,与上述减小 c 的理由类似。此外还要加大跟技术源头企业的交流和配合,自身条件不够而导致技术创新失败的机构主要有两个方面的原因,即资金和风险。这类机构多属于中小型企业,本身在很大程度上依赖大企业,平时做的工作大多是大企业分包出来的,要想完全接受共性技术创新几乎不可能。因此,对于此类机构,提高 α 应该从自身的特点出发,慢慢发展多元化,逐一提高自身技术素质,多与区域内的大公司进行合作,慢中有进地实现向 I 类机构的转化。

(3) 减小 d,即降低机构的破产率。在接受一项新的技术时,常常会有导致需求机构破产的风险,尤其是像共性技术这类基础性技术,一旦引进就相当于要从根本上改进原有技术和企业生产,从而引发的破产率也会相应提高。共性技术是公共性质的技术,虽然研发的成本大多由政府承担,但是引进共性技术创新时,需求机构也会承受很大的成本负担,再加上本身技术素质有限的话,破产的概率很大,从而严重地阻碍了共性技术创新的扩散。因此,降低破产率 d 首先需要解决需求机构的融资困难问题,在这一点上有赖于政府的参与程度,因为企业的基本融资渠道窄,基本都来源于银行,因此政府在推行共性技术的同时也须加大产业服务体系的建设,为企业融资提供必要的担保,积极推动中小型企业信用体系建设。此外,需求企业要加强自身的管理,特别是要加强财务管理和长远规划,争取尽可能多的融资机会。

(4) 提高 γ。γ 是机构成功接收新技术升级后顺利退出扩散系统的比率,即共性技术的创新率。顺利升级提高技术平台是共性技术推行和扩散的最终方向,γ 的提高意味着共性技术创新的意义得到了体现,也是需求机构自身实力的体现以及一个产业或一个地区综合素质提高的体现。因此,γ 是政府与需求机构政策和能力的综合体现,因此,提高 γ 不仅需要政府的积极参与,还需要需求企业与政府之间的良好交流和配合以及需求企业对自身技术素质提高的积极性,如高科技人才的引进、员工的培训等。

根据创新网络结点与共性技术扩散影响因素的分析,可以得出共性技术扩散影响创新网络同步的实质是影响共性技术扩散的因素对创新网络同步的限制。因此,以创新网络内主要技术需求机构(即企业)为中心,外环境的共性技术扩散对创新网络同步的影响如图5-7表示。

图5-7 基于共性技术扩散的创新网络同步模型

5.4 共性技术吸收模型的构建

5.4.1 共性技术吸收与创新网络同步的关系

共性技术的吸收是创新网络同步的决定性阶段。技术需求方对共性技术的吸收是否良好直接体现出共性技术研发的最终意义,吸收效率越高,整个创新网络的技术基础就会升级得越快。但是,由于共性技术吸收影响要素的存在,不同的技术需求方对技术的吸收程度是不一样的,从而使整个共性技术创新网络的技术分布参差不齐,且创新网络技术平台的高低又总是取决于技术吸收效率最低的主体,就像木桶的容水量往往取决于最短的木板一样(见图5-8),所以,增强创新网络内各个主体的技术吸收能力和技术吸收效率是创新网络最终同步的关键。

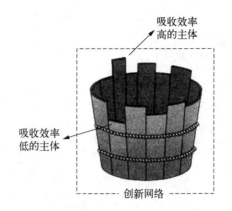

图 5-8　创新网络技术吸收的"木桶效应"

5.4.2　共性技术吸收模型

5.4.2.1　共性技术的吸收类似烟雾过滤模型

技术吸收的原理与烟雾过滤原理相似。烟雾过滤问题是针对减少吸烟危害提出来的,当香烟点燃,烟内的毒素便会随着烟雾一部分进入空气,一部分穿过未点燃烟草和过滤器进入人体;在整根烟燃烧完到烟雾至过滤器处时,进入人体的毒素量就是人体吸收一根烟的毒素量。技术吸收的过程与人体吸收香烟毒素的过程对比如图 5-9 所示。

由图 5-9 可以看出,技术吸收的过程是一个循环的过程,而且是在技术需求方主体内部进行的。此外,在吸收过程中,技术信息的流失主要由两方面原因引起:技术损耗和技术障碍。技术损耗主要是技术在进入需求方后,由于扩散引起的信息渗透,如人员引起技术信息的外泄等,其不由技术需求方的接受能力决定;技术障碍主要是技术需求方的设备、资源、人力等导致的技术难吸收问题,这些是由需求方的技术吸收能力决定的。因此,技术障碍是决定技术吸收效率高低的重要指标,虽然技术损耗难以避免,但是技

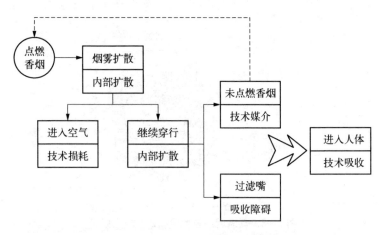

图 5-9 技术吸收原理与烟雾过滤原理的对比

术障碍对技术吸收的决定性远远高于技术损耗。

5.4.2.2 共性技术吸收模型

1. 共性技术吸收模型的假设与说明

本章在烟雾过滤模型原理的基础上建立共性技术吸收模型，但跟烟雾过滤模型不同的是，本章所建模型的目的在于提高技术需求方内部共性技术的吸收量 Q。为了建模的方便性和可分析性，建立共性技术吸收模型的假设如下：

（1）技术媒介和技术吸收障碍的长度分别为 L_1 和 L_2，技术吸收段的总长度为 L，且有 $L=L_1+L_2$。

（2）共性技术信息在被需求方吸收前的初始量为 Q_0，且均匀分布在信息媒介中，密度为 ω_0，$\omega_0=Q_0/L_1$。

（3）共性技术信息损耗和随技术载体流扩散的比例为 σ' 和 σ，且 $\sigma'+\sigma=1$。

（4）技术媒介和技术吸收障碍在单位时间内对技术信息的吸收比例分别为 λ 和 μ。假设技术载体流沿技术媒介扩散的速度为常数 ν，而技术载体流损耗的速度为常数 υ，且 $\nu \gg \upsilon$。

2. 共性技术吸收模型的构建

假设在初始时刻 $t=0$ 时在 $x=0$ 处，共性技术信息开始随着载体流进入需求方主体内部，需求方对共性技术的吸收量 Q 主要由技术信息载体流携带的技术信息量确定，而技术信息量的大小又与单位信息载体流中信息含量（即信息密度）有关。因此，为了更好地分析模型，需先确定以下几个函数：

（1）$q(x,t)$ 表示在时刻 t 单位时间内技术信息随载体流通过技术媒介截面 x 处的数量，其中 $0 \leqslant x \leqslant L$；

（2）$\rho(x,t)$ 表示时刻 t 在 x 处信息载体流中技术信息量的线密度，即单位长度信息载体流中的信息量，且 $q(x,t)=v\rho(x,t)$；

（3）$\omega(x,t)$ 表示时刻 t 在 x 处技术媒介中技术信息量的线密度，即单位长度技术媒介中的信息量，且 $\omega(x,0)=\omega_0$。

根据函数 $q(x,t)$ 可以知道，时刻 t 单位时间内技术信息随载体流通过技术媒介截面 $x=L$ 处的数量为 $q(L,t)$，根据图 5-10 的概念模型以及定积分的原理可以得出，当所有共性技术到达需求方内部后，能够真正为需求方所吸收的技术信息量 Q 的表达式为：

$$Q = \int_0^T q(L,t)\mathrm{d}t \qquad (5.6)$$

其中，$T=L_1/v$。

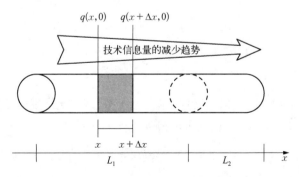

图 5-10 共性技术吸收的概念模型图

3. 共性技术吸收模型的求解

共性技术的吸收过程是一个重复的过程,技术信息由于被信息媒介和信息载体流携带,总会带来一定的信息损耗。求解 Q,首先要求解 $q(L, t)$,因此必须从求 $q(x, t)$ 着手。首先假设共性技术从 $x=0, t=0$ 处开始扩散进入需求方内部,且扩散点不动,此时单位时间内技术信息随载体流通过技术媒介截面 x 处的数量为 $q(x, 0)$。

考虑从 x 到 $x+\Delta x$ 的一段载体流,且 Δx 足够小,根据概念模型可以得到 $q(x, 0)$ 与 $q(x+\Delta x, 0)$ 之差就是共性技术开始扩散后,技术信息随载体流沿技术媒介穿行至需求方内部时被技术媒介和技术障碍吸收的信息量,可以得出:

$$q(x, 0) - q(x+\Delta x, 0) = \begin{cases} \lambda \int_{x}^{x+\Delta x} \rho(x, 0) \mathrm{d}x, & 0 \leqslant x \leqslant L_1 \\ \mu \int_{x}^{x+\Delta x} \rho(x, 0) \mathrm{d}x, & L_1 \leqslant x \leqslant L \end{cases} \tag{5.7}$$

令 $\Delta x \rightarrow 0$,又有 $q(x, t) = \nu \rho(x, t)$,所以根据上式可以得到:

$$\frac{\mathrm{d}q}{\mathrm{d}x} = \begin{cases} -\dfrac{\lambda}{\nu} q(x, 0), & 0 \leqslant x \leqslant L_1 \\ -\dfrac{\mu}{\nu} q(x, 0), & L_1 \leqslant x \leqslant L \end{cases} \tag{5.8}$$

若 $x=0, t=0$ 时,共性技术开始扩散,载体流携带的信息量为 H_0,且 $H_0 = \upsilon \omega_0$。由此可以得到:

$$q(0, 0) = \sigma H_0 = \sigma \upsilon \omega_0 \tag{5.9}$$

对式(5.2)两边求积分,再根据式(5.3)可以得到以下结果:

$$q(x,0)=\begin{cases}\sigma H_0 e^{-\frac{\lambda x}{v}}, & 0\leqslant x\leqslant L_1\\ \sigma H_0 e^{-\frac{\lambda L_1}{v}-\frac{\mu(x-L_1)}{v}}, & L_1\leqslant x\leqslant L\end{cases} \quad (5.10)$$

$q(x,0)$ 在 $x=L_1$ 处连续。

在上述所列公式的基础上,再考虑共性技术吸收过程中任意时刻 $t(x=vt)$,共性技术信息扩散进入需求方内部时,信息媒介在一瞬间释放的信息量等于技术载体流中的信息量。由于时间很短暂,因此不考虑信息流失。此时载体流携带的信息量为:

$$H(x,t)=v\omega(x,t)=v\omega(vt,t) \quad (5.11)$$

根据图 5-11,将 x 轴的坐标原点 $x=0$ 移至 $x=vt$ 处,再依据公式(5.10),可以得到以下公式:

$$q(x,t)=\begin{cases}\sigma H(x,t)e^{-\frac{\lambda(x-vt)}{v}}, & vt\leqslant x\leqslant L_1\\ \sigma H(x,t)e^{-\frac{\lambda(L_1-vt)}{v}-\frac{\mu(x-L_1)}{v}}, & L_1\leqslant x\leqslant L\end{cases} \quad (5.12)$$

所以

$$q(L,t)=\sigma v\omega(vt,t)e^{-\frac{\lambda(L_1-vt)}{v}-\frac{\mu L_2}{v}} \quad (5.13)$$

图 5-11　技术扩散过程简化图

在得出了 $q(L,t)$ 的表达式以后,接下来就是要得到 $\omega(vt,t)$ 的表达式。由过滤器的原理可以推出,由于共性技术信息随载体流在不断扩散和传送至需求方内部的同时,也会不断地被技术媒介所吸收,这实质上就是技术信息巩固和深化的一个过程。因此,技术信息在技术媒介中的密度会不断增加,技术媒介在 x 处 Δt 时间内的技术信息密度的增加量应该等于单位长度技术载体流中被技术媒介吸收的技术含量,如图 5-12 所示。

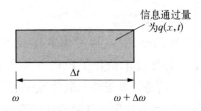

图 5-12　技术媒介截面 x 处 Δt、$\Delta \omega$ 与 $q(x, t)$ 的关系图

因此,可得:

$$\omega(x, t+\Delta t) - \omega(x, t) = \lambda \frac{q(x, t)}{v} \Delta t \tag{5.14}$$

令 $\Delta t \to 0$,则有:

$$\frac{\partial \omega}{\partial t} = \frac{\lambda \sigma H(x, t) e^{-\frac{\lambda(x-vt)}{v}}}{v} = \frac{\lambda \sigma v \omega(vt, t) e^{-\frac{\lambda(x-vt)}{v}}}{v} \text{（信息媒介 } x \leqslant L_1) \tag{5.15}$$

因为 $\omega(x, 0) = \omega_0$,将式(5.15)两边对 t 在 $(0, t)$ 上求积分可得:

$$\omega(x, t) = \omega_0 + \frac{\lambda \sigma v}{v} e^{-\frac{\lambda x}{v}} \int_0^t \omega(vt, t) e^{-\frac{\lambda vt}{v}} dt \tag{5.16}$$

将 $x = vt$ 代入式(5.16)后,两边同时乘以 $e^{\frac{\lambda vt}{v}}$ 可以得到:

$$\omega(vt, t) e^{\frac{\lambda vt}{v}} = \omega_0 e^{\frac{\lambda vt}{v}} + \frac{\lambda \sigma v}{v} \int_0^t \omega(vt, t) e^{-\frac{\lambda vt}{v}} dt \tag{5.17}$$

设 $g(t) = \omega(vt, t) e^{\frac{\lambda vt}{v}}$,则式(5.17)可改写为:

第 5 章 产业技术创新战略联盟共性技术扩散与吸收模型构建研究

$$g(t) = \omega_0 e^{\frac{\lambda v t}{\nu}} + \frac{\lambda \sigma v}{\nu} \int_0^t g(t) dt \tag{5.18}$$

因为 $g(0) = \omega_0$,在式(5.18)中对 t 求导可得:

$$\begin{cases} g'(t) - \frac{\lambda \sigma v}{\nu} g(t) = \frac{\lambda v}{\nu} \omega_0 e^{\frac{\lambda v t}{\nu}} \\ g(0) = \omega_0 \end{cases} \tag{5.19}$$

因此,可以求解得到:

$$g(t) = \frac{\omega_0}{1-\sigma} e^{\frac{\lambda v t}{\nu}} (1 - \sigma e^{-\frac{(1-\sigma)\lambda v t}{\nu}}) \tag{5.20}$$

所以:

$$\omega(vt, t) = \frac{\omega_0}{1-\sigma} (1 - \sigma e^{-\frac{(1-\sigma)\lambda v t}{\nu}}) \tag{5.21}$$

根据式(5.13)、式(5.21)可得:

$$Q = \int_0^T q(L, t) dt = \frac{\sigma Q_0 \nu}{(1-\sigma)\lambda L_1} e^{-\frac{\mu L_2}{\nu}} (1 - e^{-\frac{(1-\sigma)\lambda L_1}{\nu}}) \left(\omega_0 = \frac{Q_0}{L_1}\right) \tag{5.22}$$

为简化 Q 的表达式,令 $\theta = (1-\sigma)\lambda L_1/\nu$,则式(5.22)可简化为:

$$\begin{cases} Q = \frac{\sigma Q_0}{\theta} e^{-\frac{\mu L_2}{\nu}} (1 - e^{-\theta}) = \sigma Q_0 e^{-\frac{\mu L_2}{\nu}} \frac{1-e^{-\theta}}{\theta} \\ \phi(\theta) = \frac{1-e^{-\theta}}{\theta} \end{cases} \Rightarrow Q = \sigma Q_0 e^{-\frac{\mu L_2}{\nu}} \phi(\theta) \tag{5.23}$$

从上述推导过程以及式(5.22)可以看出,需求方吸收的共性技术信息量 Q 与 σ、Q_0、μ、L_2、ν、λ、L_1 相关。

5.5 共性技术吸收模型与创新网络结点的关系分析

根据烟雾过滤原理对共性技术吸收模型进行推导以后,最终得到技术需求方吸收到共性技术信息量 Q 的一般表达式为:$Q = \sigma Q_0 \mathrm{e}^{-\frac{\mu L_2}{\nu}} \phi(\theta)$。

5.5.1 共性技术信息 Q 与 σ、θ_0 的关系分析

在 Q 的表达式中:$\phi(\theta) = (1-\mathrm{e}^{-\theta})/\theta$,其中 $\theta = (1-\sigma)\lambda L_1/\nu$,$1-\sigma = \sigma'$ 是信息损耗的比率,在共性技术随载体流进入需求方的过程中这种信息损耗的比率很小,因此 θ 的值也很小,可以考虑 Q 与 σ、Q_0 成正比,即企业对共性技术的吸收受到携带在载体流中的信息量大小和技术信息进入企业之前的初始量大小的直接影响,若假设所有共性技术信息全部集中在 $x=L$ 处,也就是说共性技术信息不经过外部扩散直接进入企业,那么企业的技术吸收量 $Q = \sigma Q_0$,但是这种情况多发生在科研机构衍生模式中,存在一定的技术转移程序,属于核心技术性质,需要保证技术信息的高吸收效率,而针对具有公共性质的共性技术,这种不经过外部扩散进入需求方的方式在实践中是不可能的。但是做好技术的保密措施,尽量减少不必要的技术损耗,提高技术信息在载体流中的含量比率;或者尽量接近技术源,提高共性技术信息的初始含量 Q_0,这些都能够对提高技术吸收率起到一定的积极作用。

5.5.2 阻碍共性技术吸收的主要影响因子

在共性技术吸收模型中,因子 $\mathrm{e}^{-\mu L_2/\nu}$ 体现的是共性技术吸收的消极影响因素的阻碍作用,产生阻碍作用的主要影响因子是 μ、

L_2 和 ν，μ 体现了技术障碍对技术信息的吸收作用，也可以理解为需求方对共性技术的吸收环节上的信息流失；L_2 在概念上是共性技术吸收障碍的长度量化，可以看作是共性技术吸收的消极影响因素的量；ν 是共性技术吸收的消极影响因素的影响程度，其影响需求方对共性技术吸收的进度。因此，有效减少不必要的技术信息吸收环节，积极做好规避消极因素的措施，能够提高需求方的技术吸收量。

5.5.3 提高共性技术收量的手段

$Q=\sigma Q_0 e^{-\mu L_2/\nu}$ 是受到消极影响因素的屏蔽或阻碍后被需求方吸收的共性技术信息量，也就是不考虑技术媒介的存在，将所有技术信息集中在 $x=L_1$ 处时需求方吸收的信息量。但是对于技术知识，尤其是隐性技术知识，主要依托技术媒介而存在，因此没有技术媒介的技术传播是不存在的。所以，要提高共性技术的吸收量，可以尽量减少技术媒介，比如直接跟科研机构合作而并非通过中介机构等手段获取技术来源，就是减少技术媒介、提高技术吸收率的手段之一。

综上所述，逐一推进，创新网络中每个技术需求主体都会各尽所长最大可能地吸收和融合新技术信息，从而提高自身的技术基础，以求在复杂的竞争环境中取得一席之地。创新网络中各类需求主体扬长避短，最终共同发展，整个网络技术基础进入一个更高平台，最终达到积极促进创新网络同步发展的目的(见图 5-13)。

图 5-13 基于共性技术吸收效率的创新网络同步

第6章
考虑风险的产业技术创新战略联盟知识共享演化博弈研究

6.1 模型构建与求解

6.1.1 假设条件与支付矩阵

产业技术创新战略联盟为联盟成员在集聚优质资源、分担创新风险、提高合作深度和效率、实现合作共赢等方面发挥着显著作用[62],是实施国家技术创新工程的重要载体。在经济新常态下,党和国家高度重视发展共享经济,提出要实施"互联网+",发展共享经济。共享经济下的"互联网+"和大数据等趋势对企业发展提出了更高的要求,越来越多的企业选择加入联盟进行资源共享,通过知识共享和知识创新以获取更多收益。然而知识的垄断性、异质性等特点决定了知识的获取存在诸多困难,共享是解决知识获取难这一问题的有效途径之一。知识共享已经成为企业提高管理水平和组织绩效的重要手段,因此,研究联盟成员间的知识共享对联盟发展具有现实意义。

产业技术创新战略联盟成员通过知识共享、重组和融合,形成新的知识,知识的价值增值可以有效提升企业竞争力。目前越来越多的国内外学者研究知识共享。樊治平等[63]提出了组织知识共享能力的测评与识别方法;张长征等[64]研究了组织设计对知识共享的影响;傅建华等[65]从外生自然技术溢出和内生知识共享交互并存的视角,构建了三阶段动态博弈模型,确定企业最优知识共享水平;储节旺等[66]从知识流动视角出发,研究了社会化网络的知识协同效应;李广培等[67]基于个体行为理论,探讨了知识共享对个体绿色创新行为的调节作用;倪国栋等[68]研究指出良好的知识共享环境能够有效促进成员的知识共享。Sirous Panahi 等[69]提出利用信息技术和社交网络可以促进知识的共享、加速知识的创新。

在不考虑产业技术创新战略联盟外部影响因素的情况下,产业技术创新战略联盟成员间知识共享行为的选择是知识共享双方主体博弈的结果,博弈本质上是一种双方互动的风险决策行为。因此,本章作出如下假设:

(1) 产业技术创新战略联盟中有成员 A 和成员 B,成员 A 拥有信息优势、知识资源优势,其知识、知识结构等水平较高,成员 B 知识、知识结构等水平一般。

(2) 产业技术创新战略联盟中成员对知识的提供有两种状态:共享与不共享。成员 A 与成员 B 对知识的共享意愿,即共享的概率分别为 $x(x \in [0,1])$,$y(y \in [0,1])$,则不共享的概率分别为 $(1-x)$,$(1-y)$;联盟成员 A 与成员 B 在共享前知识存量分别为 M_A,$M_B(M_A > M_B > 0)$,价格分别为 P_A,$P_B(P_A > P_B > 0)$。

(3) 产业技术创新战略联盟成员 A 与成员 B 对知识的共享程度分别为 α,$\beta(0 < \alpha, \beta < 1)$,知识共享程度受到成员之间信任度、成员所拥有的知识存量、成员对待风险的态度等因素的综合影响,联盟成员 A 与成员 B 均选择共享后双方的知识进行融合,联盟成员的知识共享程度越高,所形成的新知识的价值就越大;知识共享后不仅能够增加共享双方的知识存量,更能促进其知识结构

的更新和知识的创新。因此,共享后新的知识的价格为 $P(P > P_A > P_B > 0)$;γ_A,$\gamma_B(\gamma_A + \gamma_B = 1)$ 为成员 A、成员 B 对知识收益的分配系数,由于知识的特殊性,其共享收益具有协同效应,因此成员 A 与成员 B 知识共享后新的收益分别为 $P\gamma_A M_A^\alpha M_B^\beta$,$P\gamma_B M_A^\alpha M_B^\beta (P\gamma_A M_A^\alpha M_B^\beta > P\gamma_B M_A^\alpha M_B^\beta > 0)$;产业技术创新战略联盟在知识共享时除了获得收益外,还要付出共享成本,共享成本主要是知识共享过程中收集、转化、表达、沟通等成本以及相关费用,产业技术创新战略联盟成员 A 和成员 B 进行知识共享的成本分别为 C_A,$C_B(C_A > C_B > 0)$。

(4) 产业技术创新战略联盟中有一方选择知识共享,另一方选择不共享,则不共享的成员会因"搭便车"行为获得额外收益,额外收益取决于共享方成员知识的价格及其对知识的共享程度,成员 A 与成员 B 获得的额外收益分别为 $P_A M_A^\alpha$,$P_B M_B^\beta (P_A M_A^\alpha > 0$,$P_B M_B^\beta > 0)$;同时,不共享的一方会受到一定程度的惩罚 Z,惩罚成本取决于对方的风险因子,风险因子是指成员对于风险的厌恶度,共享方的风险因子越大,对不共享方的惩罚就越多,成员 A 和成员 B 的风险因子分别为 μ_A,$\mu_B(0 < \mu_B < \mu_A < 1)$,因此成员 A 与成员 B 对不共享方的惩罚分别为 $\mu_A Z$,$\mu_B Z(\mu_A Z > \mu_B Z > 0)$。

由上述假设得到,产业技术创新战略联盟知识共享的支付矩阵,如表 6.1 所示。

表 6.1 产业技术创新战略联盟知识共享支付矩阵

		产业技术创新战略联盟成员 B	
		共享(y)	不共享($1-y$)
产业技术创新战略联盟成员 A	共享 (x)	$P_A(M_A - M_A^\alpha) + P\gamma_A M_A^\alpha M_B^\beta - C_A$ $P_B(M_B - M_B^\beta) + P\gamma_B M_A^\alpha M_B^\beta - C_B$	$P_A M_A + \mu_A Z - C_A$ $P_B M_B - \mu_A Z + P_A M_A^\alpha$
	不共享 ($1-x$)	$P_A M_A - \mu_B Z + P_B M_B^\beta$ $P_B M_B + \mu_B Z - C_B$	$P_A M_A$ $P_B M_B$

6.1.2 局部稳定分析

（1）产业技术创新战略联盟成员 A 选择知识共享时的期望收益为：

$$E_{11} = y[P_A(M_A - M_A^\alpha) + P\gamma_A M_A^\alpha M_B^\beta - C_A] + \\ (1-y)(P_A M_A + \mu_A Z - C_A) \\ = yP\gamma_A M_A^\alpha M_B^\beta - yP_A M_A^\alpha + P_A M_A + (1-y)\mu_A Z - C_A$$

（2）产业技术创新战略联盟成员 A 选择知识不共享时的期望收益为：

$$E_{12} = y(P_A M_A - \mu_B Z + P_B M_B^\beta) + (1-y)P_A M_A \\ = yP_B M_A^\beta - y\mu_B Z + P_A M_A$$

（3）产业技术创新战略联盟成员 A 的平均收益为：

$$\overline{E_1} = xE_{11} + (1-x)E_{12} \\ = x[yP\gamma_A M_A^\alpha M_B^\beta - yP_A M_A^\alpha + P_A M_A + (1-y)\mu_A Z - C_A] + \\ (1-x)(yP_B M_B^\beta - y\mu_B Z + P_A M_A)$$

（4）构造成员 A 知识共享的复制动态方程：

$$F(x) = \frac{dx}{dt} = x(E_{11} - \overline{E_1}) \\ = x(1-x)[y(P\gamma_A M_A^\alpha M_B^\beta - P_A M_A^\alpha - \\ P_B M_B^\beta + \mu_B Z - \mu_A Z) + \mu_A Z - C_A] \qquad (6.1)$$

（5）同理，构造成员 B 知识共享的复制动态方程：

$$F(y) = \frac{dy}{dt} = y(E_{21} - \overline{E_2}) \\ = y(1-y)[x(P\gamma_B M_B^\alpha M_A^\beta - P_A M_A^\alpha - \\ P_B M_B^\beta + \mu_A Z - \mu_B Z) + \mu_B Z - C_B] \qquad (6.2)$$

于是，产业技术创新战略联盟知识共享的演化可以用两个微分方程(6.1)、(6.2)组成的系统来描述。由 $F(x)=0$ 和 $F(y)=0$ 可以得到 5 个局部均衡点，分别为：$E_1(0,0)$，$E_2(0,1)$，$E_3(1,0)$，$E_4(1,1)$，$E_5\left(\dfrac{C_B-\mu_B Z}{P\gamma_B M_A^\alpha M_B^\beta - P_A M_A^\alpha - P_B M_B^\beta + \mu_A Z - \mu_B Z},\right.$ $\left.\dfrac{C_A-\mu_A Z}{P\gamma_A M_A^\alpha M_B^\beta - P_A M_A^\alpha - P_B M_B^\beta + \mu_B Z - \mu_A Z}\right)$。

演化博弈论中的"演化稳定策略"(Evolutionary Stable Strategy，ESS)是一种优良状态，该状态要求对微小的扰动具有稳定性。对于一个由微分方程系统描述的产业技术创新战略联盟知识共享动态，其均衡点的稳定性可由该系统的雅可比矩阵的局部稳定性分析得到，上述系统的雅可比矩阵通过对微分方程组(6.1)、(6.2)依次求关于 x，y 的偏导数得到：

$$J=\begin{pmatrix} (1-2x)[y(P\gamma_A M_A^\alpha M_B^\beta - P_A M_A^\alpha - P_B M_B^\beta + \mu_B Z - \mu_A Z) + \mu_A Z - C_A] & x(1-x)(P\gamma_A M_A^\alpha M_B^\beta - P_A M_A^\alpha - P_B M_B^\beta + \mu_B Z - \mu_A Z) \\ y(1-y)(P\gamma_B M_A^\alpha M_B^\beta - P_A M_A^\alpha - P_B M_B^\beta + \mu_A Z - \mu_B Z) & (1-2y)[x(P\gamma_B M_A^\alpha M_B^\beta - P_A M_A^\alpha - P_B M_B^\beta + \mu_A Z - \mu_B Z) + \mu_B Z - C_B] \end{pmatrix}$$

当某均衡点使得雅可比矩阵的行列式 $\det(J)>0$，且雅可比矩阵的迹 $\mathrm{tr}(J)<0$ 时，则可以判断该均衡点就处于局部渐近稳定状态，那么它也就是演化稳定策略(ESS)。产业技术创新联盟知识共享的局部稳定分析结果，如表 6.2 所示。

表 6.2 中均衡点的判断条件是 $P\gamma_A M_A^\alpha M_B^\beta - P_A M_A^\alpha - P_B M_B^\beta + \mu_B Z - C_A > 0$，且 $P\gamma_B M_A^\alpha M_B^\beta - P_A M_A^\alpha - P_B M_B^\beta + \mu_A Z - C_B > 0$，且 $\mu_A Z - C_A < 0$，且 $\mu_B Z - C_B < 0$。

表 6.2 产业技术创新战略联盟知识共享局部稳定分析结果

局部均衡点	J 的行列式（符号）	J 的迹（符号）	结果
$E_1(0,0)$	$(\mu_A Z - C_A)(\mu_B Z - C_B)$ (+)	$\mu_A Z - C_A + \mu_B Z - C_B$ (−)	ESS
$E_2(0,1)$	$(P\gamma_A M_A^\alpha M_B^\beta - P_A M_A^\alpha - P_B M_B^\beta + \mu_B Z - C_A)(C_B - \mu_B Z)$ (+)	$P\gamma_A M_A^\alpha M_B^\beta - P_A M_A^\alpha - P_B M_B^\beta - C_A + C_B$ (+)	不稳定
$E_3(1,0)$	$(P\gamma_B M_A^\alpha M_B^\beta - P_A M_A^\alpha - P_B M_B^\beta + \mu_A Z - C_B)(C_A - \mu_A Z)$ (+)	$P\gamma_B M_A^\alpha M_B^\beta - P_A M_A^\alpha - P_B M_B^\beta - C_B + C_A$ (+)	不稳定
$E_4(1,1)$	$(P\gamma_A M_A^\alpha M_B^\beta - P_A M_A^\alpha - P_B M_B^\beta + \mu_B Z - C_A)$ $(P\gamma_B M_A^\alpha M_B^\beta - P_A M_A^\alpha - P_B M_B^\beta + \mu_A Z - C_B)$ (+)	$-(P\gamma_A M_A^\alpha M_B^\beta - P_A M_A^\alpha - P_B M_B^\beta + \mu_B Z - C_A + P\gamma_B M_A^\alpha M_B^\beta - P_A M_A^\alpha - P_B M_B^\beta + \mu_A Z - C_B)$ (−)	ESS
E_5	$\left(\dfrac{C_B - \mu_B Z}{P\gamma_B M_A^\alpha M_B^\beta - P_A M_A^\alpha - P_B M_B^\beta + \mu_A Z - \mu_B Z},\ \dfrac{C_A - \mu_A Z}{P\gamma_A M_A^\alpha M_B^\beta - P_A M_A^\alpha - P_B M_B^\beta + \mu_B Z - \mu_A Z}\right)$		鞍点

由表 6.2 可见，产业技术创新战略联盟知识共享系统的 5 个局部均衡点仅有两个是稳定的，是演化稳定策略（ESS），它们分别对应产业技术创新战略联盟成员 A 和成员 B 都采取知识共享策略和都采取知识不共享策略。另外，产业技术创新联盟知识共享系统还有两个不稳定均衡点以及一个鞍点。

6.1.3 演化相图

图 6-1 是用系统的相轨迹示意图描述产业技术创新战略联盟知识共享的动态演化过程。可以将由两个不稳定均衡点 E_2 和 E_3 及鞍点 E_5 连成的折线看成是产业技术创新战略联盟知识共享

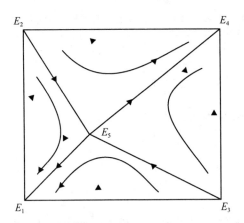

图 6-1 产业技术创新战略联盟知识共享的演化相图

系统收敛于不同演化结果的临界线。当产业技术创新战略联盟成员知识共享的初始状态在该折线左下方的区域内时,知识共享系统将收敛到 E_1 点,即产业技术创新战略联盟成员 A 和成员 B 都选择知识不共享;当产业技术创新战略联盟成员知识共享的初始状态在该折线右上方的区域内时,知识共享系统将收敛到 E_4 点,即产业技术创新战略联盟成员 A 和成员 B 都选择知识共享。

在产业技术创新战略联盟知识共享的博弈过程中,构成博弈双方知识共享收益函数的某些参数的初始值及其变化将会改变产业技术创新战略联盟各成员知识共享的收益,进而导致知识共享演化系统向不同的均衡点收敛。当 $P_A(M_A - M_A^\alpha) + P\gamma_A M_A^\alpha M_B^\beta > C_A$ 时,在产业技术创新战略联盟成员 B 选择知识共享的情况下,成员 A 也会选择知识共享,这是因为此时成员 A 选择知识共享获得的收益大于选择知识不共享获得的收益;但是,当产业技术创新战略联盟成员 B 选择知识不共享时,成员 A 选择知识共享所获得的收益小于选择知识不共享时的收益,这种情况下知识不共享是成员 A 的理性选择。对产业技术创新战略联盟成员 B 的分析也可得到相同的结论。因此,在知识共享所带来的收益大于共享成本的前提下,产业技术创新战略联盟成员 A 和 B 为使自身利益最大化会作出相同的选择行为,会根据对方的选择来决定自己的选择,产业技术创新战略联盟内部有效的协调机制,将使成员 A 和成员 B 同时选择知识共享。这种情况对应于图 6-1 中折线 $\overline{E_2E_5E_3}$ 上方的区域,在这一区域产业技术创新战略联盟成员知识共享行为将会向鞍点右上区域演进,收敛于演化均衡点 E_4。当 $P_A(\mu_A - M_A^\alpha) + P\gamma_A M_A^\alpha M_A^\beta < C_A$ 时,在产业技术创新联盟成员 B 选择知识共享的情况下,产业技术创新战略联盟成员 A 选择知识共享获得的收益小于选择知识不共享获得的收益,当产业技术创新战略联盟成员 B 选择知识不共享时,成员 A 选择知识共享所获得的收益小于选择知识不共享时的收益,此时知识不共享是成员 A 的选择,由博弈的对称性可知,知识不共享也是成员 B 的选择。这种情况对应于图 6-1 中折线 $\overline{E_2E_5E_3}$ 下方的区域,在这一区域产业技术创新战略联盟成员知识共享行为将会向鞍点左下方区域演进,收敛于演化均衡点 E_1,此时,产业技术创新战略联盟各成员之间交叉协作很少,也无法享受到知识共享所产生的新的收益。

6.2　实例分析及仿真

TD 产业联盟(Telecommunication Development Industry Alliance, TDIA)是科技部于 2002 年成立的试点产业技术创新战略联盟,联盟现有 107 家成员单位,成为整个 TD 产业发展的关键载体,同时也是不可或缺的平台之一。本章参考 TD 产业联盟官方网站及相关网站获得了其联盟成员的相关信息。

爱立信半导体(北京)有限公司(以下简称"爱立信")通过掌握 2G、3G、4G 多世代的通信关键技术,涉及设备与终端等许多链条,专利技术研发重点主要集中在无线通信网络领域,在无线数据通信领域专利技术全球名列前茅;华为技术有限公司(以下简称"华为")的网通设备有强大实力,在 3G、4G、5G 三个世代也有相当多的专利,但因过去定位于 B2B 业务,专利更多集中在网络设备领域。为争夺下一世代的市场,扫除 5G 时代关键路障,要想加入全球中高端品牌竞争之列,华为必须先扫除技术壁垒;爱立信也在不断构铸着它的 5G 梦想,试图在未来继续引领行业,然而爱立信系统产品许多技术方面无法绕开华为的专利,因此,双方有共同开放专利的基础条件。2016 年 1 月 14 日,华为与爱立信续签专利交叉协议,该协议覆盖了两家公司包括 GSM、UMTS 及 LTE 蜂窝标准在内的无线通信标准相关基本专利。部分核心技术在获得专利授权后还需要通过人员交流、团队沟通等途径来学习技术与方案,掌握相应的知识来达到预期收益。

为了更直观地说明产业技术创新战略联盟内成员选择知识共享或不共享的过程和规律,本章运用 MATLAB 软件进行仿真分析。记爱立信为成员 A,华为为成员 B,在改变不同参数取值的情况下,模拟产业技术创新战略联盟成员在知识共享决策上的变动,分析各因素对产业技术创新战略联盟知识行为的影响。

在仿真中,根据爱立信与华为的相关信息,设在知识共享前,产业技术创新战略联盟成员 A 的知识存量为 10,价格为 10,成员 B 的知识存量为 6,价格为 8;成员 A 的共享概率为 0.3,成员 B 的共享概率为 0.5;知识共享后形成新的知识的价格为 14;成员 A 的知识共享程度为 0.4,成员 B 的知识共享程度为 0.5;成员 A 知识共享后的收益分配系数为 0.6,成员 B 的收益分配系数为 0.4;成员 A 进行知识共享所需付出的成本是 10,成员 B 所需付出的成本为 8;产业技术创新联盟成员 A 的风险因子为 0.5,产业技术创新战略联盟成员 B 的风险因子为 0.4(风险因子 $\mu:1>\mu>0$);共享方对不共享方的赔偿金规定为 6。参数赋值如表 6.3 所示。

表 6.3 仿真参数赋值

参数	μ_A	μ_B	Z	M_A	M_B	γ_A	γ_B	α	β	P	P_A	P_B	C_A	C_B
含义	风险因子	惩罚	知识存量	共享后收益的分配系数		共享程度		共享后新的知识价格		共享前知识价格		共享成本		
赋值	0.5	0.4	6	10	6	0.6	0.4	0.4	0.5	14	10	8	10	8

6.2.1 风险因子变化对演化结果的影响

图 6-2、6-3 是在其他参数不变的情况下,产业技术创新战略联盟成员的风险因子 μ_A,μ_B 变化对知识共享策略影响的仿真。由图 6-2 可知,成员 A 风险因子的阈值在 0.4～0.45 之间,当 μ_A 小于阈值时,成员 A 和成员 B 收敛于 0,最终均衡点趋向于(0,0);当 μ_A 大于阈值时,成员 A 和成员 B 收敛于 1,最终均衡点趋向于(1,1),此时 μ 的增加使收敛速度加快。由图 6-3 可知,成员 B 风险因子的阈值在 0.25～0.3 之间,当 μ_B 小于阈值时,成员 A 和成员 B 收敛于 0,最终均衡点趋向于(0,0);当 μ_B 大于阈值时,成员 A 和成员 B 收敛于 1,最终均衡点趋向于(1,1)。在知识共享过程中,联盟成员的风险因子存在阈值,当成员的风险因子大于阈值时,成员 A 和成员 B 的知识共享意愿随着风险因子的增加而逐渐增加,并且最终收敛于 1,成员 A、成员 B 都参与知识共享。当成员 A、成员 B 的风险因子分别达到 0.5、0.4 以后,联盟成员知识共享意愿的增长趋势变缓。这是由于在知识共享过程中,知识共享方对不共享方有不同程度的惩罚,随着风险因子的增加惩罚就越大。TD 产业联盟中,爱立信与华为对专利侵权行为越厌恶,对不共享方专利侵权行为的诉讼赔偿越大,就对不共享方的收益、企业形象以及企业长期发展越不利。因此,适当提高风险因子,爱立信与华为均倾向于选择进行知识共享。

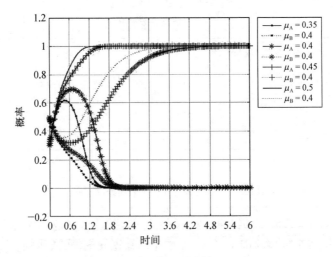

图 6-2　成员 A 风险因子变化的影响

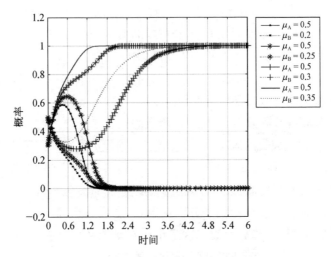

图 6-3　成员 B 风险因子变化的影响

6.2.2　共享后新的收益分配系数变化对演化结果的影响

图 6-4、6-5 是在其他参数不变的情况下,产业技术创新联

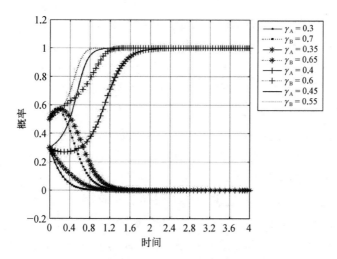

图 6-4　共享后新的知识收益分配系数对演化结果的影响

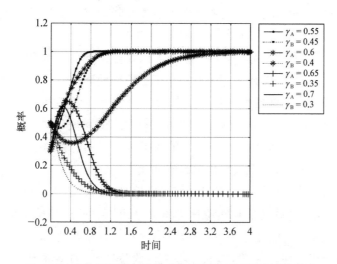

图 6-5　共享后新的知识收益分配系数对演化结果的影响

盟成员知识共享后新的收益分配系数 γ_A，γ_B（$\gamma_A + \gamma_B = 1$，γ_B 随着 γ_A 的变化而变化）变化对知识共享策略影响的仿真。由图 6-4 可知，知识共享后新的收益分配系数 γ_A 的阈值在 0.6～0.65 之间，

当 γ_A 大于该阈值时,成员 A、成员 B 收敛于 0,最终均衡点趋向于 (0, 0);当 γ_A 小于该阈值时,成员 A、成员 B 收敛于 1,最终均衡点趋向于 (1, 1),此时 γ_A 的减少使成员 A 的收敛速度加快。这是因为共享双方均符合预期的收益,共享意愿都较高,使得系统稳定策略演化为"共享,共享"。由图 6-5 可知,在 0.35~0.4 之间存在一个阈值,当 γ_A 小于该阈值时,成员 A、成员 B 收敛于 0,最终均衡点趋向于 (0, 0);当 γ_A 大于该阈值时,成员 A、成员 B 收敛于 1,最终均衡点趋向于 (1, 1),此时 γ_A 的增加使收敛速度加快。

图 6-4 和图 6-5 说明共享后新的知识收益分配系数 γ_A 存在两个阈值,分别位于 0.6~0.65 之间和 0.35~0.4 之间。① 当 γ_A 大于 0.6~0.65 之间的阈值时,一开始成员 A 是倾向于共享的,但是由于成员 B 获取的新的知识收益小于心理预期的收益,从而选择不共享,一段时间后成员 A 的共享概率也逐渐降低直至不共享,使得系统稳定策略演化为"不共享,不共享";② 当 γ_A 小于 0.35~0.4 之间的阈值时,成员 B 由于获取的新的知识收益大于心理预期的收益,从而选择共享,成员 A 则因收益小于心理预期选择不共享,一段时间后成员 B 的共享概率也逐渐降低直至不共享,使得系统稳定策略演化为"不共享,不共享";③ 当 γ_A 处于两个阈值 (0.6~0.65) 与 (0.35~0.4) 之间时,共享双方均能获得符合预期的新的知识收益,共享意愿较高,使得系统稳定策略演化为"共享,共享"。以上结论说明共享收益分配系数对爱立信与华为的知识共享意愿影响比较显著。TD 产业联盟中,爱立信与华为对于收益的分配很敏感,一旦知识共享后的收益分配不合理,没有达到企业预期的共享收益,共享就难以实现,只有双方均获得满意的收益时才会实现共享。

6.2.3 共享程度变化对演化结果的影响

图 6-6、6-7 是在其他参数不变的情况下,产业技术创新战略联盟成员对知识的共享程度变化对知识共享策略影响的仿真。

由图 6-6 可知,成员 A 共享程度 α 的阈值在 0.3~0.4 之间,当 α 大于该阈值时,成员 A、成员 B 收敛于 1,最终均衡点趋向于(1,1),此时 α 的增加使成员 A 和成员 B 的收敛速度加快;当 α 小于该阈值时,成员 A、成员 B 收敛于 0,最终均衡点趋向于(0,0),成员 A 先呈上升趋势,但由于成员 B 选择不共享策略,因此成员 A 的共享意愿又缓慢下降直至趋于(0,0)点。由图 6-7 可知,成员 B 共享程度 β 的阈值在 0.4~0.5 之间,当 β 小于该阈值时,成员 A、成员 B 收敛于 0,最终均衡点趋向于(0,0);当 β 大于该阈值时,成员 A、成员 B 收敛于 1,最终均衡点趋向于(1,1),此时 β 的增加使成员 A 和成员 B 的收敛速度加快。以上结论说明当爱立信与华为对知识的共享程度较高时,共享后新的知识的收益较高,双方的共享意愿较大,系统的最终演化稳定策略为"共享,共享"。TD 产业联盟中,爱立信已掌握 2G、3G、4G 多世代的通信关键技术,在与华为续签专利交叉协议中,爱立信与华为愿意贡献出来的自身知识比例越大,共享后的新收益就越大,受高收益的吸引,双方均会选择进行共享。

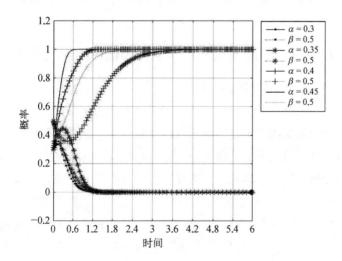

图 6-6 成员 A 共享程度 α 对演化结果的影响

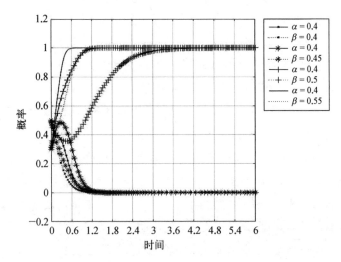

图 6-7 成员 B 共享程度 β 对演化结果的影响

6.3 共享行为选择的影响因素及促进共享意愿的建议

6.3.1 联盟成员间知识共享行为选择的影响因素

产业技术创新战略联盟成员具有不同的风险厌恶程度,且知识以其特殊性与复杂性使其共享后具有较强的协同效应,联盟成员的知识共享收益不是简单的线性关系。本章在考虑知识特性及联盟成员风险因子的基础上,构建知识共享的博弈支付矩阵,通过实例分析并运用 MATLAB 仿真分析相关因素变化对联盟成员间知识共享行为选择的影响,得出如下结论:① 联盟成员的共享意愿对收益分配系数的变化非常敏感。当一方收益系数过大或过小时,知识共享都不会成功,只有共享后新的知识分配系数在合理的范围内时,联盟成员才会选择进行知识共享。② 风险因子和知识共享程度的变化对联盟成员的共享意愿影响较大。当共享方的风险因子大于阈值时,共享方风险因子越大,对于不共享方"搭便车"行为的惩罚就越大,受惩罚的影响,不共享方的共享意愿会逐渐提高直至趋于共享;联盟成员知识共享程度大于阈值时,成员选择知识共享策略,联盟成员愿意共享的知识比例越大,共享后新的知识收益越大,联盟成员就越倾向于共享知识。

6.3.2 促进产业技术创新战略联盟成员知识共享意愿的建议

本章从以下两个方面提出促进产业技术创新战略联盟成员知识共享意愿的建议:

(1) 联盟成员对于共享后新的知识收益的分配系数应该动态变化,成员愿意共享的知识比例越大,其相应的分配系数应该越大,而且要考虑到收益分配系数对成员后续共享行为的影响,使双方共享意愿在互利的基础上趋于一致。因此,在综合考虑联盟成员的知识水平、对知识的共享程度等因素的基础上确定合理的分配系数,以促进产业技术创新战略联盟成员之间的知识共享,实现共同赢利。

(2) 联盟成员应该适当提高风险因子,签订相关协议以明确不共享方应付出的代价,对"搭便车"行为进行适度的惩罚,有效规范联盟成员知识共享行为,降低知识共享行为中的不确定性,最大限度规避专利侵权风险,有利于联盟成员间长期的沟通交流与互动;同时,联盟成员应该通过举办论坛等活动及时进行交流,建立紧密联系,提高彼此间的信任度,良好的信任会使联盟成员知识共享程度提高,进而促进联盟成员知识共享的意愿,增加知识共享收益。

第7章
考虑技术因素的产业技术创新战略联盟知识转移稳定机理研究

7.1 模型构建与求解

7.1.1 假设条件与支付矩阵

新时代下企业为谋求自身高质量发展不得不与高校、科研院所(简称学研方)合作进行产业技术创新,建设产业技术创新战略联盟。政府的政策对产业技术创新战略联盟的知识转移存在着一定的影响,同时政府作为补贴与政策提供一方,也能从合作中获取相应的利益。本章从产业技术创新战略联盟的角度,基于政府政策研究产业技术创新战略联盟的知识转移影响因素,在考虑联盟知识转移影响因素的基础上作出如下假设:

假设1:联盟主体。在本章研究的产业技术创新战略联盟知识转移过程中,共有三类参与主体,分别为政府(A)、企业(E)与高校、科研院所(S)。政府在产业技术创新战略联盟知识转移博弈中通过为企业和高校、科研院所提供优惠政策,推动企业和高校、科研院所知识转移;企业主要负责提供创新资源以及成果转化;高校、科研院所主要负责输入人才与技术。由于产业技术创新战略联盟主体的有限理性,在选择创新策略时存在差异性,产业技术创新战略联盟知识转移稳定过程也就是企业与高校、科研院所在博弈中达到最优平衡的过程。

假设2:知识转移策略。在企业与高校、科研院所进行共性技术创新时,政府可以选择为产业技术创新战略联盟提供相应的政策支持;也可以选择不提供任何政策支持,产业技术创新战略联盟企业主体的策略集为(合作,不合作)、(转移,不转移)、(补贴,不补贴)。用 x,y,c 分别表示企业,高校、科研院所,政府在博弈初始状态下选择"合作""转移"与"补贴"策略的概率,那么企业选择"不合作"策略的概率为 $(1-x)$,高校、科研院所选择"不转移"策略的概率为 $(1-y)$,政府选择"不补贴"策略的概率为 $(1-z)$,其中 $x,y,z\in[0,1]$。

假设3:收益分配系数。产业技术创新战略联盟企业主体与高校、科研院所主体知识转移后所得的收益需要进行合理分配。用 α 表示联盟企业主体所占的收益分配比例,那么 $(1-\alpha)$ 表示高校、科研院所主体获得的收益分摊比例,其中 $0<\alpha<1$。

假设4:技术创新收益。用 π_1,π_2 分别表示产业技术创新战略联盟企业主体与高校、科研院所主体成功技术创新后所获得的收益。用 k 表示联盟企业主体与高校、科研院所选择"合作、转移"策略时的收益。那么联盟企业主体选择合作创新的收益为 αk,高校、科研院所选择转移策略收益为 $(1-\alpha)k$。政府在知识转移博弈的过程中能够获得相应的税收及环境收益等,用 R 表示政府选择"补贴"策略时所获得的收益。b 表示政府选择"不补贴"策略所获得的收益占政府选择"补贴"策略所获得的收益的比例,则政府选择"不补贴"策略所获得的收益为 bR,其中 $0<b<1$。

假设5:技术创新投入力度。政府对产业技术创新战略联盟知识转移的补贴有利于提高联盟企业主体的创新投入。创新投入力度是衡量联盟企业主体在政府补贴下对联盟知识转移的投入程度。政府补贴越高,创新投入力度越大,联盟主体在技术创新中的投入越多。用 θ 表示联盟企业主体的创新投入力度,其中 $0<\theta<1$。

假设6:政策支持力度。通过产业技术创新战略联盟知识转移过程中政府提供的相应优惠政策,使得联盟企业主体和高校、科研院所主体在知识转移时的成本有所降低。用 β 表示政府的政策支持力度,其中 $0<\beta<1$。同时,当政府选择"补贴"策略时,政府将对联盟企业主体进行相应的资金支持,用 G 表示政府对联盟企业主体的资金补贴。

假设7:技术成熟度。技术成熟度是衡量一项技术目前研究开发的成熟程度。技术成熟度越高,说明产业技术创新战略联盟企业主体与高校、科研院所在此项技术上进行创新的难度越大。用 γ 表示该项目研发前的技术成熟度。

假设8:技术创新度。技术创新度是衡量一项技术研究开发后的创新程度。技术创新度越高,说明产业技术创新战略联盟企业主体与高校、科研院所主体在此项技术上进行创新的空间越大。用 δ 表示项目研发的技术创新度。那么,研发后项目的综合技术度是 $\gamma^{\frac{1}{\delta}}$,其中 $\gamma, \delta \in [0, 1]$。

假设9:创新知识转移成本。创新投入力度、政策支持力度对联盟知识转移成本存在着一定的影响,政策支持力度越大,产业技术创新战略联盟企业主体与高校、科研院所主体所投入的成本越少;创新投入力度越大,投入的知识转移成本越高。因此,用 $(1-\beta)^{\frac{1}{\theta}}C_1$ 表示联盟企业投入的知识转移成本;用 $(1-\beta)C_2$ 表示高校、科研院所投入的知识转移成本。

假设10:违约罚金。产业技术创新战略联盟企业主体与科研院所主体通过签订合作协议,以协议为依据规范双方的知识转移行为。用 H 表示联盟企业主体与高校、科研院所主体中任何一方由于违约支付给另一方的罚金。

产业技术创新战略联盟中企业,高校、科研院所与政府三方主体参与下的产业技术知识转移博弈支付矩阵,如表 7.1 所示。

表 7.1 企业,高校、科研院所、政府三方不同策略组合下的收益矩阵

策略	企业(E)	高校、科研院所(S)	政府(A)
(合作,转移,补贴)	$\pi_1 + \alpha r^{\frac{1}{\delta}}k + G - (1-\beta)^{\frac{1}{\theta}}r^{\frac{1}{\delta}}C_1$	$\pi_2 + (1-\alpha)r^{\frac{1}{\delta}}k - (1-\beta)r^{\frac{1}{\delta}}C_2$	$R - G$
(合作,转移,不补贴)	$\pi_1 + \alpha r^{\frac{1}{\delta}}k - r^{\frac{1}{\delta}}C_1$	$\pi_2 + (1-\alpha)r^{\frac{1}{\delta}}k - r^{\frac{1}{\delta}}C_2$	bR
(合作,不转移,补贴)	$\pi_1 + H + G - (1-\beta)^{\frac{1}{\theta}}r^{\frac{1}{\delta}}C_1$	$\pi_2 - H$	$-G$
(合作,不转移,不补贴)	$\pi_1 + H - r^{\frac{1}{\delta}}C_1$	$\pi_2 - H$	0
(不合作,转移,补贴)	$\pi_1 + G - H$	$\pi_2 + H - (1-\beta)r^{\frac{1}{\delta}}C_2$	$-G$
(不合作,转移,不补贴)	$\pi_1 - H$	$\pi_2 + H - r^{\frac{1}{\delta}}C_2$	0
(不合作,不转移,补贴)	$\pi_1 + G$	π_2	$-G$
(不合作,不转移,不补贴)	π_1	π_2	0

7.1.2 演化博弈模型求解

根据表 7.1 中企业,高校、科研院所与政府不同策略组合下的收益支付矩阵,产业技术创新战略联盟企业主体选择"合作"策略的期望收益 U_{E1}、选择"不合作"策略的期望收益 U_{E2} 和平均期望收益 $\overline{U_E}$ 分别为:

$$U_{E1} = zy(\pi_1 + \alpha r^{\frac{1}{\delta}}k + G - (1-\beta)^{\frac{1}{\theta}}r^{\frac{1}{\delta}}C_1) + z(1-y)(\pi_1 + H + G - (1-\beta)^{\frac{1}{\theta}}r^{\frac{1}{\delta}}C_1) + (1-z)y(\pi_1 + \alpha r^{\frac{1}{\delta}}k - r^{\frac{1}{\delta}}C_1) +$$

$$(1-z)(1-y)(\pi_1 + H - r^{\frac{1}{\delta}}C_1)$$

$$U_{E2} = zy(\pi_1 + G - H) + z(1-y)(\pi_1 + G) +$$
$$(1-z)y(\pi_1 - H) + (1-z)(1-y)\pi_1$$

$$\overline{U_E} = xU_{E1} + (1-x)U_{E2}$$

产业技术创新战略联盟高校、科研院所主体选择"转移"策略的期望收益 U_{S1}、选择"不转移"策略的期望收益 U_{S2} 和平均期望收益 $\overline{U_S}$ 分别为:

$$U_{S1} = zx(\pi_2 + (1-\alpha)r^{\frac{1}{\delta}}k - (1-\beta)r^{\frac{1}{\delta}}C_2) + z(1-x)(\pi_2 +$$
$$H - (1-\beta)r^{\frac{1}{\delta}}C_2) + (1-z)x(\pi_2 + (1-\alpha)r^{\frac{1}{\delta}}k -$$
$$r^{\frac{1}{\delta}}C_2) + (1-z)(1-x)(\pi_2 + H - r^{\frac{1}{\delta}}C_2)$$

$$U_{S2} = zx(\pi_2 - H) + z(1-x)(\pi_2) +$$
$$(1-z)x(\pi_2 - H) + (1-z)(1-x)\pi_2$$

$$\overline{U_S} = yU_{S1} + (1-y)U_{S2}$$

同理,可求得政府选择"补贴"策略的期望收益 U_{A1}、选择"不补贴"策略的期望收益 U_{A2} 和平均期望收益 $\overline{U_A}$ 分别为:

$$U_{A1} = xy(R-G) + x(1-y)(-G) + (1-x)y(-G) +$$
$$(1-x)(1-y)(-G)$$

$$U_{A2} = xybR$$

$$\overline{U_A} = zU_{A1} + (1-z)U_{A2}$$

根据所求得的平均期望收益,可得到产业技术创新战略联盟企业主体选择"合作"策略的复制动态方程为:

$$F(x) = \frac{\mathrm{d}x}{\mathrm{d}t} = x(U_{E1} - \overline{U_E}) = x(1-x)[zy(\alpha r^{\frac{1}{\delta}}k - (1-\beta)^{\frac{1}{\delta}}r^{\frac{1}{\delta}}C_1 +$$

$H)+z(1-y)(H-(1-\beta)^{\frac{1}{\delta}}r^{\frac{1}{\delta}}C_1)+(1-z)y(\alpha r^{\frac{1}{\delta}}k-r^{\frac{1}{\delta}}C_1+H)+(1-z)(1-y)(-r^{\frac{1}{\delta}}C_1+H)]=x(1-x)[z(r^{\frac{1}{\delta}}C_1-(1-\beta)^{\frac{1}{\delta}}r^{\frac{1}{\delta}}C_1)+y\alpha r^{\frac{1}{\delta}}k+H-r^{\frac{1}{\delta}}C_1]$

(7.1)

高校、科研院所主体选择"知识转移"策略的复制动态方程为:

$F(y)=\dfrac{\mathrm{d}y}{\mathrm{d}t}=x(U_{S1}-\overline{U_S})=y(1-y)[zx((1-\alpha)r^{\frac{1}{\delta}}k-(1-\beta)r^{\frac{1}{\delta}}C_2+H)+z(1-x)(H-(1-\beta)r^{\frac{1}{\delta}}C_2)+(1-z)x((1-\alpha)r^{\frac{1}{\delta}}k-r^{\frac{1}{\delta}}C_2+H)+(1-z)(1-x)(-r^{\frac{1}{\delta}}C_2+H)]=y(1-y)[z\beta r^{\frac{1}{\delta}}C_2+x(1-\alpha)r^{\frac{1}{\delta}}k+H-r^{\frac{1}{\delta}}C_2]$

(7.2)

政府选择"补贴"策略的复制动态方程为:

$F(z)=\dfrac{\mathrm{d}z}{\mathrm{d}t}=z(U_{A1}-\overline{U_A})$
$=z(1-z)[xy(R-G-bR)+x(1-y)(-G)+(1-x)y(-G)+(1-x)(1-y)(-G)]$
$=z(1-z)[xy(R-bR)-G]$ (7.3)

将式(7.1)~(7.3)合并可得到产业技术创新战略联盟企业主体,高校、科研院所与政府的复制动力系统为:

$$\begin{cases} F(x) = x(1-x)[z(r^{\frac{1}{\delta}}C_1-(1-\beta)^{\frac{1}{\delta}}r^{\frac{1}{\delta}}C_1)+y\alpha r^{\frac{1}{\delta}}k+H-r^{\frac{1}{\delta}}C_1] \\ F(y) = y(1-y)[z\beta r^{\frac{1}{\delta}}C_2+x(1-\alpha)r^{\frac{1}{\delta}}k+H-r^{\frac{1}{\delta}}C_2] \\ F(z) = z(1-z)[xy(R-bR)-G] \end{cases}$$

(7.4)

根据式(7.4),令 $F(x)=0$,$F(y)=0$,$F(z)=0$,可以求出 8 个局部均衡点:(0,0,0)、(1,0,0)、(0,1,0)、(0,0,1)、(1,1,0)、

(1, 0, 1)、(0, 1, 1)、(1, 1, 1)。

由式(7.4)可得:

$$\frac{dF(x)}{x} = (1-2x)[z(r^{\frac{1}{\delta}}C_1 - (1-\beta)^{\frac{1}{\theta}}r^{\frac{1}{\delta}}C_1) + y\alpha r^{\frac{1}{\delta}}k + H - r^{\frac{1}{\delta}}C_1]$$

$$\frac{dF(x)}{y} = x(1-x)\alpha r^{\frac{1}{\delta}}k$$

$$\frac{dF(x)}{z} = x(1-x)(r^{\frac{1}{\delta}}C_1 - (1-\beta)^{\frac{1}{\theta}}r^{\frac{1}{\delta}}C_1)$$

$$\frac{dF(y)}{x} = y(1-y)(1-\alpha)r^{\frac{1}{\delta}}k$$

$$\frac{dF(y)}{y} = (1-2y)[z\beta r^{\frac{1}{\delta}}C_2 + x(1-\alpha)r^{\frac{1}{\delta}}k + H - r^{\frac{1}{\delta}}C_2]$$

$$\frac{dF(y)}{z} = y(1-y)\beta r^{\frac{1}{\delta}}C_2$$

$$\frac{dF(z)}{x} = z(1-z)y(R-bR)$$

$$\frac{dF(z)}{y} = z(1-z)x(R-bR)$$

$$\frac{dF(z)}{z} = (1-2z)[xy(R-bR) - G]$$

微分方程系统的稳定性可根据系统的雅克比矩阵得到,通过上式可得到雅克比矩阵为:

$$J_e = \begin{bmatrix} (1-2x)[z(C_1-(1-\beta)^{\frac{1}{\theta}}r^{\frac{1}{\delta}}C_1) + y\alpha r^{\frac{1}{\delta}}k + H - r^{\frac{1}{\delta}}C_1] & x(1-x)\alpha r^{\frac{1}{\delta}}k & x(1-x)(r^{\frac{1}{\delta}}C_1 - (1-\beta)^{\frac{1}{\theta}}r^{\frac{1}{\delta}}C_1) \\ y(1-y)(1-\alpha)r^{\frac{1}{\delta}}k & (1-2y)[z\beta r^{\frac{1}{\delta}}C_2 + x(1-\alpha)r^{\frac{1}{\delta}}k + H - r^{\frac{1}{\delta}}C_2] & y(1-y)\beta r^{\frac{1}{\delta}}C_2 \\ z(1-z)y(R-bR) & z(1-z)x(R-bR) & (1-2z)[xy(R-bR) - G] \end{bmatrix}$$

根据演化博弈理论,当雅克比矩阵的特征值均为非正值时,该均衡点为稳定点。

7.1.3 演化博弈模型分析

根据上述演化博弈模型,可知当均衡点为$(0,0,0)$时,此时雅克比矩阵为:

$$J_e = \begin{bmatrix} H-r^{\frac{1}{\delta}}C_1 & 0 & 0 \\ 0 & H-r^{\frac{1}{\delta}}C_2 & 0 \\ 0 & 0 & -G \end{bmatrix}$$

此时,雅克比矩阵的特征值分别为:$\lambda_1 = H - r^{\frac{1}{\delta}} C_1$;$\lambda_2 = H - r^{\frac{1}{\delta}} C_2$;$\lambda_3 = -G$。

同理,可求得其他均衡点的特征值,如表 7.2 所示。

表 7.2 各均衡点的特征值表

均衡点	特征值 λ_1	特征值 λ_2	特征值 λ_3
$(0,0,0)$	$H - r^{\frac{1}{\delta}} C_1$	$H - r^{\frac{1}{\delta}} C_2$	$-G$
$(1,0,0)$	$-H + r^{\frac{1}{\delta}} C_1$	$(1-\alpha) r^{\frac{1}{\delta}} k + H - C_2$	$-G$
$(0,1,0)$	$\alpha r^{\frac{1}{\delta}} k + H - r^{\frac{1}{\delta}} C_1$	$-H + r^{\frac{1}{\delta}} C_2$	$-G$
$(0,0,1)$	$-(1-\beta)^{\frac{1}{\delta}} r^{\frac{1}{\delta}} C_1 + H$	$\beta r^{\frac{1}{\delta}} C_2 + H - r^{\frac{1}{\delta}} C_2$	G
$(1,1,0)$	$-\alpha r^{\frac{1}{\delta}} k - H + r^{\frac{1}{\delta}} C_1$	$-(1-\alpha) r^{\frac{1}{\delta}} k - H + r^{\frac{1}{\delta}} C_2$	$R - bR - G$
$(1,0,1)$	$(1-\beta)^{\frac{1}{\delta}} r^{\frac{1}{\delta}} C_1 - H$	$\beta r^{\frac{1}{\delta}} C_2 + (1-\alpha) r^{\frac{1}{\delta}} k + H - r^{\frac{1}{\delta}} C_2$	G
$(0,1,1)$	$-(1-\beta)^{\frac{1}{\delta}} \gamma^{\frac{1}{\delta}} C_1 + \alpha \gamma^{\frac{1}{\delta}} k + H$	$-\beta \gamma^{\frac{1}{\delta}} C_2 - H + \gamma^{\frac{1}{\delta}} C_2$	G
$(1,1,1)$	$(1-\beta)^{\frac{1}{\delta}} \gamma^{\frac{1}{\delta}} C_1 - \alpha \gamma^{\frac{1}{\delta}} k - H$	$-\beta \gamma^{\frac{1}{\delta}} C_2 - (1-\alpha) \gamma^{\frac{1}{\delta}} k - H + \gamma^{\frac{1}{\delta}} C_2$	$-R + bR + G$

由于模型中的参数较多,在分析时默认产业技术创新战略联盟技术创新收益 k 远大于付出的知识转移成本 C_1、C_2;政府补贴时的净收益远大于其不补贴时的净收益,即 $R>bR+G$。产业技术创新战略联盟中企业主体,高校、科研院所与政府知识转移博弈的稳定性可分 2 种情况进行讨论,具体结果如表 7.3 所示。

情况一,当产业技术创新战略联盟企业主体或高校、科研院所某一方违约不参与技术创新时,所提供的罚金小于其参与技术创新所付出的成本,即 $H<C_1$, $H<C_2$。此时,由表 7.3 可以看出,均衡点(0, 0, 0)和均衡点(1, 1, 1)对应的特征值为非正,是演化稳定点,此种情况下对应的演化策略为(不合作,不合作,不补贴)、(合作,合作,补贴)。

情况二,当产业技术创新战略联盟企业主体或高校、科研院所某一方违约不参与技术创新时,所提供的罚金大于其参与技术创新所付出的成本,即 $H>C_1$, $H>C_2$。此时,由表 7.3 可以看出,均衡点(1, 1, 1)对应的特征值为非正,是演化稳定点,此种情况下对应的演化策略为(合作,合作,补贴),其他均衡点为非稳定点或鞍点。

表 7.3 企业,高校、科研院所与政府合作技术创新博弈均衡点稳定性表

均衡点	情况一				情况二			
	λ_1	λ_2	λ_3	稳定性	λ_1	λ_2	λ_3	稳定性
(0, 0, 0)	−	−	−	ESS	+	+	−	非稳定点
(1, 0, 0)	+	+	−	非稳定点	−	+	−	非稳定点
(0, 1, 0)	+	+	−	非稳定点	+	−	−	非稳定点
(0, 0, 1)	+,−	+,−	+	鞍点	+	+	+	鞍点
(1, 1, 0)	−	−	+	非稳定点	−	−	+	非稳定点
(1, 0, 1)	+,−	+	+	鞍点	−	+	+	非稳定点
(0, 1, 1)	+	+,−	+	鞍点	+	−	+	非稳定点
(1, 1, 1)	−	−	−	ESS	−	−	−	ESS

7.2 数值仿真

为了更直观地体现各因素影响产业技术创新战略联盟企业主体，高校、科研院所与政府三方主体知识转移的演化过程与规律，本章运用 MATLAB 软件对产业技术创新战略联盟技术创新过程进行仿真分析。本章在考虑现实知识转移的基础上，对模型中的参数进行初始赋值，假设联盟企业主体在选择"合作"策略时创新收益的分配系数为 0.6，高校、科研院所选择"转移"策略时创新收益的分配比例为 0.4；政府选择"补贴"策略的税收收益、环境收益为 200，政府选择"不补贴"策略的收益占"补贴"策略收益的比例为 0.5；联盟企业主体创新投入受政府补贴的影响，初始创新投入力度为 0.6；政府对联盟企业主体或高校、科研院所知识转移的政策支持力度为 0.3；政府对企业进行相应扶持补贴，补贴金额为 70；联盟知识转移时，企业与高校、科研院所会付出相应的知识转移成本，企业的知识转移成本为 800，高校、科研院所的知识转移成本为 600；技术创新的收益为 1 600；当某一方选择不合作时，会因违约付出相应违约金，罚金为 80。具体参数赋值如表 7.4 所示：

表 7.4 仿真参数赋值

参数	α	R	b	θ	β	γ	δ	G	C_1	C_2	k	H
赋值	0.6	200	0.5	0.6	0.3	0.5	0.5	70	800	600	1 600	80
含义	企业分配系数	政府收益	政府收益比例	创新投入力度	政策支持力度	技术成熟度	技术创新度	政府补贴	企业创新成本	学研创新成本	合作收益	违约罚金

7.2.1 技术因素变化对联盟知识转移的影响

1. 技术成熟度变化对联盟知识转移意愿的影响

图 7-1 是在其他参数不变的情况下,企业与高校、科研院所研发项目技术成熟度的变化对联盟知识转移意愿影响的仿真。由图 7-1 可知,技术成熟度的临界值在 0.5~0.6 之间,当技术成熟度小于该临界值时,由于高校、科研院所初始知识转移意愿较低,企业的合作意愿会先有一段小幅度的下降,但最终企业与高校、科研院所都趋向于合作知识转移,均衡点趋向于(1,1),此时 γ 的减小使得企业与高校、科研院所收敛于(1,1)的速度加快;当技术成熟度大于该临界值时,由于企业的初始合作意愿较高,高校、科研院所的知识转移意愿会先有一段小幅度的上升,但最终企业与高校、科研院所都趋向于不进行知识转移,均衡点趋向于(0,0),此时 γ 的增加使得企业与高校、科研院所收敛于(0,0)的速度加快;企业与高校、科研院所的知识转移意愿由知识转移逐渐变成不进行知识转移,这是由于在联盟知识转移博弈过程中,随着技术成熟

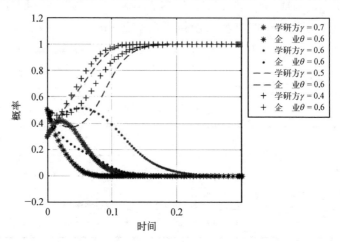

图 7-1 技术成熟度变化时联盟知识转移意愿的演化情况

第7章 考虑技术因素的产业技术创新战略联盟知识转移稳定机理研究

度的提高,企业与高校、科研院所技术创新付出的成本越来越多。

2. 技术创新度变化对联盟知识转移意愿的影响

图7-2是在其他参数不变的情况下,企业与高校、科研院所研发项目技术创新度的变化对联盟知识转移意愿影响的仿真。由图7-2可知,技术创新度的临界值在0.7~0.8之间,当技术创新度小于该临界值时,此时由于高校、科研院所初始知识转移意愿较低,企业的知识转移意愿首先会有一段小幅度的下降,但最终企业与高校、科研院所都趋向于合作知识转移,均衡点趋向于(1,1),此时δ减小使得企业与高校、科研院所收敛于(1,1)的速度加快;当技术创新度大于该临界值时,由于企业初始合作意愿较高,高校、科研院所的知识转移意愿会先有一段小幅度的上升,但最终企业与高校、科研院所都趋向于不进行知识转移,均衡点趋向于(0,0),此时δ的增加使得企业与高校、科研院所收敛于(0,0)的速度加快。上述情况说明随着技术创新度的增加,企业与高校、科研院所的知识转移意愿由知识转移逐渐变成不进行知识转移,这是因

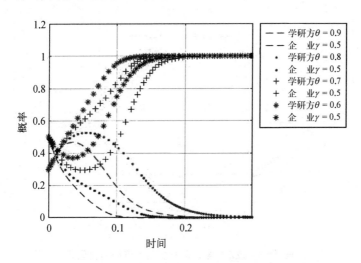

图7-2 技术创新度变化时联盟知识转移意愿的演化情况

为当技术创新度不高时,企业与高校、科研院所付出的创新成本较少,虽然收益也少,但是不进行知识转移却需要支付一定的罚金,所以企业与高校、科研院所最终会选择"知识转移"策略;当技术创新度较高时,企业与高校、科研院所付出的成本随着技术创新度的增加而增加,企业与高校、科研院所的知识转移意愿逐渐减弱,这是由于在联盟知识转移意愿博弈过程中,在技术成熟度不变时,技术创新度越大,需要付出的创新成本就越大。

3. 技术成熟度和创新度同时变化对联盟知识转移意愿的影响

图 7-3 是在其他参数不变的情况下,企业与高校、科研院所研发项目的技术成熟度和技术创新度同时上升或下降对联盟知识转移意愿影响的仿真。由图 7-3 可知,技术成熟度和技术创新度同时变化的临界值分别在 0.5~0.6 和 0.6~0.7 之间,当技术成熟度与技术创新度分别小于该临界值时,由于高校、科研院所初始知识转移意愿较低,企业的知识转移意愿会先有一段小幅度的下降,

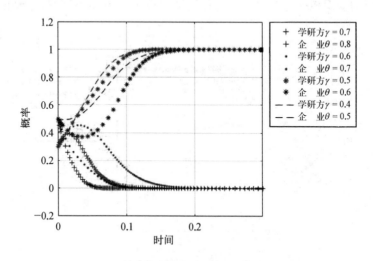

图 7-3 技术成熟度与技术创新度同向变化时
联盟知识转移意愿的演化情况

但最终企业与高校、科研院所都趋向于知识转移,均衡点趋向于(1,1),此时γ与δ的同时减小使得企业与高校、科研院所收敛于(1,1)的速度加快;当技术创新度大于该临界值时,由于企业的初始合作意愿较高,高校、科研院所的知识转移意愿会先有一段小幅度的上升,但最终企业与高校、科研院所都趋向于不进行知识转移,均衡点趋向于(0,0),此时γ与δ的同时增大使得企业与高校、科研院所收敛于(0,0)的速度加快。上述情况说明随着技术成熟度和技术创新度的增加,企业与高校、科研院所知识转移意愿由知识转移逐渐变成不进行知识转移,这是因为当技术成熟度和技术创新度不高时,企业与高校、科研院所付出的创新成本较小,尽管收益也少,但是不进行知识转移却需要支付一定的罚金,所以企业与高校、科研院所最终会选择知识转移;当技术成熟度和技术创新度较高时,企业与高校、科研院所付出的创新成本随着技术成熟度和技术创新度的增加而增加,企业与高校、科研院所的知识转移意愿逐渐减弱,这是由于在联盟知识转移意愿博弈过程中,技术成熟度越大,技术创新越难,并且技术创新度越大,需要付出的创新成本就越大。

图7-4是在其他参数不变的情况下,企业与高校、科研院所研发项目的技术成熟度下降和技术创新度上升对联盟知识转移意愿影响的仿真。由图7-4可知,当技术成熟度下降和技术创新度上升时,由于高校、科研院所初始知识转移意愿较低,企业的合作意愿会先有一段小幅度的下降,但最终企业与高校、科研院所都趋向于知识转移,均衡点趋向于(1,1),此时γ的减小与δ的增加使得企业与高校、科研院所收敛于(1,1)的速度加快。上述情况说明随着技术成熟度下降和技术创新度上升,企业与高校、科研院所都会选择知识转移,这是因为技术成熟度越低时,技术创新越容易,企业与高校、科研院所付出的创新成本越少,而技术创新度高时,虽然也要付出一定的创新成本,但是由于技术成熟度低,付出的创新成本少,企业与高校、科研院所获得的收益大。

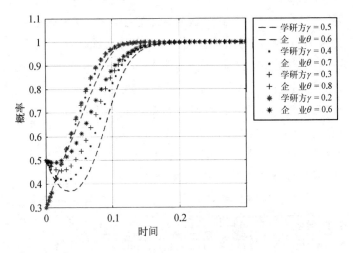

图7-4 技术成熟度下降与技术创新度上升时
联盟知识转移意愿的演化情况

图7-5是在其他参数不变的情况下,企业与高校、科研院所研发项目的技术成熟度上升和技术创新度下降对联盟知识转移意愿影响的仿真。由图7-5可知,技术成熟度和技术创新度同时变化的临界值分别在0.6~0.7和0.5~0.4之间,当技术成熟度小于该临界值与技术创新度大于该临界值时,由于高校、科研院所初始知识转移意愿较低,企业的合作意愿会先有一段小幅度的下降,但最终企业与高校、科研院所都趋向于知识转移,均衡点趋向于(1, 1),此时γ的上升与δ的下降使得企业与高校、科研院所收敛于(1, 1)的速度加快;当技术成熟度大于该临界值与技术创新度小于该临界值时,企业的合作意愿会先有一段小幅度的上升,但最终企业与高校、科研院所都趋向于不进行知识转移,均衡点趋向于(0, 0),此时γ的上升与δ的下降使得企业与高校、科研院所收敛于(0, 0)的速度加快。上述情况说明随着技术成熟度上升和技术创新度的下降,企业与高校、科研院所的知识转移意愿由知识转移逐渐变成不进行知识转移。这是因为技术成熟度不高而技术创新度较高时,由于技术成

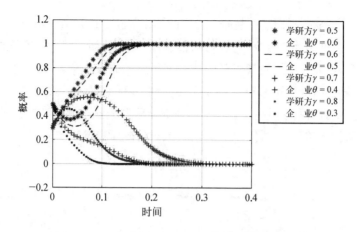

图7-5 技术成熟度上升与技术创新度下降时
联盟知识转移意愿的演化情况

熟度越低,技术创新就相对变得容易,企业与高校、科研院所付出的成本就相对变得越少,而技术创新度高时,虽然也要付出一定的创新成本,但是由于技术成熟度低,付出的创新成本少,企业与高校、科研院所获得的收益大。但是当技术成熟度较高而技术创新度较低时,由于技术成熟度越高,技术创新就相对变得困难,创新成本就越大。

7.2.2 政策支持力度变化对联盟知识转移的影响

图7-6是在其他参数不变的情况下,政府政策支持力度的变化对知识转移影响的仿真。由图7-6可知,政策支持力度的临界值在0.2~0.3之间,当政策支持力度小于该临界值时,由于联盟高校、科研院所主体初始知识转移意愿较高,企业主体的创新意愿会有一段小幅度的上升,但最终都趋向于(0,0,0),此时随着政府政策支持力度的逐渐升高,产业技术创新战略联盟企业主体或高校、科研院所与政府收敛于(0,0,0)的速度减缓;当政府支持力度大于该临界值时,政府需要付给企业相应的资金补贴,所以一开始的补贴意愿较低,但随着政策支持力度的逐渐升高,政府补贴的意愿逐渐增强,

企业与高校、科研院所趋向于合作的速度加快。这是由于随着政策支持力度的逐渐升高,企业与高校、科研院所的知识转移成本逐渐减少,产业技术创新战略联盟技术创新后的收益逐渐增多,企业与高校、科研院所更愿意进行知识转移。仿真结果表明,政策支持力度的提升有利于减少产业技术创新战略联盟企业主体或高校、科研院所知识转移成本,促进企业与高校、科研院所知识转移意愿提升。

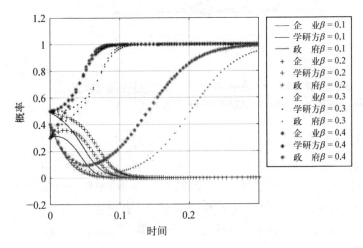

图7-6 政策支持力度变化时三方主体知识转移的演化情况

7.2.3 企业创新投入力度变化对联盟知识转移的影响

图7-7是在其他参数不变的情况下,企业创新投入力度的变化对联盟知识转移影响的仿真。由图7-7可知,企业创新投入力度的临界值在0.8~0.9之间,当企业创新投入力度小于该临界值时,产业技术创新战略联盟企业主体或高校、科研院所最终收敛于(1,1,1),此时随着企业创新投入力度的增加,企业与高校、科研院所收敛于(1,1,1)的速度减缓;当企业创新投入力度大于该临界值时,由于高校、科研院所的初始知识转移意愿较高,企业的创

新意愿一开始会有小幅度的上升,但最终会趋向于(0,0,0),此时随着企业创新投入力度的增加,企业与高校、科研院所收敛于(0,0,0)的速度加快。产业技术创新战略联盟企业主体或高校、科研院所合作意愿由合作变成不合作,这是由于企业科技创新投入力度的增加,会大幅度增加企业的创新成本,企业创新收益逐渐降低,最终企业选择不合作;而政府由于企业和高校、科研院所不进行知识转移而没有相应的环境收益和税收收益,最终会选择"不补贴"策略。仿真结果表明,企业创新投入力度的适当提升有利于促进产业技术创新战略联盟企业主体或高校、科研院所知识转移,但当企业创新投入力度达到一定程度后,企业由于负担不了高额的创新成本而最终导致合作破裂。

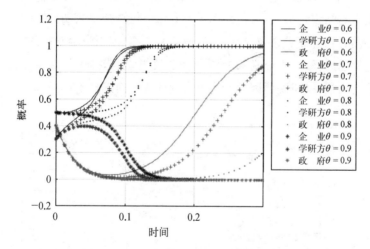

图 7-7 企业创新投入力度变化时三方
主体技术创新的演化情况

7.2.4 政府资金补贴变化对联盟知识转移的影响

图 7-8 是在其他参数不变的情况下,政府给企业直接资金补贴的变化对三方主体技术创新影响的仿真。由图 7-8 可知,政府

资金补贴的临界值在 80~90 之间,当政府给联盟企业主体资金补贴小于该临界值时,企业与高校、科研院所最终收敛于(1,1,1),此时随着政府资金的增加,产业技术创新战略联盟企业主体或高校、科研院所收敛于(1,1,1)的速度减缓;当政府资金补贴大于该临界值时,由于高校、科研院所主体的初始知识转移意愿较高,企业的创新意愿一开始会有小幅度的上升,但最终会趋向于(0,0,0),此时随着政府资金补贴的增加,企业与高校、科研院所收敛于(0,0,0)的速度加快。产业技术创新战略联盟企业主体或高校、科研院所知识转移意愿由合作变成不合作,这是由于政府资金补贴的增加,会大幅度增加政府的支出,政府会逐渐选择不补贴企业,企业与高校、科研院所会因为政府的不补贴而产生大量的创新成本与知识转移成本,最终选择不合作。仿真结果表明,政府资金补贴有利于促进企业与高校、科研院所合作,但当资金补贴达到一定程度后,政府由于高额的资金补贴负担,会选择不补贴策略,企业与高校、科研院所因此产生大量创新成本而选择不创新。

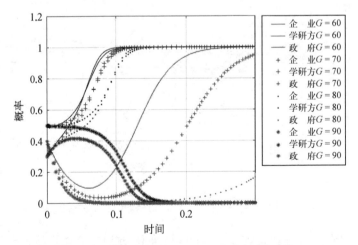

图 7-8 政府资金补贴变化时三方主体技术创新的演化情况

7.2.5 收益分配系数变化对联盟知识转移的影响

图 7-9 是在其他参数不变的情况下,企业收益分配系数的变化对三方主体合作技术创新影响的仿真。由图 7-9 可知,联盟知识转移意愿对收益分配系数较为敏感。当企业收益分配系数较低时,高校、科研院所因能获得较高的收益分配比例,选择知识转移的意愿会有所上升,但最终企业会由于收益分配比例较低而选择不合作。当企业收益分配比例在 0.6~0.7 时,收益分配比例符合企业与高校、科研院所的期望,最终企业与高校、科研院所的知识转移意愿趋向于(1,1,1)。但当企业收益比例高到一定程度后,企业初始创新意愿明显上升,高校、科研院所由于其低收益会果断选择不进行知识转移。仿真结果表明,企业收益分配比例过低或者过高都会损害某一方利益,导致知识转移意愿降低;适当的利益分配有助于合作双方达成知识转移意愿,实现共赢。

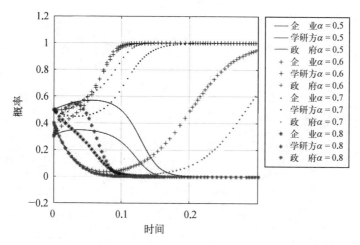

图 7-9 收益分配系数变化时三方主体技术创新的演化情况

7.2.6 罚金变化对联盟知识转移的影响

图 7-10 是在其他参数不变的情况下,罚金的变化对三方主体技术创新影响的仿真。由图 7-10 可知,罚金的临界值在 70~80 之间,当罚金小于该临界值时,由于高校、科研院所的初始知识转移意愿较高,企业的创新意愿一开始会有小幅度的上升,但产业技术创新战略联盟企业主体或高校、科研院所最终收敛于(0,0,0),此时随着罚金的增加,企业与高校、科研院所收敛于(0,0,0)的速度减缓;当罚金大于该临界值时,企业,高校、科研院所与政府最终会趋向于(1,1,1),此时随着罚金的增加,三方主体收敛于(1,1,1)的速度加快。产业技术创新战略联盟企业主体或高校、科研院所知识转移意愿逐渐降低,这是由于罚金的增加,会导致主体收益减少。仿真结果表明,违约惩罚加大能够促使企业和高校、科研院所知识转移意愿的增强,有利于促进企业,高校、科研院所与政府的共性技术创新。

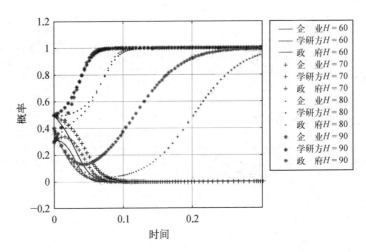

图 7-10　罚金变化时三方主体技术创新的演化情况

7.3 建立知识转移博弈支付矩阵的意义及得到的结论与启示

7.3.1 建立知识转移博弈支付矩阵的意义

产业技术创新战略联盟企业主体或高校、科研院所知识转移是推动创新驱动发展的重要手段,政府补贴是促成企业与高校、科研院所知识转移的主要驱动力,研究政府补贴下三方主体的技术创新具有现实意义。作为对以往研究的补充,本章引入政府补贴,将创新成本与政府补贴力度、优惠政策挂钩,提出创新投入力度与政策支持力度因素,建立了基于关键因素的三方主体知识转移博弈支付矩阵,通过演化博弈方法求得了知识转移博弈的均衡解,分析了均衡解的稳定条件,并重点分析了创新投入力度、政策支持力度、政府资金补贴额等因素的变化对联盟主体知识转移的影响,得到了如下结论与启示。

7.3.2 分析知识转移博弈支付矩阵得到的结论与启示

(1)当技术创新度一定时,技术成熟度越高,联盟知识转移意愿越低。当成熟度较低时,创新成本较低,此时企业与高校、科研院所容易实现合作知识转移。因此,选择技术成熟度相对较低的项目进行合作研发,更有利于企业与高校、科研院所实现共同盈利。

(2)当技术成熟度一定时,联盟知识转移意愿随技术创新度的提高先升后降。技术成熟度一定时,技术创新度越高,联盟知识转移意愿越高;但是,当技术创新度很高时,企业与高校、科研院所需投入大量成本实现创新,边际收益递减效应使双方合作意愿降低。因此,企业与高校、科研院所应集约节约地投入创新要素,通过盲目扩大投入提高创新收益是得不偿失的。

（3）当技术成熟度和技术创新度同向变化时，联盟知识转移意愿随技术成熟度和技术创新度的提高先升后降。当技术成熟度和技术创新度达到一定临界值后，创新成本急剧上升使得企业与高校、科研院所双方合作知识转移意愿逐渐降低。因此，对于技术成熟度和技术创新度均较高的技术研发项目，需要政府的介入，如我国政府通过设立国家高技术研究发展计划、"江苏省重点研发计划"等专项研发计划资助产学研协同创新，提升企业与高校、科研院所的合作创新意愿。

（4）当技术成熟度和技术创新度反向变化时，联盟知识转移意愿随着两种技术因素的不同变化情况呈现出不同的变化特点。随着技术成熟度的提高和技术创新度的降低，联盟主体的合作创新意愿逐渐降低；随着技术成熟度的下降和技术创新度的上升，双方的合作知识转移意愿越来越高。因此，企业与高校、科研院所在技术成熟度较低的技术领域，选择具备较高技术创新能力的合作伙伴，更容易实现合作创新。此外，政府应根据两种技术因素的现实情况采取不同的支持方式与力度，当技术成熟度较高且技术创新度较低时，采取较大力度的资金支持方式更有利于刺激产学研双方的合作意愿；当技术成熟度较低且技术创新度较高时，政府应重点营造良好的协同创新环境，尽量降低和避免直接的资金支持。

（5）政府的适当补贴可以有效地促进产业技术创新战略联盟企业主体或高校、科研院所的知识转移意愿。政府的补贴体现在政策支持与资金支持上，政府政策支持力度的提升有利于促进企业与高校、科研院所的知识转移意愿；而直接的资金支持应控制在适当范围。政策支持力度的提升减少了企业与高校、科研院所的知识转移成本，提高了科技成果转化成功率，而资金支持虽然也促进了主体间的合作，但过高的资金补贴不但增加了政府的财政负担，也会使得企业产生依赖性，不利于企业健康发展。因此，政府应根据合作的现实情况采取不同的支持方式与力度,当知识转移成本较大时,采取直接的资金支持更有利于刺激企业与高校、科研院所的知识转移意愿;知识转移成本较低时,政府应重点营造良好的技术创新环境,尽量降低和避免直接的资金支持,促进企业可持续健康发展。

(6) 企业适当提升创新投入力度有利于提高联盟企业主体和高校、科研院所的知识转移意愿。政府财政补贴有利于引导企业加大科技创新投入,但过高的创新投入会增加企业资产负担,边际效益递减会降低企业参与技术创新意愿。因此,企业应集约节约地投入创新要素,依据现实企业情况进行技术创新资金投入,通过盲目扩大投入提高创新收益是得不偿失的。

(7) 联盟企业主体与高校、科研院所主体均对创新收益的分配比例及罚金惩罚比较敏感。企业收益分配比例过低或者过高都会损害某一方利益,适当的利益分配比例有助于提升双方知识转移意愿;违约惩罚增加能够促使企业和高校、科研院所知识转移意愿的增强,企业与高校、科研院所为追求自身利益最大化,对惩罚力度敏感性较高。因此,产业技术创新战略联盟企业主体或高校、科研院所知识转移时应建立合适的收益分配机制,综合考虑各方主体利益,依据劳动付出合理分配利益;同时应建立相应的负激励机制,通过违约罚金约定限制合作行为,引导企业与高校、科研院所进行技术创新。

第8章
产业技术创新战略联盟知识转移效率的影响机制研究

在国家实施创新驱动发展战略的大背景下,企业创新来源和创新方式都发生了巨大的变化,知识转移成为产业技术创新战略联盟中企业获得竞争优势的重要源泉。同时,随着产业变革不断深入,企业技术创新越来越注重对异质知识的吸收,企业之间的知识转移呈现出新的更为复杂的特征。如重庆璧山新能源汽车产业科技创新联盟,在汇集汽车行业领域高技术企业(众泰新能源汽车)的同时,注重对机器人、食品医药、计算机等领域的企业进行引进,实现了异质知识资源的集聚和创新空间的拓展[70,71]。应当注意的是,由于技术的复杂性和市场的不确定性,在不同技术领域的企业合作沟通过程中存在着行业鸿沟,这种技术背景造成的差异性特征会影响整个知识转移过程。异质主体间知识转移的意愿、合作双方的知识距离以及系统动态调整能力等因素越来越影响着企业间的知识转移效率和产业技术创新战略联盟的生命力。因此,揭示企业特性及系统动态能力对知识转移效率的影响以及如何实现高效率的知识转移在产业技术创新战略联盟领域已经成为重点关注的问题。

产业技术创新战略联盟内的知识转移问题已得到大量学者的

关注,当前研究主要集中在共享机制、演化问题、协同关系等方面。Miller[72]基于吸收能力视角对大学四重螺旋生态系统中的知识演化问题进行了研究;Meng[73]运用案例研究的方法对产业技术创新战略联盟中大学和企业间的知识转移机制进行了研究;王莉、游竹君[74]从知识转移的角度探讨了产业技术创新战略联盟价值演化问题;彭晓芳等[75]对产业技术创新战略联盟多主体间知识转移过程中的生态关系问题进行了研究;陈菁菁等[76]对产业技术创新战略联盟中的隐性知识转移模式进行了研究;马鸿佳等[77]针对多种创新主体构建了多层级知识转移机制。同时,由于知识转移过程与疾病传染过程的相似性,众多学者尝试用传染病模型研究系统组织间的知识转移问题。吴小桔等[78]通过构建知识流动SIR模型研究了企业的动态能力。薛娟等[79]运用SIR模型对众包社区的知识转移问题进行了研究。胡绪华等[80]运用传染病模型研究了产业集群内的知识转移机理。上述研究为本章运用SIR模型研究知识转移问题奠定了方法论基础。

8.1 企业知识转移模型的建立

8.1.1 知识转移过程分析

知识转移是支撑产业技术创新战略联盟中企业创新发展的基本条件。在产业技术创新战略联盟中,缺乏知识的企业向拥有知识的企业学习从而成为知识拥有者,经历从转移主体—转移途径—接受主体的循环过程[81]。一般而言,转移途径是企业之间的相互接触,而决定知识转移效率的关键因素是"知识转移率"的大小。因此,根据产业技术创新战略联盟中企业的动态变化特征和交互关系可以得出知识转移的三个重要环节:

(1) 转移主体

在产业技术创新战略联盟中，由于技术、知识、资源等的差异，企业之间必然存在由知识距离引起的知识存量的差距，形成了知识转移的自然动力[82]。如果知识存量高的企业拥有其他企业所需要的价值知识，则会存在一定的可能性成为知识转移主体。如果其拥有的知识不足以对其他企业产生吸引力，知识转移自然不会发生。

(2) 知识转移率

知识转移率是指单位时间内缺乏知识的企业学习新知识并转化为拥有知识的企业的概率，它是影响知识转移效率的关键因素[83]。知识转移率主要由转移意愿、知识距离、关系强度等因素共同决定。当知识转移率较高时，产业技术创新战略联盟中的知识转移效率会提升，缺乏知识的企业会以较高比例成功获得知识从而转变成为知识转移主体。相反，当知识转移率较低时，系统内的知识转移效率和成功比例也会下降。

(3) 接受主体

知识接受主体是产业技术创新战略联盟中知识转移的主要对象，缺乏知识的企业会积极主动地向拥有知识的企业学习。当学习成功时，则转变为知识拥有者，从而成为新加入的知识转移主体；当学习失败时，则继续扮演着知识接受主体的角色。

8.1.2 模型假设

(1) 首先依据产业技术创新战略联盟中各类企业对知识的掌握情况，将企业划分为三类：转移主体 I，指掌握知识的企业，现有知识传播源；接受主体 S，指缺乏知识的企业，但时刻愿意学习新知识；独立企业 R，作为"免疫者"，这类企业由于自身性质或发展策略影响，既不主动转移知识也不接受知识转移，因此对现有知识转移不产生影响。同时，为了研究企业知识背景差异对知识转移的具体影响,考虑跨界知识转移因素,将 S 分为两类,S_1 代表缺乏知识的同质企业,S_2 代表缺乏知识的异质企业。同质和异质均是相对于知识转移主体而言的,同质企业之间的技术领域相同,知识背景相似,异质企业则相反。可得产业技术创新战略联盟中的企业满足以下数量关系:$N = S_1 + S_2 + I + R$。

(2) 知识转移率 p:单位时间内 S 类企业学习新知识并转化为 I 类企业的概率,$p \in [0,1]$。知识转移率在转移过程中受到知识主体和转移介质等多方面因素的影响。本章考虑知识转移率主要受知识主体转移意愿 β、信任程度 α 和知识距离 c 的影响。我们假定参与知识转移的企业之间信任程度相同,同时对同异质企业转移主体的转移意愿加以区别,构造同质企业间知识转移率为 $\dfrac{\beta_1 \alpha}{c}$,异质企业间知识转移率为 $\dfrac{\beta_2 \alpha}{c}$。

(3) 产业技术创新战略联盟中企业主体在知识转移过程中是动态变化的,特别是掌握先进知识资源的企业,很可能因为突破一些技术瓶颈或者面临重大发展战略的转变而拒绝对外转移知识,因此,现有知识转移主体数量并不是一成不变的,I 会以一定比例转向 R 类企业,退出当前知识系统,设定该比例系数为 γ,所以单位时间内 I 类企业转变为 R 类企业的数量为 γI。

(4) 同时,产业技术创新战略联盟具有开放性的特征。经常会有企业因为转型升级或者遭遇淘汰而进出产业技术创新战略联盟。我们假设三类企业中均会出现这种情况,假设企业的进入系数与退出系数相等,均为 q,其中,同质企业单位时间内进入的数量为 pqN,异质企业单位时间内进入的数量为 $(1-p)qN$。此时,接受主体中同质企业单位时间内退出数量为 qS_1,异质企业退出数量为 qS_2,转移主体企业退出数量为 qI,独立企业单位时间内退出数量为 qR。产业技术创新战略联盟内企业总数保持为一常数 N。

8.1.3 模型构建

根据以上假设,产业技术创新战略联盟中企业间知识转移过程可用下列框架图(图 8-1)描述。

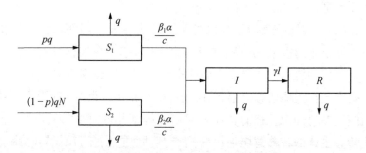

图 8-1 产业技术创新战略联盟知识转移框架图

根据图形描述,可以建立新的知识转移模型:

$$\begin{cases} \dfrac{dS_1(t)}{dt} = qpN - \dfrac{\beta_1 \alpha}{c} I(t) S_1(t) - q S_1(t) \\ \dfrac{dS_2(t)}{dt} = q(1-p)N - \dfrac{\beta_2 \alpha}{c} I(t) S_2(t) - q S_2(t) \\ \dfrac{dI(t)}{dt} = \dfrac{\beta_1 \alpha}{c} I(t) S_1(t) + \dfrac{\beta_2 \alpha}{c} I(t) S_2(t) - \gamma I(t) - q I(t) \\ \dfrac{dR(t)}{dt} = \gamma I(t) - q R(t) \end{cases} \quad (8.1)$$

$\{(S_1(t), S_2(t), I(t), R(t)) \mid 0 \leqslant S_1(t) \leqslant N, 0 \leqslant S_2(t) \leqslant N, 0 \leqslant I(t) \leqslant N, 0 \leqslant R(t) \leqslant N\}$

8.1.4 模型分析

由上述分析习得,产业技术创新战略联盟中的企业总数 $N(t) = S_1(t) + S_2(t) + I(t) + R(t)$,将式(8.1)中的四个公式相加可得:

$$\frac{dN}{dt}=qN-qS_1-qS_2-qI-qR=0$$

符合系统的一般规律,因此,模型是有效的。

在判定系统稳定性时不用考虑非线性项,可以通过线性方程解的情况判定系统的稳定性。根据李雅普诺夫方法,按线性近似方法下面对方程组(8.1)的稳定性进行分析,原方程的解耦方程为:

$$\frac{d}{dt}\begin{bmatrix}S_1\\S_2\\I\\R\end{bmatrix}=\begin{bmatrix}-q & 0 & 0 & 0\\0 & -q & 0 & 0\\0 & 0 & -r-q & 0\\0 & 0 & r & -q\end{bmatrix}\begin{bmatrix}S_1\\S_2\\I\\R\end{bmatrix}+\begin{bmatrix}qpN\\q(1-p)N\\0\\0\end{bmatrix}$$

相应的特征方程为:

$$|\lambda \boldsymbol{I}-\boldsymbol{A}|=\begin{vmatrix}\lambda+q & 0 & 0 & 0\\0 & \lambda+q & 0 & 0\\0 & 0 & \lambda+r+q & 0\\0 & 0 & -r & \lambda+q\end{vmatrix}$$

上述特征方程可以写成更加明确的形式:$(\lambda+q)^3(\lambda+r+q)=0$,通过解特征方程求得系数矩阵的特征值为 $\lambda_1=-q$,$\lambda_2=-r-q$。由于 $q>0$,$r>0$,根据李雅普诺夫第一定理,若特征方程的根具有负实部,则方程组的零解是渐近稳定的。所以,可以得出非线性微分方程组(8.1)的解具有渐近稳定性。

8.2 不同情境下产业技术创新战略联盟知识转移效率分析

截至 2018 年底,我国工业互联网产业联盟已经拥有成员单位

100余家,该系统已经逐步形成了多方联动的产业生态,其为推进工业互联网发展提供关键支撑,成为产业合作和生态培育的主要平台。该系统中拥有工业企业、信息通信企业等诸多技术领域不同的成员单位,异质性特征较为明显。为了更直观地说明产业技术创新战略联盟中同异质企业之间知识转移的过程和规律,把握系统动态能力和企业特性对知识转移效率的影响,本章参考工业互联网产业联盟成员特征,设置初始状态下产业技术创新战略联盟内拥有企业数量 $N=130$ 家,其中缺乏知识的同质企业数量 $S_1=70$ 家,占总企业数的 54%;缺乏知识的异质企业数量 $S_2=30$ 家,占总企业数的 23%;转移主体企业 $I=20$ 家,占企业总数的 15%;独立企业 $R=10$ 家,占总企业数的 8%。其他参数设置如下:$q=0.2$,$p=0.75$,$c=3$,$\gamma=0.02$,$\beta_1=0.2$,$\beta_2=0.5$,$\alpha=0.5$。计算得出:$\dfrac{\beta_1\alpha}{c}=0.033$,$\dfrac{\beta_2\alpha}{c}=0.083$。

8.2.1　企业转移意愿对知识转移效率的影响

由图 8-2 可以看出知识转移意愿对同异质企业间知识转移效率的影响。图 8-2(a)中 $\beta_2>\beta_1$,即异质企业间的转移意愿高于同质企业时,缺乏知识的异质企业数量会以较快的速度下降至接近 0,缺乏知识的同质企业数量则经历较大趋势的下降后稳定在 5 家左右未完成转移。此时,稳定状态下知识转移主体的数量接近 115 家。产生以上情况的原因是由于同质企业间存在行业竞争因素,为了提高市场占有率,知识转移主体在知识转移过程中出于对自身利益和行业地位的保护,往往会产生懈怠、阻碍、刁难等情绪,且有意保留核心知识,最终导致缺乏知识的部分同质企业无法学习到新知识。相比之下,由于跨领域技术知识对异质企业的吸引,转移意愿 β_2 则相对较高,随着知识转移的不断进行,双方不断熟悉,缺乏知识的异质企业基本上都获得了成功转移。相反,当

$\beta_2 < \beta_1$ 时,即当同质企业知识转移意愿高于异质企业时,由图 8-2(b)可以看出,系统当中知识转移效率获得显著提升,知识转移速度加快,稳定状态下缺乏知识的企业数量都降到了较低范围,转移主体的数量也达到近 120 家。这说明同质企业之间的知识转移意愿对产业技术创新战略联盟知识转移效率起主要的决定作用。

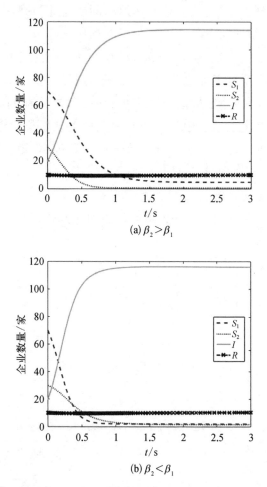

图 8-2 知识转移意愿对知识转移效率的影响

8.2.2　企业知识距离对知识转移效率的影响

图 8-2(a)是初始状态下 $c=3$ 时知识转移的结果,图 8-3 中 $c=6$,比较两图不难发现知识距离对知识转移效率的重要影响。初始状态下,当知识距离为 3 时,稳定状态下知识转移主体的数量达到 115 家左右,缺乏知识的同质企业最终剩余 5 家左右,而此时缺乏知识的异质企业基本都成功完成了转移。当知识距离增加至 6 时,从图 8-3 可以看出,创新生态系统中企业知识转移效果明显不如之前,缺乏知识的同异质企业最后均有一定数量的遗留,稳定状态下知识转移主体数量只有 110 家左右,而此时创新生态系统中独立企业的数量出现增长趋势,这说明知识距离的增加不仅会降低系统知识转移效率,知识存量的差距过大使得企业的知识转移意愿下降,最终导致部分企业退出知识转移系统。图 8-4 更为直观地反映出知识距离与知识转移主体数量的相互关系。知识距离的增加导致知识转移主体数量呈下降趋势。

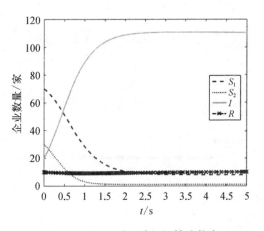

图 8-3　$c=6$ 时系统知识转移状态

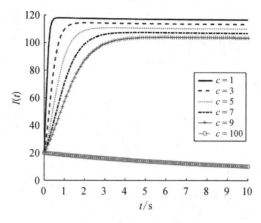

图 8-4　c 变化对 $I(t)$ 的影响

另一方面,由于知识转移率 $\frac{\beta\alpha}{c} \in [0,1]$,而 $\alpha \in [0,1]$,$\beta \in [0,1]$,所以可以推出 c 的取值范围为 $c \geqslant 1$,从图 8-4 可以看到,当 $c=100$,创新生态系统中的知识转移结果出现根本性变化时,知识转移主体的数量迅速下降,这说明知识距离过大会导致创新生态系统正常的知识转移机制被破坏,使知识转移主体数量不断减少。由此可以看出,合理的知识距离是企业成功进行知识转移的重要前提。

8.2.3　动态调整能力对知识转移效率的影响

在创新生态系统的发展过程中企业成员随时可能会发生更替变化,这是系统动态性的重要体现。图 8-2(a)和图 8-5 检验了新进入企业性质对系统知识转移效率的影响。比较图 8-2 和图 8-5 可以看出,当外部企业进入创新生态系统时,对知识转移主体来说,异质企业相比于同质企业更受欢迎。当新进入企业为异质企业的概率较大时,可以明显看出,知识转移主体的数量会增加到接近 120 家并保持稳定,此时的创新生态系统中除了 10 家独立企业外,缺乏知识的企业均完成转移,这体现了异质企业对创新生态系统内知识转移的促进作用,异质企业进入系统会带来新的技术知识、管理制度等,可以推动创新和知识转移,这与上文所得结论也是一致的。

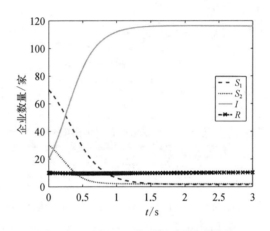

图 8-5　$p=0.25$ 时系统知识转移状态

另一方面,观察图 8-6,当创新生态系统中企业进入、退出系统时,知识转移主体企业的数量均会出现增长,这说明此时缺乏知识的企业大部分实现了有效转移。但是由图 8-6 可以发现,转移主体的数量由刚开始的急剧上升趋势转为下降趋势,这说明当创新生态系统的动态调整能力较强时,对系统知识转移具有促进作用;相反,如果系统中的企业成员长期固定不变,也会阻碍知识转移的进行,$q=0.1$ 是创新生态系统动态调整能力的一个临界值。

本章在知识背景差异下研究企业知识转移意愿、知识距离及系统动态调整能力对产业技术创新战略联盟企业知识转移效率的影响。通过构建产业技术创新战略联盟知识转移模型,对不同情境下的知识转移过程进行演化分析,得出以下结论与启示。

(1) 同质企业知识转移意愿对知识转移效率起主要决定作

第8章 产业技术创新战略联盟知识转移效率的影响机制研究 | 201

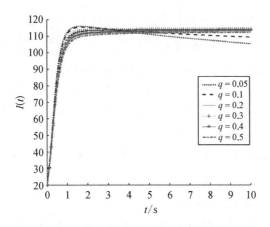

图8-6 q 的变化对 $I(t)$ 的影响

用。当同质企业间转移意愿高于异质企业时,系统知识转移效率会明显提高,知识转移主体的数量也更多;反之,如果同质企业转移意愿不及异质企业,系统当中始终存在一部分缺乏知识的同质企业无法完成知识转移。因此,提高同质企业之间的知识转移意愿对突破产业技术创新战略联盟知识转移效率的瓶颈具有重要意义。因此,产业技术创新战略联盟应当建立开放、交流、信任的组织文化,巩固同质企业间的合作信任关系,进一步提高同质企业之间的知识转移意愿,消除同行业之间过度保守的沟通壁垒,充分利用相同的技术路径优势,共同聚焦于产业技术难题,推进企业间知识转移效率的提升。

(2) 企业知识距离和知识转移效率呈非线性关系。当企业间知识距离较小时,缺乏知识的企业大部分可以成功获得知识并转变为知识转移主体;但是随着知识距离的增加,知识转移效率开始下降,知识转移主体的数量也会不断减少,同时部分企业开始放弃知识转移而转变为独立企业,退出当前知识转移系统。当知识距离扩大到一定程度时,系统正常的知识转移机制被破坏,参与知识转移的企业数量骤减。因此,产业技术创新战略联盟中的企业应当加强沟通合作,弥补企业间因技术领域不同而产生的知识差距,缩短企业间的知识距离,从而更好地促进企业知识转移与合作。

（3）提高异质企业比例对系统知识转移效率优化作用明显。与同质企业相比,异质企业的加入为产业技术创新战略联盟带来多样化的知识和技能,可以促进企业之间的知识共享和转移。因此,产业技术创新战略联盟在发展过程中应当重视对外部优秀异质企业的吸收,拥有跨界技术知识的异质企业会为系统注入创新活力和动力,加强企业间的跨界合作会对产业技术创新战略联盟知识转移产生深刻影响。

（4）增强系统动态调整能力有助于提升系统知识转移效率。当产业技术创新战略联盟动态调整能力较强时,缺乏知识的企业均能实现较高比例的转移。反之,如果产业技术创新战略联盟内的企业成员长期比较固定,缺乏竞争淘汰机制,会降低系统知识转移效率。因此,应当在产业技术创新战略联盟中建立良性有序的人才流动机制和优胜劣汰的竞争机制,主动培养和提升动态调整能力并适应环境的变化,重视对外部优势资源的吸收,激发各类企业的创新创造活力,建立产业竞争生态,充分发挥动态能力对企业技术创新的推动作用。

第9章
网络视角下产业技术创新战略联盟的知识转移创新机制研究

9.1 网络的概念及网络视角下组织间知识转移的含义

9.1.1 网络的概念

米切尔将社会网络界定为一群特定的个人之间的一组独特的联系。普特南等则认为,社会网络是由提供诸如信息等各种资源的联系所组成的,是主体获取信息资源、社会支持以便识别与利用机会的机会结构。网络的主体可以是个人也可以是法人(经济组织和社团等)。联系强度、网络聚类以及网络规模等网络特点对知识转移都有影响。

杨玉兵等认为,网络是各种行为主体之间在交换资源、传递资源活动过程中发生联系时而建立的各种关系的总和。在分析视野中,网络被抽象为节点(有时也称为顶点或结点)以及边(节点之间的关联,也称为连边、联结等)的集合。网络形式的系统[在很多数学文献中也称为"图(graph)"]随处可见,例如,因特网、社会网络、组织网络、公司间商务关系网络、神经网络、新陈代谢网络、食物网、分布网络(如血管分布或邮政运输路线分布)、论文之间互相引述而形成的网络,以及其他种种形式。

通过网络结构的实证研究可以把网络分为社会网络、信息网络、技术网络和生物网络四类。社会网络分析中所说的"节点"指的是各个社会行动者(social actor),"边"是行动者之间的各种社会关系。在社会网络研究领域,任何一个社会单位或者社会实体都可以看成是网络中的节点,例如,个体、公司或者集体性的社会单位。按照 Hakansson 的观点,网络应该包括三个基本的组成要素:行为主体、活动的发生、资源。

网络节点的连边则包含了网络成员间多元化的联系类型,可以分为三类,分别是:基于信任的社会联系、基于契约的市场联系和基于联盟的交易联系。网络中的活动包括网络中行为主体内部知识、信息等的传递活动、企业外部的交易活动、连接到企业外部的活动,以及整个网络中行为主体之间的信息、知识、技术等资源和生产要素的流动等相关活动;网络中的资源则包括物质资源(机械设备、原材料等)、金融资产、人力资源(一般劳动力、高素质管理者和知识型专家等)、知识资源等。

9.1.2 网络视角下组织间知识转移的含义

组织间的知识转移就是知识流从知识源组织进入到知识接受组织的过程,知识转移动力不仅受知识转移主体的影响,也必然与知识转移网络整体结构及其具体特征紧密联系。

总结上述网络和知识转移的概念和含义,考虑本章的研究角度和范畴,本章将网络概念界定为:知识转移过程中,组织间通过正式和非正式合约将自身和其他组织联系在一起,从而形成的以相互信任和长期合作为基础的不断进化、不断优化的正式或非正式知识转移网络,其具有一般网络应有的三个基本组成要素:行为主体、活动的发生、资源(主要是知识),行为主体主要包括企业、政府部门、金融机构、高校和科研机构以及中介组织等。

9.2 网络结构对组织间知识转移的影响研究

9.2.1 网络结构与组织间知识转移的关系分析

总结国内外相关研究成果可以发现，现有研究已在微观层面上探讨了网络中组织间的知识转移过程，并可以得出确定的结论，即知识转移过程中所形成的网络结构确实存在，并且对知识转移的路径、模式和动力产生重要影响。

从现有研究成果还可以看出，企业的竞争优势来源于对特定知识的需求。但大多数隐性知识都具有高转移障碍性，难以像显性知识那样较为容易地进行转移和流动，从而决定了知识不可能都通过传统的市场交易途径获得，而网络结构在转移这些特定知识方面具有高效性，从而使得知识转移成为形成网络结构的主要动力，此时，知识转移与网络结构是一种因果关系。同时，网络结构提供了组织间学习的条件，它使企业可以占有和内化其他伙伴组织的资源，即网络结构又提供了知识转移的功能，此时，两者又是一种功能关系。这两种似乎不相关的关系其实只是一枚硬币的两面，即知识转移促成了网络结构的形成，而网络结构的知识转移功能又是这一因果关系的直接原因。

9.2.2 网络结构对组织间知识转移的影响分析

1. 网络结构对组织间知识转移的积极影响分析

分析网络结构特征和知识转移本质，可以发现，网络结构对组织间知识转移的积极影响主要表现在三方面：拓宽了知识转移路径、为协调各成员行为提供了平台、降低知识转移成本。

(1) 网络结构拓宽了组织间知识转移的路径

传统知识转移研究的焦点几乎都是从知识转移的基本要素和单个知识转移组织的角度出发,而忽略了各个组织在形成和发展过程中与其他组织所形成的特定网络关系。相较于传统知识转移模式(见图9-1),包含了其他企业、科研机构、金融机构、政府、以及中介咨询机构等行为主体的知识转移网络结构不仅提供了知识直接从发送方转移到接收方的一般路径,而且提供了知识间接地通过其他组织转移到知识接受组织的不同途径。

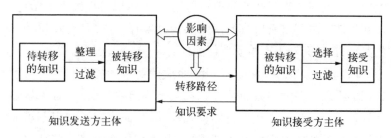

图9-1 传统理论中组织间知识转移的基本模式

此外,上述网络成员在知识转移过程中因长期合作而形成的网络结构中必然存在着强联系和弱联系。按 Burt 的观点,强联系指主体之间频繁互动所形成的联系,弱联系指主体之间比较松散的联系,而隐性知识的转移就需要各参与主体间经常性大量的交互作用。因此,网络结构中的强联系必然扩展了组织间隐性知识转移的路径范围,这一观点在实践上也得到了证实,如丰田供应商网络的成功之处不仅在于其建立了一个高效的知识共享网络,还在于该网络中隐性知识的有效转移。而弱联系的存在对于需要显性知识的项目是有优势的,因为弱联系不仅是组织间显性知识转移的通道,而且还可以低成本维持。总之,网络结构不仅通过知识转移中介的方式,还通过网络内部的强弱联系拓宽着组织间知识转移的路径。

(2)网络结构为协调组织间知识转移过程中的成员行为提供了平台

知识转移是一个系统工程,仅仅有知识发送者和接受者,只是知识转移完成的必要条件,只有知识转移网络中各成员协同合作,才可保证知识转移的顺利完成。如图9-2所示,网络结构中,不仅知识流动的可选路径增加了,而且这种协同合作的网络结构为知识转移提供了必要的保障,同时也提供了协调知识转移过程中各成员组织行为的条件,即以这种特定的正式或非正式关系为基础的网络关系平台上的协同合作。

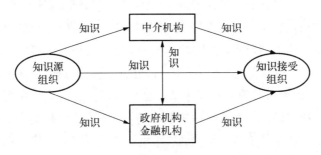

图9-2 网络结构中知识的流动

这一平台效应还体现在,网络中拥有各成员彼此信任产生的社会资本和网络结构为网络成员提供的"共同身份"。相互信任和长期合作是网络结构存在的基石,一个高度内关联、拥有强关系链的知识转移网络,其冗余关系链使网络成员更容易分配潜在的知识价值,强关系链又产生了促进隐性知识转移的信任,即社会资本。而"共同身份"在降低知识转移过程中的交易成本的同时,还能建立明确的、默会的网络内部的协调规则,使网络中组织间的知识转移在各成员协同合作下有序有效地进行,从而使知识转移更有效率。这些都是对网络结构为协调各成员主体行为所提供的平台作用的阐释。

(3) 合理的网络结构能够降低组织间知识转移成本

合理的网络结构会由于网络中成员的专业分工从而使知识转移的成本降低。正如经济学之父亚当·斯密指出的那样,专业化分工会提高生产的效率,而这一规律在网络中组织间的知识转移过程中同样适用。在一般的企业网络中,不可避免地会拥有科研机构等知识源组织、企业等知识接受组织,以及金融机构、中介机构和政府等组织,而这些不同性质的组织对于知识转移过程均有着不同的特殊作用,通过有效地协调和分工以及正确地运用这一网络关系,较之于只有知识发送方和知识接收方的传统模式,知识转移的成本必然会降低。如图9-3所示,在理想的条件下,知识源组织只负责生产和创造知识,而转移过程所需的资金等由银行等金融机构专门负责,中介机构可以以代理的身份从事知识转出或转入的中介服务,此种情况下,政府的职能应是提供导向和政策支持,知识需求者的主要任务只是提升知识接受能力。在网络规模所需的协调成本不高于一定程度时,这种知识转移模式定然会降低知识转移的成本。而协调成本可以通过对网络规模的控制而可控,直到达到一种平衡下的稳定状态。

如果分别用 C_N 表示网络结构中知识转移的总成本,C_T 表示非网络状态下的知识直接由发送方转移到接收方的总成本,V 表示被转移知识的总价值,X_n 表示网络条件下知识有效转移时各成员所投入的资源总量,X_s 表示网络规模(可通过网络结构中成员数量衡量),X_d 表示非网络状态下知识转移过程中所投入的要素总量,则有:

$$C_N = \phi(V, X_n) + g(X_s) + Z \qquad (9.1)$$

$$C_T = f(V, X_d) + b \qquad (9.2)$$

当被转移知识的价值 V 一定时,式(9.1)和式(9.2)可分别表述为:

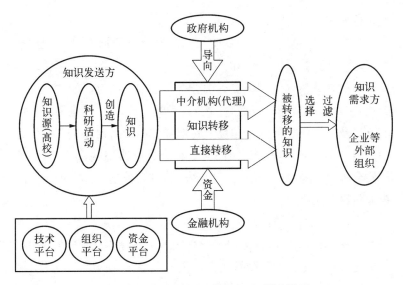

图 9-3　网络结构中组织间知识转移模型

$$C_N = \phi(V, X_n) + g(X_s) + Z = \alpha X_n + a X_s + Z$$

$$C_T = f(V, X_d) + b = \beta X_d + b$$

其中，$g(X_s)$ 表示协调成本，一般认为，网络规模 X_s 越大，协调成本也越高；Z 表示网络条件下知识转移过程中的其他成本，α、β 分别表示要素 X_n、X_d 的平均价格；a 是成本 C_N 对网络规模大小的敏感系数；b 表示非网络条件下知识转移过程中的其他知识转移成本。

当 $g(X_s)$ 因网络规模过大而过高时，协调成本就会抵消网络结构中因专业分工而使转移降低成本的效果，从而导致 $C_N > C_T$，此时，选择直接转移或者降低网络规模是更好的选择。当 $C_N = C_T$ 时，网络结构对降低知识转移成本没有影响，协调成本抵消了所有专业分工的效果。实际上，此时的网络结构是其规模的上限。当 $C_N < C_T$ 时，表示专业分工对降低知识转移成本具有

积极影响。

当然,并不是所有的知识转移过程都需涉及所有这些网络成员,作为转移过程的主体,知识发送者和接收者可按照实际情境选择合理的转移模式。为了更好地分析网络结构如何降低知识转移成本,本章分别从知识发送(生产)方、知识接收方、其他网络成员的支持及知识创新等几个角度进行阐释。由于高校和企业分别作为一般意义上的知识源和知识接受组织具有典型性,也符合一般的研究思维,本章以高校作为知识发送组织、企业作为知识接受组织分析这一论点。

在网络条件下的知识转移过程中,知识需求者通过已建立联系的中介服务机构将知识需求信息发送给特定的高校等知识创造主体,高校就会按照发送方的要求设计具体的研究方案、组织专门人才进行研究,最终"生产"出需求者所需"知识产品"(图9-3)。当然,如果这种知识本已存在,那在其他条件协定好的情况下便可直接转移。在这一过程中,高校等知识源组织不需要寻求科研成果的外部需求者、只需按照要求进行知识的创造和转移,这就减少了科研项目的盲目性、科研经费以及人力资本的浪费等问题,实际上这也是知识转移过程中亟待解决的突出问题。同时,由于专向的反馈(通过代理机构)可以使高校更好地改进管理方式和研究模式,可在降低发送成本的同时,提高知识再生产的效率。

对于作为知识接受方的企业而言,中介代理机构的存在不仅省去了他们寻求合理的知识源组织的时间和精力,而且减少了对转入的知识进行整理和转化的难度和工序,因为企业可以委托代理机构进行知识源组织的筛选,并将转入的知识按照要求进行整理和显化等。由于中介机构属于专业化的专门服务组织,拥有专业技术和人员,因此可以降低知识接受方获取知识的成本,且可以提高获取效率。

转移过程中知识的发送方和接收方不论是创造知识、发送知识，还是接受知识以至获得中介机构的服务，直到整个转移过程的顺利进行，都离不开资金支持和政府政策的导向。实际上，资金短缺是影响高校知识转移的最大限制因素之一，政府政策也会对知识转移是否进行产生重要影响。

因为科研项目需要资金支持，高校等知识生产组织为了创造接受方所需的知识，必然要有资金资源的保障。无论这一资金由发送方自己筹集获得还是来自知识需求方，银行等金融机构都是一个绝佳的合作伙伴，发送方和接收方均可通过这些金融机构获得其所需资金从而降低筹资成本。对于高校从国家获得的科研经费，诸如国家自然科学基金等，实际上是国家充当知识需求方或中介机构的角色，国家科研经费的发放和划拨也可通过银行等金融机构进行。另外，政府政策的导向功能也会使知识转移过程少走弯路，政府积极倡导和大力推动产学研的合作可以促进知识资源的合理配置。

网络结构增加知识创新的机会是在符合以上分析的基础上才可实现的。对于处于合理分工和有效协调的网络结构中的高校等知识生产者而言，由于不用花费精力追求科研成果、专利等其所创造知识的外部需求者，这就为知识的创新提供了更多的时间和精力支持，而知识生产的目的性增强、资金、政策的保障性以及更有效的反馈都为知识创新提供了更多物质条件。在转移过程中，处于整个知识转移网络的中介机构、金融机构以及政府机构，均获得了向知识最密集、最深广的高校等科研机构学习的机会，这也为他们通过学习创新自身知识创造了更多条件。对于知识转移的最终接受组织而言，网络结构促成的更有效的知识转移结果不仅使得企业知识厚度增加、员工知识水平和技能提高，同时也为知识接受组织的知识创新提供知识源基础。

但是，以上所有分析都必须符合这样一个条件，即知识转移过程中的所有五类行为主体都处于同一网络之中，他们之间通过契约或非契约联系，以相互信任和长期合作为基础，并处于不断进化之中。因为只有各主体均处于这样一种网络中，才可能实现上文所述的有效协调和专业分工，组织间知识转移的成本才可能降低，所有组织的知识创新机会才会增加。

2. 网络结构对组织间知识转移的负面影响分析

合理的网络结构会提高知识转移的绩效，但由于关系性嵌入约束的存在以及网络中容易形成的群体思维和创新惰性，网络结构也会对知识转移模式的发展和创新产生负面影响。

（1）关系性嵌入约束对组织间知识转移的负面影响

自从 1985 年 Granovetter 提出"嵌入性"的概念以来，"嵌入性"已成为新经济社会学家们研究产业集群的重要概念，"嵌入性"分为关系性嵌入和结构性嵌入，关系性嵌入指经济行动者是嵌入于其所在的关系网络中并受其影响和决定。网络中的知识转移，由于所有相关组织都镶嵌于知识转移网中，长时间的合作模式会形成网络成员之间较为固定的相互影响机制，从而促使成员易于形成一种固定的群体思维模式，产生关系性嵌入约束。当网络发展到一定程度时，网络中的成员就可以充分获得网络结构带来的知识溢出和知识外部性的收益。在这种环境下，模仿其他组织的技术变得非常容易，其成本甚至可以忽略不计，其必然会催生组织的创新惰性。这就造成知识需求量的减少、知识创造源的萎缩，以及降低知识转移的社会功能，从而对整个知识转移系统产生负面影响。

（2）网络容易形成结构僵化

Markuse 曾指出，越成功的区域集群，越倾向于发展成一个封闭的系统，其应对市场变化的能力会逐渐丧失。而成熟的知识转移网络也类似于一个集群网络，这一网络结构越成功，就越会趋于封闭和僵化,因为网络成员皆会认为保持当前结构稳定就是最好的选择,从而削弱了组织从网络外部获取信息的动机,阻碍了网络结构持续改进和进化的创新动力,丧失了开放、动态、演化的优势特征,知识的发送和获取的绩效与其他更新更好的转移方式相比有所降低,最终处于落后状态。

9.2.3 网络结构对组织间知识转移的影响机制模型

根据前述分析结果,可以得出图9-4所示的网络结构对组织间知识转移的影响机制模型。

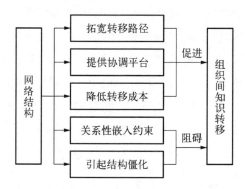

图9-4 网络结构对组织间知识转移的影响机制模型

合理的网络结构可以拓宽组织间知识转移路径,为协调知识转移过程中各成员的行为提供平台,降低组织间知识转移成本,从而对组织间知识转移绩效产生积极效应,而关系性嵌入约束和网络结构容易形成僵化,又会在一定程度上使网络结构对组织间知识转移产生负面影响。

9.2.4 基于网络的提高知识转移的有效性和高效性的建议

鉴于网络结构对组织间知识转移的积极影响和不利影响,镶嵌于网络中的各个组织在知识转移过程中不仅要充分利用网络结构的积极作用，还要促使网络不断地进化和完善。

(1) 保持网络的稳定性。网络结构的稳定性是网络中各成员长期合作的基础，只有在长期合作的基础上，各主体才能获得彼此的信任，而网络成员间高水平的信任代表着更高的网络质量和更低的协调成本。因此，知识转移网络内部要建立合适的网络文化和信任机制。相互信任的增强可以进一步提高网络稳定性，同时也可为降低知识转移成本提供基础条件。

(2) 保持知识转移网络的开放性和动态性。由于知识是一种无法量化的物质，特别是隐性知识，更是难以编码和交流。因此，当一种合作模式获得成功时往往形成前文所述的关系性嵌入约束、结构僵化和创新惰性。保持网络结构的开放性，可以使网络同外部环境保持信息的沟通和反馈，获取最新的竞争信息，产生危机感和紧迫感，从而开发、创新知识转移模式，消除负面影响。而保持动态性则有利于网络组织根据内部和外部环境的变化，不断进行调整，以适应知识转移情境的变化，使网络结构不致陷入僵化。

(3) 保持合理的网络规模。网络规模是指处于特定社会网络中的成员与其他成员之间关系的数量。由于协调成本和交易费用的存在以及知识转移过程中损耗的存在等，过大的网络规模必然会增加知识转移的成本，但是，网络规模过小，又会由于某些功能的缺失而难以产生前文所述的积极效应。所以，保持合理的网络规模是降低知识转移成本的重要环节。

总而言之，在网络条件下的知识转移过程中，需要合理、有效地运用网络在知识转移过程中的优势，保持网络的稳定性、开放性和动态性，并将其控制在合理的规模上，这是发挥网络结构积极影响的基本条件。

9.3 基于协同效应的产业技术创新战略联盟网络的创新机制研究

9.3.1 协同效应的概念

德国理论物理学家赫尔曼·哈肯最早提出协同理论,协同理论认为:协同也可称协作,即协同作用之意,是指在复杂的大系统内,各子系统的协同行为产生出的超越各要素自身的单独作用,从而形成整个系统的统一作用和联合作用。这一定义强调的是在复杂的大系统中,在一定的外部能量流和物质流输入的条件下,系统会通过大量子系统之间的协同作用,在自身涨落力的推动下达到新的稳定,即系统本身所固有的自组织能力。协同具备多个属性特征,最基本的特征是子系统间的资源共享,通过资源共享实现协同效益。

9.3.2 产业技术创新战略联盟的创新过程分析

1. 知识转移与创新的关系

Miller 指出创新的实现有两种情况:一种是知识在量上没有增长,但是经过知识的重新组合,知识的体系发生了根本性的改变;一种是知识量上的增长,在原有的知识基础上,新的知识被创造出来,大部分创新既有在知识量上的增长,也有知识体系的变更与重组。无论哪种创新,知识转移在其中都发挥着重要的作用,知识体系的改变,正是通过知识传递汇集整合的过程实现的,而新知识的创造,也是建立在知识转移的基础上的。组织在创造新知识的过程中,必须首先从多种渠道汇集相关知识,这本身就是知识的学习和转移过程。其次,组织还要对所获得的知识进行转换,以实现社会化、外部化、结合化及内部化的过程,而这些过程与知识的转移都是密不可分的。

首先,知识转移以创新作为直接目的,这一点典型地表现在隐性知识到显性知识的转移上,因为这种知识转移是为了让世人进行分享和利用,特别是那些属于创新的独特的隐性知识的转移表明了创新这一直接目的。其次,创新过程其实就是知识转移过程,知识转移意味着知识所有权与使用权不同程度地发生转移和变化,而知识所有权与使用权的转移和变化必然会造成知识被新的所有者和使用者分享,那么,知识转移过程和创新过程就自然而然地叠加重合在一起了。可以说,知识转移的过程体现了创新,创新的过程融入了知识转移,知识转移意味着知识的转移和流动,这为创新创造了条件。此外,知识转移还意味着知识的利用和价值实现,在这个过程中经常伴随着新知识的发现、发明、创造和应用,这就是创新。

2. 知识联盟网络中的创新过程

首先,知识的转移和内化实现知识的积累。在这一阶段,参与联盟网络的企业将从联盟中通过对知识转移获得的知识内化、整合来实现知识的积累,使自身知识库得以提升。然后,协同创新产生新的联盟知识,知识联盟使互动式学习以及协同创新成为可能,具有不同核心专长的企业结成知识联盟后,联盟内的成员之间不仅容易获得显性知识,同时也能获取隐性知识,并且能逐步将隐性知识转化为显性知识。拥有不同专长的企业为了共同的战略目标而结盟,贡献各自的核心专长,并通过知识联盟这个平台,进行相互的知识转移和学习,通过共享各方的知识,相互启发和探讨,从而产生新知识。这种新知识对联盟来说是联盟的创新成果,对参与联盟的企业来说,他们在实现联盟创新成果的同时,不但可以进行显性知识的转移,还可以通过边干边学实现隐性知识的转移。在这一阶段,通过协同创新共同完成联盟的任务,加深彼此间依赖程度,增强协调解决问题的能力,并能获得自己原先不具有的知识,可为进一步实现自主创新打下坚实的基础。最后,企业自主创新提升核心竞争能力。在这一阶段,企业通过培训等各种活动,把新知识传授给更多的企业员工,使企业内更多的员工通过掌握这些新知识,不断提高自身的能力,从而促进企业整体自主创新能力的不断提升,以增强企业的核心竞争能力,使其自身竞争优势得到不断地增强。

9.3.3 基于协同效应的产业技术创新战略联盟网络的创新机制分析

产业技术创新战略联盟网络可对技术的引进、创新和扩散产生积极的影响。技术创新是产业技术创新战略联盟网络永恒的主题。产业技术创新战略联盟网络能通过对网络资源的合理调配,完成整个产品价值链环节中各个部分的价值增值活动。在成熟的产业技术创新战略联盟网络中,每个节点通过其自身竞争力能力建设,完成与其竞争优势相匹配的附加值活动,以较低的成本完成最大限度的价值增值。通过产业技术创新战略联盟网络,每个节点都把自己难以发挥优势的价值链部分让渡给其他有能力完成的企业,这个利润让渡过程能减少整个网络的成本损耗,提高整个网络的利润率。单个企业的研发投入费用很高,而且需要相当数量的研究人员与研究设备,从整个社会的角度来看,科技投入重复建设的问题也很严重,造成了资源的浪费。通过产业技术创新战略联盟合作,企业与企业之间,企业与大学之间,企业与科研院所之间相互的沟通与协调能在很大程度上解决这一问题。合作创新的开展能有效弥补单个节点在进行独自研究开发时人员、设备以及技术上的缺口,保证研发的有效进行。产业技术创新战略联盟实现了企业自身与其他节点技术资源的互补和共享,每个节点都是产业技术创新战略联盟网络技术要素的构成部分,每个节点都能享受整个网络技术进步所带来的收益,这必然使得每个企业都能在网络中获得超越依靠其自身力量所能达到的水平,使其技术水平不断迈向更高的台阶。此外,产业技术创新战略联盟的有效进行还能使企业利用大学和科研院所的各类科技资源,通过合作创新提高企业自身的技术能力,通过成员互动、人员交流等形式不断增强自己的应用研究能力,这种互动能极大地提高社会的知识水平,实现科技投入、科技应用和科技产出的高水准、高效益。

优先的发展政策、优惠的财税政策以及强有力的支持政策能有效地扶持企业的发展。我们通常对政府的作用理解成后台与支持,这自然是政府应该做好的工作,但在产业技术创新战略联盟中,政府还应该发挥更大的作用。波特认为从事产业竞争的是企业,而非政府,竞争优势的创造最终必然要反映到企业上,政府无从决定应该发展哪项产业,以及如何使企业达到最适当的竞争优势。政府能做的就是提供企业所需要的资源,创造产业发展的环境。本章认为在培育产业技术创新战略联盟,打造地区与国家产业优势的过程中,政府应该走得更远一些,在很多方面应该发挥更为积极的作用。政府除了发展基础设施、开放资本渠道、提供快速便捷的公共服务,还应该通过政府采购、国家科技计划以及各种优惠政策等方式对产业技术创新战略联盟活动进行引导与支持。政府采购能为合作初期的产品提供市场支持,积累用户经验,培育市场需求。国家科技计划能在国家层面调动各类科技资源,整合科技力量,为大型的基础研究、应用研究等提供政策平台与长期支持,推动科技的长期进步。优惠政策具有更广泛的普惠性,能在促进产业技术创新战略联盟、推动合作创新方面起到强而有力的作用。各种税收优惠政策、折旧政策、固定资产投资政策以及研发投入促进政策等能直接有效地降低企业的研发成本,鼓励企业以联盟知识转移的形式来进行研究与开发,从而提升整个国家和地区的联盟知识转移水平。反过来,随着产业技术创新战略联盟网络的不断演化,各种体制也不断成熟,逐渐地这些政府行为将能更好地融入整个产业技术创新战略联盟网络的过程中,从而推动技术创新的不断进步和社会知识的不断积累。

第10章
产业技术创新战略联盟的知识转移实现路径研究

知识经济时代,知识成为社会组织最重要的战略资源和长远竞争优势的唯一源泉,知识转移已经成为各组织获取知识的最佳途径。同时,全球化进程和科技进步不断推动着组织之间竞争的升级和合作的盛行,竞争的加剧促使各个组织都以获取知识作为其核心战略,合作的盛行则必然促使各组织不断将自身和外部组织联系在一起,从而镶嵌在特定的正式或非正式网络之中。因此,现实中组织间的知识转移都是在特定的网络中进行的,从网络视角研究知识转移有着重要的理论意义和实践价值。

知识转移是一个动态过程,其不会自动发生。现有成果对于知识转移的研究主要集中在组织内部和组织之间的知识转移两个方面,鲜有学者挖掘知识转移的动力机制,从网络视角探究知识转移动力机制的研究就更为稀缺。我们以产业技术创新战略联盟网络中知识转移的两个关键核心主体——知识源组织和知识接受组织为着眼点,从网络的视角分析组织间知识转移的动力机制。本章运用演化博弈思想分析组织间知识转移的动态过程并构建过程模型;通过构建知识转移网络的立体结构模型,分别从知识转移内部核心网络、知识转移外部支撑网络、整个知识转移立体网络的角度分析组织间知识转移动力的产生和形成机理,并在此基础上提出网络视角下组织间知识转移的动力机制模型。

10.1 网络视角下的产业技术创新战略联盟组织间知识转移动态过程研究

10.1.1 组织间知识转移的动态网络模型

一般地,网络都包含三个基本的组成要素:行为主体、活动的发生、资源。在网络内部,行为主体(节点)不仅包括个人、单个企业或一个企业群,还包括政府部门、金融机构、高校等科研机构以及中介组织等。由于本章中的网络是指在知识转移过程中,组织间通过正式和非正式合约将自身和其他组织联系在一起,从而形成的以相互信任和长期合作为基础的,不断进化和优化的正式或非正式网络结构,因此,其具有一般网络应有的基本组成要素。其中,通过知识流联系在一起的代表一般意义上的知识源组织的高校及科研机构、参与知识转移的中介组织及代表知识受让方的企业,及其之间的相互联系构成了组织间知识转移的内部核心网络,而对知识转移起外部支撑和支持作用的、相互联系的政府、金融机构等其他组织形成了组织间知识转移外部支撑网络,该内部核心网络和外部支撑网络共同构成了组织间知识转移的完整动态网络结构,如图10-1所示。

由于知识转移是一个动态的过程,且现实中的特定组织网络总是处于变化状态,图10-1所示的模型是组织间知识转移动态网络模型,该模型是对现实网络的简化,没有将具体的网络组织包含在其中,因此,构成的是一个平面模型。下文的分析就是在此模型的基础上进行的。

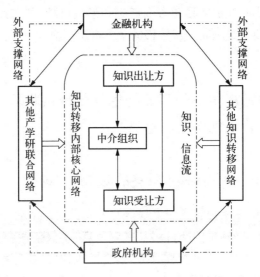

图 10-1 组织间知识转移的动态网络模型

10.1.2 网络视角下产业技术创新战略联盟组织间知识转移动态过程分析

对网络视角下知识转移过程机制的分析只涉及直接参与知识转移的各主体,而不考虑其他外部条件及不直接参与的其他组织,因此,下述博弈模型的构建是在对实际知识转移网络结构和转移过程简化的基础上进行的。

1. 模型假设条件

(1) 博弈模型中的三类参与主体分别为处于核心网络中的知识源组织 S、中介组织 I、知识受让方 E(文中的知识受让方是指以企业为代表的所有知识需求组织的集合,而不具体指某一个企业或知识需求组织),而政府、金融机构等组织处于外部支撑网络中,不直接参与知识转移,只起支撑作用,为了讨论的简化和结论更明了,其不在模型中涉及。

(2) 知识源组织转出知识只有两种途径，分别为通过中介进行转移和不通过中介直接转移；中介接受知识出让方的委托后可以选择转给受让方，也可以选择不再转出；不论是知识源组织直接向外转移还是通过中介进行转移，知识受让方均有两种选择：接受或不接受。

(3) 知识的总价值为 V，即只要知识转移成功，知识出让方 S 可获得的收益为 V（未扣除出让方的转移成本）。

(4) 直接转移时无论受让方最终是否接受，知识源组织必须付出的寻找知识需求方以及进行谈判等交易费用为 C, $C \leqslant V$。

(5) f 代表知识出让方付给中介机构的费用占知识价值 V 的比例，即当知识通过中介成功转移给受让方后，知识出让方要付给中介机构 fV 的费用（$0 < f < 1$），而当受让方未接受中介转出的知识时付给中介的费用为 T。

(6) 中介成功转让知识后，除了获得 fV 的服务收入，还可获得声誉、经验等无形收益，假定其价值为 O，另外其要付出的成本为 C_i，而未外转和受让方未接受知识时其所付成本均为 C_f；因而，中介组织在成功转出知识后，获得的总收入为 $(fV+O-C_i)$，外转但知识未被接受时的总收入为 $(T-C_f)$，未外转的收益为 $-C_f$。

(7) 企业等知识受让方接受被转移的知识所获得的净收益为 M。

(8) 知识最终未转移给受让方时，出让方所得为 $-T$，受让方所得收益为 0。

(9) 以上假设参与三方均清楚。

2. 构建三类主体演化博弈模型

根据以上假设，可以构建三方动态博弈模型，分析过程如下：

(1) 参与主体：知识出让方（知识源组织）、中介组织、知识受让方（以企业为代表的知识需求方），分别用 S、I、E 表示。

(2) 各参与主体的策略空间：S 为{通过中介,直接转移}；I 为{外转,未外传}；E 为{接受,不接受}。

(3) 参与主体的行动顺序：根据知识转移的一般程序，以及为了使讨论结果明了，本章假定的各主体行动顺序为：S 先采取行动，然后 I 再行动，最后是 E 采取行动。当然，现实中的行动顺序也可能是刚好相反，但是分析方法没有本质不同，因此本章仅依据前一顺序进行分析。

(4) 各参与主体的信息集：S 通过中介进行知识转移的概率为 P_0，直接转移的概率为 $(1-P_0)$；I 外转知识的概率为 P_1，未外转的概率为 $(1-P_1)$；受前述主体行为的惯性影响，E 接受被转移知识的概率为 P_2，不接受的概率为 $(1-P_2)$，其中，$0 \leqslant P_0$，P_1，$P_2 \leqslant 1$。

(5) 在各主体选择不同策略条件下的知识转移路径，分别表示为：①、②、③、④、⑤。

根据以上假设和分析，可以得出图 10-2 所示的博弈树结构：

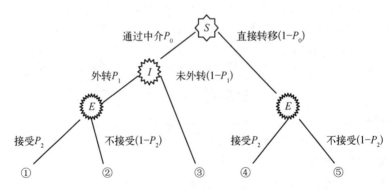

图 10-2 网络视角下组织间知识转移的博弈树模型

按照前述假设和分析，以及图 10-2 所示的博弈树模型，分别用 Π_S、Π_I、Π_E 代表出让方、中介组织、受让方在各路径下的收益，可以得到各主体的收益函数和相应的概率（见表 10.1）。

在表 10.1 中,不仅给出了各策略选择路径下各参与主体的收益函数,还给出了其相对应的概率,但想要清楚了解整个知识转移过程中参与各方的决策机理和依据,以及知识转移的整个过程机制,还必须分析各主体的最终收益,并求出三方的均衡解。

表 10.1　不同策略选择下各主体的收益函数和概率表

序号(路径)	收益函数 Π_i (i=S、I、E)	概率
①	$V-fV, fV+O-C_i, M$	P_0, P_1, P_2
②	$-T, T-C_f, 0$	$P_0, P_1, 1-P_2$
③	$0, -C_f, 0$	$P_0, 1-P_1, 0$
④	$V-C, 0, M$	$1-P_0, 0, P_2$
⑤	$-C, 0, 0$	$1-P_0, 0, 1-P_2$

3. 均衡分析

根据上述分析,可以得出知识转移过程中各参与主体的收益函数。

(1) 以企业为代表的受让方 E 的期望收益:

$$E(\Pi_e) = P_0 \times P_1 \times P_2 \times M + P_0 \times P_1 \times (1-P_2) \times 0 + P_0 \times (1-P_1) \times 0 + (1-P_0) \times P_2 \times M + (1-P_0) \times (1-P_2) \times 0$$

化简可得:

$$E(\Pi_e) = P_0 P_1 P_2 M + P_2(1-P_0)M$$

显然,当其他条件一定时,要使 $E(\Pi_e)$ 最大,必须使 P_2 达到最大,而 P_2 最大取值为 1,即使 $E(\Pi_e)$ 最大时

$$P_2 = 1 \tag{10.1}$$

这一结果不仅是上述知识受让方期望收益函数显示的结果,

也与现实的知识转移实践相符合。作为知识需求方,在知识转移过程中要获得最大收益,前提条件必然是接受被转移的知识,从而达到参与知识转移的目的。若其不接受被转移的知识,在付出一定费用并承担相关的机会成本的同时却不会得到任何收益。因此,参与知识转移过程的知识需求方,要获得最大收益的最佳选择是接受并获得知识。当然,其可选择获得知识的不同转移渠道,如本章所述的直接转移和通过中介进行转移等。因此,这一结果符合实践中的经济意义。但现实中必定存在知识受让方因其他条件或原因不接受被转移知识的情形,但与本章的分析关联较小,因此这里不予讨论。

(2) 作为出让方的知识源组织 S 的期望收益为:

$$E(\Pi s) = P_0 \times P_1 \times (1-P_2) \times (-T) + (1-P_0) \times P_2 \times (V-C) + P_0 \times P_1 \times P_2 \times (V-fV) + (1-P_0) \times (1-P_2) \times (-C)$$

化简可得:

$$E(\Pi s) = P_0 P_1 P_2 (1-f)V + P_0 P_1 P_2 T - P_0 P_1 T + P_2 V - P_0 P_2 V + P_0 C - C$$

要使得 $E(\Pi s)$ 最大,则需 $\partial E(\Pi s)/\partial P_0 = 0$,即,

$$\partial E(\Pi s)/\partial P_0 = P_1 P_2 (1-f)V + P_1 P_2 T - P_1 T - P_2 V + C = 0$$

将式(10.1)代入上式,可以得出:

$$P_1 = \frac{V-C}{(1-f)V} = \frac{1-C/V}{1-f} \qquad (10.2)$$

根据模型假设条件,V 为常数、$C \leqslant V$,因此中介组织外转知识的概率与 C 呈反方向变动,而与 $f(0 < f < 1)$ 同方向变动,与

其他条件无关。

情形 1：当 f 确定，P_1 会随着 C 的增大而变小。这也说明，在一般情况下，知识源组织直接转移特定知识需要的交易成本较高时，中介组织在外转这些知识时面临的交易费用也较高。因此，交易成本会对中介外转知识产生阻碍作用。

情形 2：当 C 确定时，中介组织是否外转知识主要取决于成功转移知识后可以获得的报酬比例 f 的大小，f 越大，外转知识中介可得的报酬越高，因此会激励其尽可能地外转知识。

情形 3：当 f 确定，C 较小时，知识源组织应直接转移知识而不需寻求中介。假设当 $C=0$ 时，直接转移可以比通过中介转移多获得 fV 的收益，因为这部分不需要付给中介，而当 C 在一定范围内时，知识源组织选择通过中介进行转移会更有利。

（3）中介组织 I 的期望收益为：

$$E(\Pi_I) = P_0 \times P_1 \times P_2 \times (fV + O - C_i) + P_0 \times P_1 \times (1 - P_2) \times (T - C_f) + P_0 \times (1 - P_1) \times (-C_f)$$

化简可得：

$$E(\Pi_I) = P_0 P_1 P_2 (fV + O - C_i) + P_0 P_1 (1 - P_2)(T - C_f) - P_0 C_f + P_0 P_1 C_f$$

将式(10.1)、式(10.2)分别代入上式，可得：

$$\begin{aligned} E(\Pi_I) &= P_0 P_1 (fV + O - C_i) - P_0 (1 - P_1) C_f \\ &= P_0 \frac{V - C}{(1 - f)V}(fV + O - C_i) - P_0 C_f \frac{C - fV}{(1 - f)V} \end{aligned}$$

显然，当 P_0 的取值对 $E(\Pi_I)$ 的大小起决定作用时，根据模型的假设条件和知识转移的博弈树模型，可以容易地得出：

P_0 的取值取决于 $\lambda = [fVP_1 P_2 + P_1(1 - P_2)T] - [C - fVP_2 + (1 - P_2)C]$ 的值。将式(10.1)、(10.2)代入前式，可得：

$$\lambda = fV\left[\frac{V-C}{(1-f)V}+1\right]-C = \frac{fV(2-f)-C}{1-f} \quad (10.3)$$

当 $\lambda>0$ 时,$(1-f)>0$,因此,只需 $f(2-f)V>C$,则前式成立。此时,通过中介进行转移的平均成本大于知识源组织直接进行转移的成本,知识出让方将不通过中介进行转移。知识出让方会自己直接寻求知识需求方并进行转移,而不需通过中介,这种情况下 $P_0=0$。

当 $\lambda=0$,即 $f(2-f)V=C$ 时,两种途径的转移成本没有差异,出让方可能直接转移,也可能通过中介进行。

当 $\lambda<0$,即 $f(2-f)V<C$ 时,通过中介进行转移的成本较低,知识出让方可通过中介进行知识转移。此时,$P_0>0$。

上述分析分别从知识受让方、知识出让方,以及中介组织等主体的角度,给出了其各自的期望收益函数,并分析了其各自的策略选择及收益最大化的条件和影响因素,较为完整地分析了整个知识转移的过程机制。根据上述分析,提出一些对策和建议,以期促进知识转移过程效率的提高和转移效果的提升。

10.1.3 网络视角下组织间知识转移策略分析和相关建议

1. 策略分析

从前述简化后的网络视角下知识转移演化博弈模型以及对各核心参与主体的博弈均衡分析,可以得出如下结论:

(1) 只要有利可图,知识需求方不会拒绝被转移知识。只有从知识转移中获取知识,企业等知识需求方才可能在知识转移过程中实现最大收益。不同转移渠道,如通过中介和不通过中介等,都会对知识需求方获取知识的成本产生影响,但绝大多数情况下不会否定前述结论(这里我们假定企业等知识受让方从知识转移过程中获得的知识是有效的、适合受让方组织的,不包括需求方获得后才发现所得知识不适合自身或难以实现现实价值等无效知识)。

(2) 无论知识转移是否通过中介进行,都会存在寻找合适的知识需求方以及谈判等信息费用和交易成本之和 C,而且会对知识出让方和知识转移中介的决策和行为产生关键影响。由式(10.3)的结论可以看出,C 越大,知识源组织不通过中介直接向外转移知识的概率越小;从式(10.2)也可以发现,C 的值与中介组织知识外传知识的概率呈反向变化。

(3) 根据式(10.2)、(10.3),还可得出,中介组织成功外转知识后出让方所付的酬劳比例 f 是影响知识出让方和中介组织行为决策的另一关键因素。f 与知识出让方通过中介转移知识的可能性成负相关,而与中介组织外转知识的可能性同向变动。

2. 相关建议

根据以上结论,针对知识转移过程中各主体的决策和行为过程,提出下述相关建议和对策。

(1) 政府应发挥其政策导向功能,协助各主体在知识转移网络中建立合理的信息开放机制和平台,保持网络结构信息的透明性和有效性。

通过建立这样的机制和平台来达到网络结构信息的有效性,首先,可以使知识源组织的知识特性和价值被中介组织、知识需求组织所了解;其次,可使知识出让组织、知识需求组织对中介组织的信用、能力、转移知识所需费用,及外转知识的性质和有效性有准确的了解和认识;再次,有利于知识需求方的知识需求信息(如所需知识的性质和具体特征、所愿支付的成本以及知识接受能力等)能够真实准确地被知识源组织、知识转移中介组织了解。此外,政府、金融机构的相关政策信息等能够及时被各主体了解,有利于其决策的有效性和及时获得所需资金。当知识转移网络具备上述特征时,不仅可以提高知识需求组织在知识转移中获得知识的有效性,而且还可以降低其寻找合适知识源的信息费用;而知识源组织、中介组织由于信息的完全性,其行动的针对性更强,成功率更高,可以有效降低谈判费用、信息费用的总和 C,提高转移效率。

(2) 保持网络的稳定性和各主体合作的高效性,建立合理的利益分配机制。

网络结构的稳定性是网络中各成员长期有效合作的基础,而长期有效的合作自然会增强金融机构同各主体,特别是知识源组织和企业等知识受让组织的合作意愿和彼此之间的了解,这有利于这两类主体更便捷、更容易地获得所短缺的资金,从而专注于知识创造和知识吸收运用等,而银行等金融机构也会从中获得长期稳定的收益。此外,长期稳定的合作还会提高各主体之间彼此的信任程度。信任又是网络稳定性的基础,网络成员间高水平的信任代表着更高的网络质量。同时,网络稳定性促成的各主体间的相互信任和长期合作,有利于建立各知识转移主体之间的利益分配机制,特别是知识出让方和中介组织之间的费用分配机制。通过长期合作,知识出让方和受让方之间可以形成双方均可接受的 f 值,这不仅有利于知识源组织合理选择知识转移路径,而且会对中介组织外转知识的积极性产生激励作用。

(3) 知识源组织创造知识时需不断提高被转移知识的价值。

由式(10.1)和式(10.2)可以看出,被转移知识的价值 V 对转移主体的决策也具有关键影响。虽然为了讨论的需要,本章中我们假设 V 为常数,但现实中知识的价值是难以准确衡量的,更因使用者、用途等的不同而不同。但不管怎样,知识源组织创造的知识的性质和特征对其价值起决定性作用,知识的价值越大,知识源组织越倾向于通过中介向外转移,而中介外转知识的可能性也越大,因而知识转移的成功率越高。同时,通过中介向外转移,有利于知识源组织聚焦于知识的创造和生产,同时可以发挥中介组织的专业分工优势。因此,提高被转移知识的成本,有利于知识的成功转移和转移成本的降低。

10.2 网络视角下的组织间知识转移动力机制分析

10.2.1 组织间知识转移网络的立体结构分析

完整的知识转移网络不仅包括知识源体和知识受体,还包括政府、金融机构等。因为知识转移的整个过程必然会受到政府政策的引导和支持,不论是知识的生产、向外转移还是受体的知识接受,每一环节都需要资金支持,从而降低转移成本。同时,在知识转移过程中,这些组织并不是孤立地发挥作用,他们和意欲进入内部核心网络分享其中资源的组织、进行类似知识转移的产学研联合体,以及具有相似结构和性质的其他知识转移网络,以知识转移为纽带联系在一起,支持和支撑着知识转移内部核心网络(Knowledge Transfer Internal Core Network,KTICN),形成了知识转移外部支撑网络(Knowledge Transfer External Support Network,KTESN),而相互联系的 KTICN 和 KTESN 共同构成了知识转移立体网络结构(Knowledge Transfer Structure Network,KTSN),见图 10-3。

如图 10-3 所示,单独的知识转移主体称为点,主体之间的双向联系形成线,通过这些线联系在一起的各主体就分别构成了知识源网络平面和知识受体网络平面,而知识流则将这两个面联系起来,从而形成了体,即 KTICN,知识转移活动又将其和相互联系着的政府、金融机构等组织构成的 KTESN 联系在一起,从而构成了完整的 KTSN。

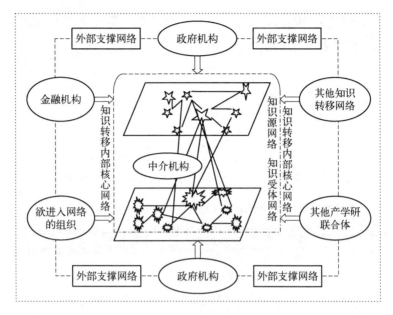

图 10-3 组织间知识转移网络的立体结构模型

10.2.2 产业技术创新战略联盟内部核心网络中组织间知识转移的动力分析

KTICN 包括了知识转移过程中的两个核心主体,即高校、科研机构等一般意义上的知识发送方和企业等一般意义上的知识接受方,知识转移最关键的两个环节就是知识的发送和接收。从 KTICN 的角度分析组织间知识转移动力,主要从知识发送方的知识转移动力和知识接受方的知识接受动力两方面进行。

1. 知识发送方的知识转移动力分析

如果用 Kis 表示在知识发送方的知识系统内部,在知识生产过程中由各种不可逆活动所产生的熵增,用 Kes 表示系统通过知识转移从外界引入的负熵值。知识发送方知识系统的系统熵可表述为:

$$K = Kis + Kes$$

则必然有 $Kis > 0$，$Kes < 0$。知识发送方进行知识生产和创造的过程，资源和能量的消耗都是不可逆的，从而不断产生熵增 Kis，引起知识发送方的知识系统趋于无序和低效率状态，当这种无序和低效率达到某一阈值时，系统便难以有效存续，从而走向消亡。为了降低和消除知识生产过程中产生的熵增，知识发送方必须通过向外界输出知识同时从知识接受方获取信息、资金和其他资源等负熵流 Kes，以抵消知识系统内部产生的熵增，使系统保持生命和活力。因此，通过知识转移释放系统内部熵增并引入负熵流，是知识源组织向外发送知识最关键的内部动力，这决定着知识系统和组织能否持续存在。

知识发送方向外转移知识的另一动力是，通过知识转移实现知识的价值增值。高校及其他科研机构所得到的任何科研成果，都是以投入一定的成本为先决条件的，这些投入的要素就构成了知识的生产成本，知识的生产成本构成了知识的原始价值。同时，知识生产组织进行知识生产时更希望其生产的知识能够获得比付出成本更高的回报，即实现知识的价值增值。为了实现这一目标，必须将知识转化为现实生产力，通过将知识转移给企业等需求方并获得高于知识成本的报酬，才能实现知识的价值增值。假设知识生产成本 C_k 是知识量 K 的函数，高校等知识生产组织通过知识转移从接受方获得的报酬为 R，而转移过程中知识的价值增值部分用 Va_k 表示，则有：

$$C_k = f(K) + b$$

$$Va_k = R - C_k = R - f(K) - b$$

其中，b 为知识生产过程中的固定成本。显然，$Va_k > 0$，即 $R > C_k$ 时，高校便可获得正的知识增值 Va_k。由于知识具有外部性，新知识不仅以有偿形式向外转移，还会在转移后或转移中被更多的组织无偿共享，这些虽然不会给高校等知识生产组织带来直接利益，但会提高其声誉并获得其他组织，特别是处于同一知识源网络中其他行动者的认可和尊重，有助于知识发送组织实现自身价值。因此，获得更高的知识价值增值和实现组织自身价值是高校等知识源组织积极向外发送知识的另一动力源。

2. 知识接收方的知识接受动力分析

在激烈的市场竞争中，每个企业都渴望获得能够带来竞争优势和长期利润源的战略资源。但是，并非所有资源都能使企业建立强大的竞争优势或获得持续的利润增长。总结相关实践可以发现，只有同时具备价值性、稀缺性、难以模仿性的资源才有可能成为企业建立核心能力的战略资源。知识，特别是隐性知识，具有难以被模仿的特质。这就使得知识成为企业建立核心竞争力最重要的战略资源。但知识常常是经验性的，需要很长时间的积累才能得到。因此，通过知识转移获取能够建立核心竞争力的知识资源便成为众多企业的最佳选择，这也是企业等知识接受组织积极寻求知识源进行知识转移最重要的内部动力。此外，知识资源的获取不仅可以丰富企业的知识库，增加企业知识存量，还会提升企业的认知能力和员工的专业技能。因而，当企业亟待获得这些功能需求时，便意味着对知识的需求。这些需求也是企业接受被转移知识的动力之一。

此外，企业等知识接受组织积极寻求知识源组织进行知识转移的动力还来自外部竞争对手的竞争推动。受迈克尔·波特"五力"竞争模型思想的启发，可以发现，一个企业面对的竞争同样主要来自潜在进入者、现存竞争者、替代品威胁等方面。企业只有拥有明显的成本质量优势、独特的核心技术优势或产品的差别优势等难以被模仿和替代的核心能力，才不会在竞争中被淘汰，而这些核心能力共同构成了企业的核心竞争力。由上文分析可得知，企业核心竞争力来源于企业所拥有的知识,而根据核心能力理论的创立者普拉哈拉德和哈默尔对核心能力的定义可知,核心能力本身就是组织中积累的学识。因此,企业要维持或获得更大的竞争优势,必须进行知识转移,以保持核心竞争力。外部竞争对手的竞争迫使企业通过积极进行知识转移获取知识,形成了企业等知识受体进行知识转移的另一动力源(见图10-4)。

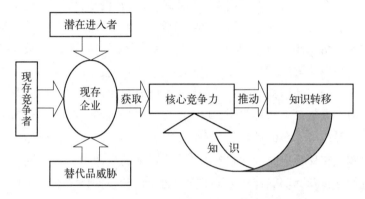

图10-4 企业进行知识转移的竞争推动力模型

除了发送方和接收方,作为KTICN中的另一主体,中介机构可以为知识的分类、整理、存储、再加工、转移,以及外部需求信息的搜集和知识受让方的信息反馈等提供专业技术和服务支持,其为降低组织间知识转移成本,更高效地进行知识转移创造了条件,进一步推动着组织间的知识转移。

10.2.3 外部支撑网络和整个网络结构对组织间知识转移的推动分析

1. 外部支撑网络对组织间知识转移的推动分析

在知识转移网络中,KTESN对知识转移具有重要的支撑和推动作用。KTESN的支撑和推动作用,形成了组织间知识转移的另一重要动力源。

一方面,KTESN 中的单个成员会对知识转移的动力产生影响。在知识转移过程中,政府机构是引导者、监督者,其通过制定产业政策和财政金融政策来推动高校等科研机构的科研成果向企业转移进而创造经济价值,使企业与合作的高校、科研院所等共同获益,进而激励科技创新的再投入、再转移、再获益;金融机构等资本拥有者可以对知识源组织、政府部门、中介机构,发挥其资金支持功能,为这些组织进行正常的工作活动提供专业的资金支持;欲进入网络的组织和其他产学研联合体,可以为 KTICN 带来新的活力和信息资源,促使网络保持动态性和开放性,防止网络的关系性嵌入约束和结构僵化;而其他功能相近的知识转移网络的存在类似于竞争对手和参照物,其提供了一个竞争约束机制,推动着网络中各成员不断地进行技术创新、知识创新、合作创新,促使网络中知识转移稳定高效地进行,以维持网络的生命力。这些网络成员的存在及其功能都为 KTICN 中的知识转移提供了有利条件和推动力。

另一方面,这些成员并不是孤立的,在同 KTICN 中发生联系的同时,他们彼此之间也会产生直接或间接的联系,从而共同构成了 KTESN。在 KTESN 中,单个成员对组织间知识转移的推动力会因为网络结构的协同作用被放大,即 KTESN 对知识转移的推动作用大于单个组织的推动力之和,由这些成员共同构成的 KTESN 的推动和支持是组织间知识转移的关键动力之一。

2. 整个网络结构对组织间知识转移的推动作用

梳理相关文献,可以发现,处于协作网络中的组织可以专注于自己熟悉的价值活动、获取特定资源、分享生产的规模经济、分担风险和费用、维持运作的柔性、节省信息费用、加速技术创新。因此,网络结构对于网络成员的功能发挥、任务的完成以及价值获取都有促进作用。

在 KTESN 和 KTICN 的协同合作下,处于 KTSN 中的每一成员都会分享到网络结构所提供的上述好处。但是,所有这些利好产生的前提便是知识转移的有效进行。为了利用这些利好条件获取各自收益,各网络成员及其形成的整体网络结构不断推动着网络中知识转移的持续有效进行,形成了知识转移的又一动力源。

此外,KTSN 是在知识转移过程中形成的,因此知识的流动是这一网络的血液和生命所在,有效的知识转移和知识流动是网络存在的前提。同时,合理的网络规模和高效的网络结构又推动着知识转移更好地进行,而网络成员的共同行为则促使网络结构不断进化升级,而不断进化升级的网络结构又会进一步推动组织间的知识转移。因此,这又是一个良性的循环和螺旋的上升,网络整体对知识转移的推动力也会随着网络结构的优化升级而螺旋上升。

10.2.4　网络视角下的组织间知识转移动力机制模型

KTICN 中的成员主体的知识转移动力、KTESN 和整个 KTSN 对知识转移的推动,共同形成了组织间知识转移的动力机制。总结前文所述,能够得出,处于 KTICN 中的知识源主体和知识接受主体,其发送和接受知识的动力分别来自组织自身内部的需要和外部环境推动,而 KTESN 和整个 KTSN 则通过其提供的支撑、支持和对网络中各成员作用的协同和协调,共同发挥着对转移的推动作用。

同时,根据以上分析,可以构建如图 10-5 所示的网络视角下的组织间知识转移动力机制模型。

图 10-5 中,知识源组织自身内部的熵增释放、获得知识增值共同构成了知识源组织向外转移发送动力;知识受体组织对知识的内部需求和外部竞争对手的竞争推动共同形成了知识受体的知识接受动力。知识源组织的转移动力和知识受体的接受动力形成

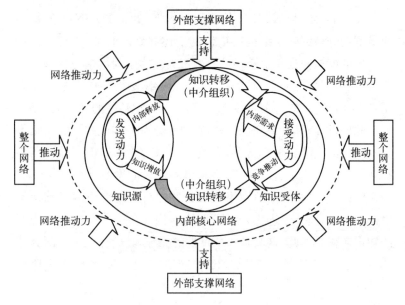

图 10-5　网络视角下的组织间知识转移动力机制模型

了内部核心网络中的知识转移动力机制。政府、中介机构、金融机构、欲进入网络的组织,其他产学研联合体和具有相似结构和性质的知识转移网络相互联系形成的外部支撑网络对知识转移的支撑、支持和整个网络结构的推动力一起形成了网络中组织间知识转移的网络推动力。正如图 10-5 所示,内部核心网络中的知识转移动力和外部网络的推动力共同构成了整个知识转移的总动力。这即是网络视角下组织间知识转移的动力机制的基本阐释在图 10-5 中的反映。

第11章
产业技术创新战略联盟的知识转移价值增值机制研究

11.1 知识转移价值增值

11.1.1 知识转移价值增值的内涵

知识转移价值增值的过程是动态的,同时由于知识具有流动性、积累性和价值递增性,组织之间可以通过知识的转移获得更大的效用效应。因此,知识转移是知识价值实现的重要途径。

John Nesbit 强调知识具有合作增强的作用,整体的值要大于各部分之和。在信息经济里价值的增加要通过知识来实现[84]。Davenport 和 Prusak 认为知识在价值链中是不断变化的,通过积极的知识管理,可以实现知识本身的价值的增加。Teece 提出了"知识市场"的理论,他将知识的价值创造归于企业内部的非实质传递、外部的非实质传递和技术的捆绑销售活动[85]。Sullivan 从资本的角度分析知识,认为支持性知识可以以知识载体的形式进行交易实现其价值,而商业化知识则可在企业的生产经营活动中,通过产品或服务实现其价值。

由这些学者的观点可以看出,知识转移价值增值是一个组织将知识转移到另一个组织的过程,一个通过知识的使用和创新来带动和提升相关活动,进而实现知识价值的过程。知识的使用价值和创造新的使用价值是知识转移的动力,并且知识转移的程度决定了价值增值的大小,知识转移价值增值不仅是知识存量的增加,更是实现知识从量增到质增的转化。

知识转移是一个与知识获取、知识选择、知识形成、知识内化、知识外化都密切相关的过程。从本质上来说,知识转移源于其他知识活动,同时也是其他知识活动的知识来源。知识转移能够同时实现知识在量上的增加和在质上的提升。从知识转移的环节来看,知识获取、选择主要是一个量增值的过程,而知识内化、外化则是一个以量增值为主、伴随着一部分质增值的过程,至于知识创新则重点在于质增值,所带来的量增值是质增值的必然结果。因而,组织的成功不仅依赖于它从外部知识中获取价值的能力,还依赖于它将转移和接收知识与现有知识相整合的能力。只有将新知识带来的创新成功地转移,知识才能够得到共享,这才是组织价值增值的源泉。

11.1.2 联盟知识转移价值增值的一般过程

产业技术创新战略联盟中知识转移就是知识在产业内技术创新主体间有目的、有计划的转移、传播和共享行为,是以联盟为转移的空间范围,以联盟成员为知识提供方和接收方,以联盟成员之间的知识互动为途径的一种知识共享行为或活动。产业技术创新战略联盟知识转移的本质是知识在联盟成员之间的流动。

产业技术创新战略联盟的知识转移价值就是产业技术创新战略联盟中的一个技术创新主体将其内部产生的知识转移到另一个技术创新主体的技术创新活动中,通过支持或带动另一个主体的技术创新活动,进而实现产业技术创新战略联盟整体价值最大化和创新主体双方共赢的一系列承诺和行动。

就整个知识转移价值增值的过程而言,联盟成员中一些技术创新主体是科研成果的供给者,而另一些技术创新主体则通过吸收高校知识并实施有效的转换以实现市场价值,这两种力量的互补、互动和协调综合,实现了创新的产生到应用的全过程。为此,结合知识转移的相关理论,我们构造出了联盟知识转移价值增值传递图(图11-1)。从图中可见,联盟知识转移的一般过程是在具体的知识情境中,知识通过转移渠道在技术创新主体间进行转移。在知识的转移过程中,技术创新主体之间也就必然产生了利益的驱动,这样在两者之间就产生了价值的增值。

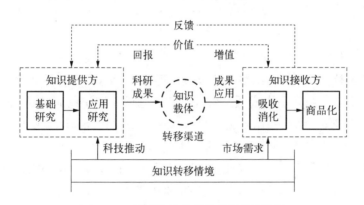

图11-1　联盟知识转移价值增值传递图

11.2　基于知识供应链的联盟知识转移价值增值模型

随着经济发展中知识含量的增加,企业之间的竞争已经从产品转变为以知识和技术为主导的竞争,以知识流、价值流为核心的组织运作方式日益受到人们的重视。知识供应链作为知识管理的重要研究领域,它融合了系统化思想和供应链管理的思想,为知识转移价值增值的研究提供了一种新的思路。鉴于此,探索基于知识供应链的联盟知识转移价值增值过程机理,将有助于联盟知识资源的合理配置,推进联盟成员间的合作和交流,进而促进联盟知识的增值。

11.2.1 知识供应链的概念及特征

1. 知识供应链的概念

知识供应链(Knowledge Supply Chain,KSC)的思想是从供应链中引申而来的。人们将系统化、集成化的供应链思想应用到知识转移中,强调降低成本的同时,更突出知识转移的价值增值,最终形成知识供应链。因此,知识供应链是供应链的扩展与延伸。

1995 年,Nonaka 和 Takeuchi 提出了 SECI 模型,指出知识是通过社会化、外部化、整合化以及内部化四个过程螺旋发展的,为知识转移和知识供应链的研究打下了基础。知识供应链是 1995 年由美国的"下一代制造项目"(Next Generation Manufacturing Project,NGMP)首先提出的,随后 JavLee 博士在《关于未来制造业的战略思考》中进一步阐述了知识供应链的概念。在国内,知识供应链最早是由张曙教授提出的,他从产学研的角度分析,认为知识供应链是将企业、大学和科研机构的各自知识优势加以集成和系统化,进而为企业提供能提高经营效益和创新能力的信息和方法。随后,国内其他学者也陆续提出了不同的关于知识供应链的定义。例如,蔡翔等认为知识供应链是围绕某一核心主体,以满足上下游需求为导向,通过知识流将知识的供应者、创新者、使用者联系起来,以实现知识的经济化与整体化目标的功能链节结构模式。常荔等将知识链界定为基于知识流在不同市场主体间的转移与扩散,从而实现知识的集成、整合与创新的具有价值增值功能的网链结构模式。

在以上学者研究的基础上,本章将知识供应链界定为围绕某一主体,通过知识流在知识的供应者、创新者、使用者之间的转移与扩散,实现知识的集成与创新的具有价值增值功能的链节结构模式。从这一概念中可以看出:① 知识供应链呈现链节结构,通过知识转移将不同主体连接起来;② 知识供应链是以知识的流动为中心,注重知识的创新;③ 知识供应链的最终目标是追求知识的优化与价值增值。

2. 知识供应链的特征

知识供应链是抽象的、动态的、复杂的,它能在知识转移的过程中不断增值。

(1) 动态性。知识供应链的各节点组织能够根据不同时期内外部环境的变化调整其知识管理战略,并且随着知识转移的不断推进,其自身的知识的层次和水平也是不断变化的。

(2) 复杂性。知识供应链往往都由不同类型的组织构成,有的是科研机构、有的是高校、有的是企业。节点组织在作为知识的接收主体的同时又可能成为另一主体的知识发送主体。随着知识网链的不断发展,节点组织之间的跨度不断增大,因此知识供应链的结构较为复杂。

(3) 学习性。知识供应链中的节点组织的知识需求是知识转移的动力源。知识供应链上每一个成员都能从知识供应链的角度去学习知识,拓展知识空间,促进知识的交流、积累与共享,进而提高组织的知识创新能力。

(4) 价值增值性。知识供应链以知识为中心,不仅强调最大限度地降低成本,更重要的是要创造新的价值,来降低产品中物化劳动的比例,提高新增知识价值的分量。链中的各节点将从外部知识中获取有价值的新知识,与原有知识有机整合,产生出新的知识,既实现了资产的价值增值,又促进了知识的发展[40]。随着知识供应链的良性互动,知识的价值得以充分体现,并保持了知识供应链的连续性与增值性。

3. 知识供应链的组织模型

传统意义上的供应链,体现的是物料流、信息流和资金流,而知识供应链不仅体现了信息流,更强调了知识流。因此,我们可以从知识流的角度来分析知识供应链的循环演化过程。知识供应链的组织模型主要包括三个阶段:知识积累、知识创新和知识扩散。这些阶段的共同特点是下一个阶段的知识是在上一个阶段知识的基础上进一步演化形成的。

在知识积累阶段,通过组织内部已有知识以及外部知识资源的积累,搭建知识协同创新平台,为知识转移营造良好的背景,并为下面的知识创新奠定基础;在知识创新阶段,通过知识的共享和吸收,同时与自身原有的知识加以整合,将新知识应用到生产经营中,实现知识的商品化转变,从而体现知识的商业价值,这是知识供应链上最重要的一个环节,它直接关系着知识的价值增值;在知识扩散阶段,知识商品化后的产品,通过满足顾客的需求,促进知识的经济化进程,使得企业产品的附加值获得增值,进而也带动其知识的增值,最终给企业带来了更高的利润,这一阶段是知识增值的原动力和现实基础。这三个阶段不是孤立的,而是相互紧密联系的,它们共同构成了知识供应链的组织模型。

11.2.2 基于知识供应链的联盟知识转移价值增值的影响因素

联盟知识转移是一个知识创新与价值增值的过程。对知识转移价值增值过程机理的研究在很大程度上是通过对知识供应链的分析而实现的,构成知识供应链的基本要素是知识及转移主体。因此,我们从以下几个方面探讨影响联盟知识转移价值增值的因素:

(1) 知识的性质。知识是知识转移活动的对象,因而知识本身的性质会在很大程度上影响知识转移的效率。从知识存在的载体看,知识可分为显性知识和隐性知识。显性知识可以利用现代信息技术来提高转移效率,但是由于高校自身的特殊性,其生产出来的知识往往是隐性的,这就加剧了知识转移的难度,降低了知识的转移效率。

(2) 联盟成员传递知识和吸收知识的能力。联盟成员传递知识的能力和反馈知识的把握能力将直接着影响知识转移的成本和效率,而成员吸收知识的能力更是知识转移过程中具有决定意义的一个环节,其成效往往在很大程度上影响着知识增值的结果。联盟成员只有通过积极、主动地学习高校知识,并将学习到的知识与现有知识相融合开发出新的知识,才能实现知识的价值增值。

(3) 知识转移的实现方式。在知识供应链中,我们可以看出,知识经过积累、创新、扩散最终被企业消化吸收,每一个环节的实现都直接影响着知识转移价值增值的效率,并最终以多元价值的形式表现出来。

11.2.3 基于知识供应链的联盟知识转移价值增值模型构建

知识供应链是提供知识转移动力机制的前提和基础。本章在系统总结知识供应链模型的基本要素以及对知识供应链中联盟知识转移价值增值分析的基础上,构建基于知识供应链的联盟知识转移价值增值过程模型,如图 11-2 所示。

联盟知识转移价值增值的过程不仅是一个创造新知识、新产品的过程,更是一个知识学习和能力发展的过程。整个过程模型主要由知识投入、知识活动过程、价值输出三个部分组成。此外,正向知识在知识供应链中传递的同时,会有反向的知识反馈到前面的活动,使知识不断地产生并得到应用与创新。

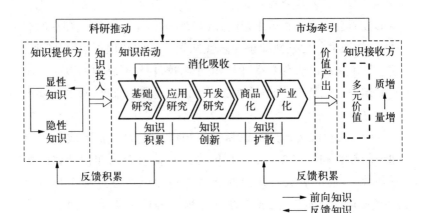

图 11－2　基于知识供应链的联盟知识转移价值增值模型

（1）知识投入。知识提供方通过科学研究，进行知识创新，并把创新的知识运用到为知识接收方服务中去，以促使知识的增值，进而推动知识接收方的发展。在知识提供方的科研过程中必然产生显性知识和隐性知识的相互转化，这些知识为知识供应链中的知识活动提供了知识来源。

（2）知识活动。知识供应链的知识活动是通过知识活动的相互作用使知识转移实现价值增值的过程。知识供应链的五个环节，通过内部的消化吸收，组合成一个内部闭环，使知识存量迅速增大，知识创新能力不断提高，从而使价值增值成为可能。知识流在知识供应链的每一节点间传递，并产生新的知识，随着知识供应链的不断推进实现了知识增值。

（3）知识供应链的反馈。信息反馈贯穿知识转移的全过程。知识转移的过程是一个动态双向多次的过程。反馈过程的有效实施，可以增强知识供应链中提供方与接收方之间的相关联系。在知识供应链中引入反馈机制，可以对转移的知识进行重新选择，使得下一次知识转移能有质的提高，从而有效地提高知识活动的效率，优化知识供应链流程。

（4）价值产出。知识通过知识供应链的知识转移，被知识接收方所吸收并与自身的组织价值活动相结合产生了多元价值。知识转移价值增值同时实现了知识在量上的增加和在质上的提升。一方面接收方在数量上拥有更多的知识，另一方面接收方价值创造的效率比原先更高，进而提高了知识的质量。知识供应链上的多元价值支持了接收方核心能力的形成，使接收方产生可持续的竞争能力。

在基于知识供应链的联盟知识转移价值增值过程模型中，联盟中的知识投入为知识供应链的知识转移提供了知识资源，知识活动过程推动了知识转移的价值增值，价值产出体现了知识价值的形态，这三个部分紧密配合，最终实现了价值增值。

11.3 基于知识网络的联盟知识转移价值增值模型

随着知识经济的兴起，以及经济全球化趋势的不断加强，企业发展的外部环境日益复杂，充满了不确定性和风险性。任何一个企业都不具备单独进行技术创新所需要的所有资源和能力，越来越多的企业认识到通过知识网络来获取外部知识和提升企业创造价值的重要性，从而引发了合作创新组织方式的变革，由不同主体组成的知识网络成为合作创新的重要组织形式。为此，分析基于知识网络的联盟知识转移价值增值的影响因素，就成为提高知识转移价值增值效率的一个现实课题。

11.3.1 知识网络的概念及特征

1. 知识网络的概念

面对知识经济的快速发展，参与知识活动的组织日益呈现出网络状的分布，而知识作为一个独立的要素在各节点组织之间转移,形成了物理上的知识网络。

知识网络概念的内涵和外延在不同领域、不同学科有着不同的认识。知识网络起源于教学研究,随后在图书情报学中引入了知识网络的概念,并从信息传播途径的角度对其进行了研究。在20世纪90年代中期,"知识网络"(Knowledge Network,KN)的概念在管理学领域首次被明确提出。Beckmann将知识网络描述为进行科学知识生产和传播的机构和活动。随后,OECD在关于知识经济的报告中,从更宏观的角度探讨知识网络,认为在知识经济中,社会和经济活动已经成为一个网络,在这个网络中企业、政府、学术界、消费者和市场中的其他各部门已经形成了知识传递、创新和利益分配的网络联结。美国科学基金会NSF(National Science Foundation,United States)认为,知识网络关注的是获取新的不同层次的知识集成、信息流与人们、机构、社区之间的活动。这个网络将吸纳、创造、转移、交易和交流知识。Seufert从要素和功能的角度对知识网络进行定义:为了创造价值,网络中的人员、资源和关系被重新组合以便于能够借助知识创造和转移过程来达到积累和使用知识的目的。人员、资源和关系这三个要素在知识的创造和转移过程中发生互动,实现价值创造。可见,知识网络为网络组织提供了大量的知识来源,并为网络组织进行知识转移以及知识的价值增值提供了有效的作用机制。

基于上述学者的研究,本章将知识网络界定为:以实现知识价值为目的,各个创新主体(企业、高校和科研院所等)通过知识创造和知识转移来积累知识资源,并对知识资源加以创新利用的网络。

2. 知识网络的特征

知识网络包括知识节点和知识关联。它为研究知识活动提供了一种独特的视角和构建活动模式的框架。因此,知识网络强调了从网络整体和关系的角度来解释问题。一般而言,知识网络主要具有以下五个特征：

(1) 知识网络的动态性

知识网络的动态性是由知识节点的变异性决定的，它是知识发展和知识创新的关键性质。知识网络是由各个知识节点构成的，各个节点具有不同的特性，并按非线性方式进行转化，同时节点之间的关联不是恒定不变的，随着知识的发展和变化，节点之间的联结也会发生变化，从而导致网络结构的不断变化与更替。

(2) 知识网络的共享性

知识网络的共享性是由知识的共享性决定的。物质实物具有排他性，而知识与实物不同，它不具有独占性，可以通过知识的交流和转移来实现知识节点之间知识的创新和增值。因此，知识网络可以最大限度地实现知识的共享。

(3) 知识网络的增值性

知识经济时代，单一知识的价值相对较低，而一组相关的知识经过分析、整合后获得的新知识的价值往往大于所依据知识的价值之和。知识节点根据自身的知识需求从知识网络中获取知识源的相关知识，并对其进行整合、创新，最终实现知识的价值增值。

(4) 知识网络的反馈性

知识网络中各节点之间通过正负反馈来实现知识的交流与共享。在知识网络中，由于节点间的组织距离会放大知识关系的模糊性，从而影响着知识转移的效率。为了保证知识转移的准确性，须建立知识节点间的正负反馈，使知识的价值得以顺利增值。

11.3.2 基于知识网络的联盟知识转移价值增值的影响因素

影响知识网络中联盟知识转移价值增值的因素主要有两层因果关系：知识转移和知识网络结构，其中，知识转移的四方面因素直接影响了价值增值的结果，而知识网络结构又对这四方面因素起着调节作用。

1. 基于知识网络的联盟知识转移价值增值的直接影响因素

(1) 知识的特性

知识主体中,对知识转移价值增值影响最大的是知识的可表达程度。从知识存在的载体看,知识可分为显性知识和隐性知识。在联盟中,知识提供方的显性知识,表现为规范性的应用技术和研究成果等,易于转移并被接收方所吸收;而隐性知识往往是嵌入于活动中的,如一些管理性知识,其转移难度较大,必须通过联盟成员间的交流和接触才能实现,这必然会影响知识转移的效率。

(2) 知识提供方的发送能力

知识提供方所具有的知识特性使其成为知识传播与转移的源泉。在产业联盟的知识网络中,作为知识转移源头的知识提供方,其发送知识的意愿和能力都直接影响着接收方知识获取的效率。提供方转移知识意愿的强弱关系到其转移的知识的数量和质量,转移意愿越弱,就越不愿意把知识转移出去。此外,提供方所拥有的知识往往是专业化的和抽象化的,难以理解和吸收,需要其对专业知识进行适当地解释,以接收方能够理解和接收的方式进行知识转移。

(3) 知识接收方的吸收能力

知识的价值增值是知识转移的最终目标。知识接收方的吸收效率在很大程度上决定着知识网络中知识转移价值增值的整体效率,而这种吸收能力取决于接收方吸收动机和能力。如果接收方缺乏吸收知识的动机,则会导致对所转移知识的排斥态度,将不利于知识的转移。如果接收方有较强的创新和吸收能力,并将吸收的知识及时地运用,则价值增值就越高。

(4) 知识转移的背景相似性

知识是在一定背景下产生的,组织间的知识交流嵌入组织合作的背景之中,转移的背景影响着知识转移与创新的效率。联盟成员之间的差异性会影响双方合作中知识转移价值增值的效果,从而影响知识转移的顺利进行。知识提供方强调其科研成果的创新性,追求科研的学术价值;接收方则以追求经济利益最大化为目的,着眼于知识的经济价值。

2. 基于知识网络的联盟知识转移价值增值的调节因素

(1) 知识网络的结构维度。知识节点所处的网络结构位置决定了其所具有的信息价值和控制优势,网络结构特征决定了知识转移的范围。

首先,在知识网络中,处于中心位置的知识节点往往是知识的集散点,而周边大多数节点都与中心节点保持着交流与合作关系,在这种关系中,这些非中心节点大多数是知识吸收者,从中心节点获取所需要的知识。这样,处于中心位置的节点可以更多、更快地接近知识,同时也能获得较高的知识流量和流速。其次,网络规模直接影响了组织可以寻求交流的邻居数量,网络规模越大,就意味着网络中的有形资源和无形资源储量越丰富,资源交换越频繁,在客观上提高了知识转移的有效性。此外,知识转移价值增值是知识远近距离互动组合的结果。

(2) 知识网络的关系维度。联盟成员之间建立的知识网络,具有一定的选择性和路径依赖性,网络关系特征的不同会影响知识在联盟成员间知识传递的路径和方向。

首先,从知识转移的过程来看,联盟成员之间的知识转移需要彼此之间大量的互动,频繁的互动能够促进成员相互之间更深层次的交流和沟通,有利于知识转移价值增值。根据网络理论的强弱联系的观点,强联系有利于知识的深度沟通以及有价值知识的交换,而弱关系则更容易获得新的视角、吸收新的观念和方法,从而提高组织的创新能力,实现知识价值增值。其次,由于联盟成员在文化底蕴、价值取向、知识结构等方面存在差异,如果彼此缺乏信任,不能进行有效的沟通,必然会影响到知识转移价值增值的效率。这就要求成员之间加强彼此信任。信任作为社会资本的关键要素,是培育网络组织之间关系的黏合剂。此外,在网络环境不断变化的情况下,通过减少相互之间知识和信息交换的障碍,可以保持成员之间长期的合作关系。通过长期的合作和知识共享将创造出新的价值,从而提高知识转移的积极性,也使得联盟成员之间更加愿意分享有价值的知识。

11.3.3 基于知识网络的联盟知识转移价值增值模型构建

基于知识网络的联盟知识转移是一个复杂的系统,它的复杂性在于联盟中的知识转移需要两个不同的体系,在网络维度当中,有结构维度和关系维度的双重影响,并且在知识转移过程中,知识的产生、转移、应用的不断发展伴随着知识价值的增值。因此,基于上述研究思路,本章利用知识网络中的联盟成员间知识传递作为媒介,构建了基于知识网络的联盟知识转移价值增值模型(如图11-3所示),以期揭示基于知识网络的联盟知识转移价值增值的内在机理。

从上述联盟知识转移价值增值模型可以看出,知识转移价值增值是通过知识的转移和应用的过程来实现的。整个循环反映了知识转移价值增值的动态过程。知识的价值增值主要表现在两个方面:① 知识存量的增加;② 知识"质"的增加。

从知识网络中"点"的层面来看,"知识源体"把知识转移给"知识受体"的过程中,知识的质量、转移意愿以及转移能力是影响知识转移效果的重要因素;同时,"知识受体"吸收知识的意愿、能力和判断能力同样影响着知识的转移。

从知识网络中"线"的层面来看,不同的知识网络的网络结构,对知识转移有着必然的影响。这主要涉及节点组织在知识网络中的结构联系以及节点组织相互之间的关系。节点组织之间的联系

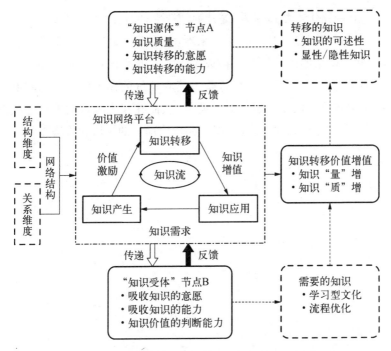

图 11-3　基于知识网络的联盟知识转移价值增值模型

以及网络结构对知识转移价值增值的作用主要是通过影响知识网络中的提供方和接收方的意愿和发送与吸收能力来实现的。

从知识网络中"面"的层面来看，知识网络为知识提供方和接收方提供了互相学习的平台，使网络中的组织能够获得彼此的知识。知识网络的平台效应主要表现在它集聚了大量知识提供方的科研知识，使接收方能够通过这种知识网络来获取所需知识，并且通过这一平台，提供方和接收方之间进行知识的正负反馈，提升了知识的二次创新。在知识网络平台中，知识提供方和接收方之间的知识产生、转移、应用相互之间首尾相接，形成知识活动的增强回路。在这一回路的作用下，产生了滚雪球效应，知识存量不断增大，知识创新能力不断提高，从而使价值增值成为可能。知识在这样一条回路中不断地积累、提升为创造更多的价值做准备。

从知识网络中"体"的层面来看,各个节点之间的联系是立体的,知识网络的内外部共同构成了"体"。联盟成员之间的知识转移不是一个动作,而是一个过程。建立良好的知识网络关系将有利于构建更为畅通的知识交流渠道,从而在互惠与认同的合作气氛下,促进知识转移,提升知识转移价值增值的量增和质增。

第12章
产业技术创新战略联盟发展对策研究

12.1 联盟企业动态能力演变中的知识管理策略

合理的知识管理策略对联盟企业动态能力的提升有着重要影响。据上文分析,影响企业动态能力提升的关键因素有:知识转移过程中的知识获取、知识处理、知识创新以及知识获取之前的能力认知和知识创新后的知识应用。因此,本章内容结合前面的分析,分别从"认知""获取""处理""创新""应用"这几个方面提出联盟企业动态能力演化中的知识管理策略。

12.1.1 充分认识环境扫描的重要性

环境扫描是企业充分认知自身能力的基础,并为企业获取新知识、进行知识创新提供保障。环境扫描是系统地检查企业内外部环境变化,并获取相关战略知识的一个有效手段。企业通过环境扫描发现自身面临的发展机会和潜在威胁,同时找出企业在环境变化后的优势和劣势。通过环境扫描,全面系统地掌握企业内外部环境,有助于企业更准确地进行战略定位,为企业赢得新的竞争优势奠定基础。经常性的环境扫描犹如企业的即时预警系统,能够及时发现企业存在的问题和企业需要获取的知识。

企业进行环境扫描时应该做到以下几点：企业应该加强信息化建设，建立有效的外部信息搜索机制，强化外部环境变化的信息资源搜集、获取和整合，发现潜在的机会和威胁；企业可为环境扫描工作配置一定的人员。企业可以根据自身情况配置若干名行业分析师，让其有权全面详细了解企业经营活动各个环节，要求行业分析师定期访问企业各个关键岗位的员工，持续关注客户、竞争对手、合作伙伴的动态信息，以获取更全面的信息；企业应该为员工提供相关情报搜集和行业研究方法的技巧培训，并鼓励企业全体员工搜集相关的信息，为企业环境扫描提供支持。由于环境具有高度复杂性的特征，为了提高环境扫描的效率，企业可以将面临的环境进行分解，将整个环境分为远期型和任务型，其中，远期型环境包含政治、经济、社会、文化、技术等方面，而任务型环境则与企业的目标制定、目标完成密切相关，其包括客户、竞争对手以及合作伙伴等。

12.1.2 注重保持合作关系的稳定性

在知识获取阶段，注重保持与联盟合作伙伴的长期合作关系，稳定合作关系有助于企业快速获取所需要的知识。从企业长期发展来看，联盟内合作各方保持长期稳定的合作关系有利于企业持续提升能力和增加收益。但是，要维持长期稳定的合作关系需要参与各方的共同努力，如果只是参与合作的部分企业为了保持合作关系的稳定性而选择付出额外的努力，另外一些企业只考虑单次合作自身利益最大化，那么这种合作关系很难持久，参与合作各方在下次依然需要花费人力、时间、财力等去寻找合作伙伴。保持长期稳定的合作关系不仅能提高合作效率，重要的是，合作双方可以在长期合作过程中发现新的问题，促进企业的知识创新和能力提升，保障合作各方的共同利益。

建立长期稳定的合作关系需要参与各方做到以下几点：在联盟的合作伙伴之间建立有效的沟通信任机制，促使成员企业之间相互尊重，以主动积极的态度进行合作。鼓励成员企业之间的沟通交流，提高联盟合作伙伴之间的信任程度；选择合适的联盟合作伙伴有利于保持联盟长期稳定的合作关系。企业应该综合考虑候选合作伙伴的规模、知识创新能力、合作积极性、知识开放度等因素而选择比较合适的合作伙伴。与创新能力强、合作积极性高、知识开放度相对较高的企业合作，成员企业可以从合作伙伴那里获取更多的知识和信息，从而获得较高的知识转移绩效；不仅要评估潜在合作伙伴的预期贡献，还要考虑合作伙伴的知识共享能力、知识的互补性以及可信任性等因素；在联盟内建立规范的合作机制，建立协调与监管体系，制定基本的合作规章制度，以保护参与合作各方的合法权益。

12.1.3 树立企业员工知识学习导向

在知识处理阶段，企业员工努力学习知识、企业建立良好的学习环境和学习机制，有助于企业高效地处理获取的知识。知识经济的不断发展使知识成为促进企业发展的重要力量，因此，知识学习成为每个企业的必修课。企业的持续健康发展要求其必须对外部环境的动态变化做出及时准确的反应，但并不是所有的企业都能针对外部变化做出合理的决策。只有时刻关注外部变化，并及时学习更新自身知识和能力的企业才能够敏锐地捕捉市场、政策等的变化带来的挑战或威胁，从而快速做出应对外部环境动态变化的决策。

知识学习导向是企业为了促进员工知识学习而营造或建立的一种全员学习知识的氛围和趋势。企业要树立员工的知识学习导向，不仅要鼓励组织内部成员互相交流学习，而且也需要及时地获取和吸收外部知识。将外部知识与内部知识进行比较和融合，摒弃那些阻碍企业发展的知识和解决问题的思维方式，同时鼓励组织内外部之间以及组织内部之间的相互交流和学习。为了增加知识学习的效果，可采用多样化的知识学习形式。比如组织学习小组，小组成员在一个共同目标下进行开放式的互动学习，或者是采用学习竞赛、研发竞赛等形式，相互之间的学习竞争更有利于提高成员的学习效率。针对学习过程中出现的无法解决的难题，定期组织专家进行专题讨论，增加专家和员工之间的沟通交流，充分挖掘了双方的经验性知识。定期对员工进行培训，提高员工的业务能力和知识广度。企业高层领导的行为和态度对组织成员学习的积极性有很大影响，企业的高层领导要提高自身知识学习的热情和积极性，从而感染企业员工，促使他们提升知识学习的积极性。注重企业文化的培育和传播，只有当企业成员认同本企业文化时，他们才会自发、自愿地参与到组织的知识学习和知识创新中来，这极大地提高了企业成员的学习积极性和主观能动性，能够更好地为企业发展做贡献。

12.1.4 完善联盟企业创新投资机制

合理的创新投资机制是联盟企业创新成功的重要保障，创新投资不仅包括物质资本投资，还包含人力资本投资。

人力资本投资能够在很大程度上影响企业的人力资本水平，进而影响企业的创新能力。在企业的人力资本投资方面，企业应当注重加强对全体员工的人力资本投资力度，使人力资本与物质资本有机结合，从而为企业更好地进行创新和提升企业动态能力提供一定的物质基础和人员保障。对企业人力资本投资比较有影响力的主要包括教育投资模式和"干中学"模式。教育投资主要是对员工进行培训学习方面的投资；"干中学"是指企业员工在工作的过程中不断积累经验，从经验中获得知识，从而使企业知识总量增加和动态能力提升。

物质资本投资是企业进行创新和能力提升必不可少的条件。首先,企业的物质资本投资应该具有战略性,投资的力度和投资的对象应该经过详细的分析,并按照投资项目对企业影响的大小进行排序,形成物质资本投资的先后顺序,从而提高物质资本投资对企业的贡献度。其次,企业的物质资本投资应该保持适当的强度,综合考虑项目投资对企业绩效的贡献程度,设置适当的物质资本投资强度。再次,要综合考虑企业的物质资本投资和人力资本投资。如果仅注重物质资本投资而忽视人力资本投资,或者只关注人力资本投资却忽视物质资本投资,这对企业的健康发展都是不利的。

12.1.5 提高知识创新的成果转化率

在创新知识的应用方面,企业知识创新的成果转化率直接影响到企业收益的增长和企业长期稳定发展。知识创新成果转化是指开发、应用、推广对企业创新的具有实用价值的知识,以加快其形成新产品、新工艺等活动。

知识创新成果的转化包括广义和狭义两种概念,广义的知识创新成果转化不仅包括知识创新成果的运用,还包括知识创新所带来的员工素质的提高、工作效率的提高以及由此带来的企业收益的增加等。狭义上的知识创新成果转化是指将创新成果转化为能够带来企业收益增长的产品或服务,具体表现为三种形式:创新成果的商品化、产业化、国际化。商品化是指企业将创新的知识出售给需要此类知识的组织,或者以技术许可的形式转让给其他组织,间接实现知识的价值增值。产业化是指将创新的知识运用到大规模的生产当中,以追求创新知识产生最大的效益。同时,产业化的过程也是创新知识全面实现市场化的动态过程。国际化要求将创新知识广泛应用于国际市场上生产、优化配置以及有效利用各种资源等,寻求跨国发展。

要提高知识创新的成果转化率,需要注意以下几点:① 注重创新型人才的培养和激励。知识创新的成果转化是一种知识密集型的创造性活动,主要依赖创新型人才所发挥的智力资本。企业需要强化对创新型人才的培育和引导,合理使用激励机制,调动其工作积极性。② 结合企业的战略目标,制定详细的研发规划,为企业的研发活动提供一个总体方向,以期最大限度地降低研发成本,促进研发成果的转化。③ 由于企业知识创新成果转化是一个比较复杂的经济行为,知识创新部门、知识受让部门、相关政府部门等必须协同配合。④ 政府在创新成果转化中发挥了不可忽视的作用。政府需要不断完善知识产权制度,运用法律、行政、法规等手段来适当调控知识创新成果转让活动。

12.2 促进产业技术创新战略联盟发展的政策建议

12.2.1 由政府引领,建立技术创新联盟政策组织或协调机构

要对产业技术创新联盟形成一个有序有效的管理,必须建立一个政策体系,使科技、人事等政府部门,甚至每一个技术人员、公民都能执行起来有章可行、有据可依。因此,必须有一个分管和协调负责组织机构。其具体职能应包括政策制定、咨询、监督、信息反馈以及协调等,并通过制定战略规划、引导科技项目以及加强知识产权管理等,引导和激励企业技术联盟不断创新,促进经济的发展。

12.2.2 建立和完善有利于创新联盟的财税政策

在国外,实施财税优惠是鼓励企业加大研究开发投入最常用

的政策工具。对于企业技术创新取得显著成效的联盟,可以采用财税激励措施,包括:对加盟企业实行税前扣除或税收抵免、税收优惠的结转或追溯、加速折旧、提取技术准备金等。

税前抵扣是大多数国家普遍实行的一项政策。在抵扣方式上,一般有三种方法:① 抵扣年度发生的 R&D(Research & Development)费用;② 对 R&D 投入增加部分给予抵扣;③ 这两种方法同时使用。

费用向后结转或追溯抵扣是指准许企业以某年度的 R&D 费用抵销以后年度的盈利,以减少其以后年度应纳所得税的额外负担;或者冲抵以前年度的盈余,申请退还以前年度已纳税的部分税款。一般而言,冲抵或抵销前后年度的盈余都有一定的年限。由于高新技术企业投资风险大、市场变化迅速,这种做法对其有极大的激励作用。

实行设备加速折旧。即在固定资产使用年限的初期提取较多的折旧,以后逐年减少,税负相对于后期较轻;尽管总税负不变,但相对于"直线法"折旧,企业享有递延纳税的好处,相当于给予企业一笔无息贷款。

技术准备金。技术准备金是指为降低企业研究开发投资风险而设立的准备资金,是税式支出的一种形式,可以不纳税。

12.2.3 落实和完善创新联盟的供给促进政策

一是制定并完善有关政策,深化科技体制改革。整合科研机构资源,在工业、农业、社会发展三大领域推进转制科研机构产权制度改革,增强公益类科研机构的科技创新能力和公益服务能力。二是制定有关政策,深化产学研结合。进一步推进以企业自主创新为主,高校、科研院所为技术依托的合作机制;加快制定促进产学研战略联盟的有关政策,以支持产学研联合体或多家企业组成的技术联合体开展技术攻关,共同提高创新联盟的技术创新能力;

制定实施企业科技特派员的有关扶持政策。三是尽快出台扶持科技型中小企业发展联盟的若干意见。主要内容包括设立风险准备金,鼓励银行加大对科技型中小企业的融资力度,设立扶持科技型中小企业发展的成长路线图计划专项资金等。四是构建并完善从人才培育、人才引进到人才选拔、人才评价和人才奖励的政策体系。五是不断完善科技计划项目实施的制度环境建设,通过政策的制定在项目管理、评价和监督等方面实现制度化和程序化。

12.2.4　研究和制定促进联盟创新需求的激励政策

创新需求激励是创新政策进一步贯彻以市场为导向的关键,应该加快研究并制定政策,包括对联盟创新的新技术产品实行消费补贴政策、运用技术标准引导技术创新、制定实施激励自主创新的政府采购政策等方面。

(1) 制定政府采购政策。建立财政性资金采购创新产品制度,制定创新产品认定实施细则、政府采购预算管理办法以及政府采购合同管理办法,根据一定条件,优先安排联盟创新项目;改进政府采购评审方法,完善监督机制,给予联盟创新产品优先待遇;建立激励联盟创新的政府首购和订购制度。

(2) 对联盟创新产品实行消费补贴政策。在落实国家有关消费补贴政策的同时,还应设立专项资金,对符合国家产业政策、环保政策等的新技术新产品提供消费支持。

(3) 运用技术标准引导技术创新。标准是引导产业发展的关键,也是知识产权的核心。随着国际竞争日趋激烈,先有标准后有制造已成为跨国公司"跑马圈地"的重要手段。政府应当积极引导和扶持企业通过联盟自主创新,在重点行业和重点领域形成有自主知识产权的技术标准,大力推行自有技术标准的实施,抑制国外技术标准的长驱直入,为自主创新提供必要的生存与发展空间。支持和鼓励企业、高等院校和科研院所参与制定行业标准、国家标准和国际标准,将规模优势转化为标准优势,将标准优势转化为市场竞争优势。

12.3 产业技术创新战略联盟的发展对策研究

12.3.1 建立健全联盟公共信息服务平台

各级政府要加强政策引导,发挥组织协调作用和配置资源的优势,积极搭建产业联盟合作科技创新平台。当前,可以结合正在开展的国家科技基础条件平台建设,建立公共信息平台,为联盟各方提供及时、全面、权威的信息服务。企业可随时发布技术和人才需求信息;高校和科研院所也可以公布所拥有的科技资源,如科研成果、仪器设备、人才等;政府定期发布国家科技计划形成的可公开的成果,并对平台上的有关信息进行审核。建议在企业、高校、科研院所之间架设高速信息网,针对产学研各环节的需求,引进或建设若干个专用数据库,并建立"信息资源支持系统",从根本上解决长期以来存在的信息资源严重不足的问题。

12.3.2 加快建设与规范为联盟提供服务的科技中介体系

首先,完善有关的法律法规,推进科技中介服务机构的发展。政府需要完善有关科技中介服务机构的法律法规,研究和制定一系列推进科技中介服务机构发展的政策措施,包括制定税收金融扶持政策、培育骨干科技中介服务机构等,不断强化科技中介服务机构在联盟中的服务功能。应重点扶持权威咨询机构来加强对联盟项目的技术评估和评价、可行性论证、技术预测、专题技术调查、竞争情报分析等咨询工作。其次,通过政策引导整合科技中介服务机构，推动其向专业化、规模化和规范化方向发展，为联盟提供全方位的服务。

12.3.3 加大对产业联盟的财政资金支持

各地政府应逐年加大对产业联盟的经费投入力度，鼓励有条件的地级以上市设立产业联盟合作专项资金。可借鉴英国的经验通过政府建立专项基金促进联盟知识转移，如设置大学挑战基金，帮助科研人员和企业家实现科技成果的商业化和产业化；建立高等教育援助基金，资助高校师生带着创新计划与企业联姻；也可以借鉴北京市的经验，由省市财政在一定年限内（如5年）统筹安排定量资金，通过股权投资等方式为重大联盟知识转移项目实施提供资金支持，带动企业、战略投资者、创业投资机构等社会资本投入，以弥补产学研资金投入不足问题。在财政资金有限的情况下，政府应该集中力量，重点支持产业联盟中的重大载体建设、重大项目、集成项目和人才引进，科技项目重点向企业为主体的产业联盟倾斜。

12.3.4 有针对性地强化税收优惠政策，为产业联盟创造条件

对高新技术企业实行税收优惠政策，如投资收益税收减免或投资额按比例抵扣应纳税所得额等。经有关部门审核，从事科技服务的专业机构可享受高新技术企业同等税收政策，在营业税和所得税方面给予减免。允许企业为主体的产学研联盟加速研究开发仪器设备的折旧，对单位价值在30万元以下的，可一次或分次摊入管理费，对单位价值在30万元以上的，实施加速折旧政策。对企事业单位、社会团体和个人以及以企业为主体的产学研结合联盟捐赠的，可以认定为公益性捐赠，给予税收优惠。

12.3.5　发展风险投资，加强对产业联盟的金融支持

金融体系不完善、资金缺口大是创新困难和科技成果转化率低的一个重要原因。发达国家的经验表明：只有加快发展风险投资体系，才能弥补科技成果转化阶段企业、高校和科研机构自身筹资、国家财政支持、私人资金投入和银行贷款之间的空白网。省级政府对风险资本投资联盟知识转移项目应给予更有力的扶持。应在财税、信贷、金融等方面给予高新科技企业和风险投资机构优惠政策，如对主要投资于中小高新技术企业的风险投资给予创业资助和税收减免激励，设立风险投资种子基金和补偿基金，设计合理的进入退出机制，促进高新技术产业和风险投资业的共同成长。此外，应积极提供更有利于产学研结合的金融服务。运用财政贴息方式，引导各类商业金融机构支持联盟知识转移，积极改善对联盟知识转移项目的金融服务；银行等金融机构要设立专门的服务窗口，每年向以企业为主体的产学研结合体系发放一定比例的贷款；扶持有条件的产学研战略联盟企业在国内主板市场和中小企业板市场上市。

参考文献

[1] 胡争光,南剑飞.产业技术创新战略联盟:研发战略联盟的产业拓展[J].改革与战略,2010(10):38-41.

[2] 董柞壮.联盟类型、机制设置与联盟可靠性[J].当代亚太,2014(1):100-123,157-158.

[3] Teece D. Technology transfer by corporation multinational: the resource cost of transferring technological knowhow [J]. Economic Journal, 1997, 87(1): 242-262.

[4] Nonaka I, Takeuchi H. The Knowledge-Creating Company: How Japanese Companies Create the Dynamics of Innovation[M]. New York: Oxford University Press, 1995.

[5] Szulanski G. Exploring internal stickiness: impediments to the transfer of best practice within the firm[J]. Strategic Management Journal, 1996(17): 27-44.

[6] Davenport T H, Prusak L. Working knowledge[M]. Boston: Harvard Business School Press, 1998.

[7] 左美云.知识转移与企业信息化[M].北京:科学出版社,2006.

[8] Nonaka I. A dynamic theory of organizational knowledge creation [J]. Organization Science, 1994, 5(1): 14-35.

[9] Gilbert M, Corde-Hayes M. Understanding the process of knowledge transfer to achieve successful technological innovation[J]. Technovation, 1996, 16(6): 301-312.

[10] 邹樵.共性技术扩散机理与政府行为研究[D].华中科技大学,2009,4.

[11] 邹樵.共性技术扩散的概念及其特征[J].科技管理研究,2010(19):

142-145.
- [12] 李纪珍.产业技术供给体系[M].北京：中国金融出版社,2004.
- [13] 吴贵生,李纪珍.国家创新系统中发展共性技术的对策研究报告[R].国家科技部市场经济条件下国家.创新系统的建设分课题之一,1999.
- [14] 马名杰.我国共性技术政策的现状及改革方向[J].中国经贸导刊,2005(22)：23-25.
- [15] 鲍健强,陈玉瑞.共性技术与区域性科技创新体系研究[J].浙江工业大学学报(社会科学版),2004,3(1)：1-7.
- [16] Elicia Maine, Elizabeth Garnsey. Commercializing generic technology: The case of advanced materials ventures[J]. Research Policy, 2006, 35(3)：375-393.
- [17] Marie-Francine Moens, Roxana Angheluta, Jos Dumortier. Generic technologies for single and multi-document summarization [J]. Information Processing & Management, 2005, 41(3)：569-586.
- [18] Meyer A D, Goes J B. Organizational Assimilation of Innovations: A Multilevel Contextual Analysis[J]. Academy of Management Journal, 1988, 31(4)：897-923.
- [19] 陈文波.给予知识视角的组织复杂信息技术吸收研究[D].复旦大学,2006.
- [20] Rogers E. Diffusion of innovations[M]. New York：The Free Press, 1995.
- [21] 江积海,刘敏.动态能力重构及其与竞争优势关系实证研究[J].科研管理,2014(8)：75-82.
- [22] 张凌志.知识进化下知识变异的来源、条件与过程研究[J].情报杂志,2011,30(8)：180-184.
- [23] 宋寒,但斌,张旭梅.客户参与影响创新不确定下的研发外包合同[J].系统管理学报,2013,22(3)：295-301.
- [24] 刘克宁,宋华明.不对称信息下创新产品研发外包的甄别契约设计[J].中国管理科学,2014,22(10)：52-58.
- [25] 陈通,吴勇.信任视角下研发外包知识转移策略[J].科学学与科学技术管理,2012,33(1)：77-82.
- [26] 黄伟,张卫国.基于投资溢出的多委托：多代理研发外包策略研究[J].软科学,2012,26(12)：61-73.
- [27] 霍佳震,张建军,赵晋.长期合作期望下的供应链非对称信息甄别研究

[J].管理科学学报,2008,11(3):88-95.

[28] Hans T W, Frankort. When does knowledge acquisition in R&D alliances increase new product development? The moderating roles of technological relatedness and product-market competition[J]. Research Policy, 2016, 45(1):291-302.

[29] John N, Walsh. Developing new categories of knowledge acquisition, translation and dissemination by technological gatekeepers [J]. International Journal of Information Management, 2015, 35(5): 594-605.

[30] Montmartin B, Herrera M. Internal and external effects of R&D subsidies and fiscal incentives: Empirical evidence using spatial dynamic panel models[J]. Research Policy, 2015, 44(5):1065-1079.

[31] Kim Y H, Gu B. Strategic R&D subsidies and product differentiation with asymmetric market size[J]. Procedia Economics and Finance, 2015, 30:447-454.

[32] 焦豪.双元型组织竞争优势的构建路径:基于动态能力理论的实证研究[J].管理世界,2011,11:103-115.

[33] 董保宝,葛宝山,王侃.资源整合过程、动态能力与竞争优势:机理与路径[J].管理世界,2011(3):123-128.

[34] 曾萍.学习、创新与动态能力——华南地区企业的实证研究[J].管理评论,2011,1:67-74.

[35] 詹雷,王瑶瑶.管理层激励、过度投资与企业价值[J].南开管理评论,2013,3:136-146.

[36] 蒋东生.过度投资与企业价值[J].管理世界,2011,1:14-25.

[37] 郭金明,杨起全,王革.高技术产业形成过程简析[J].科学学研究,2012,30(11):1614-1620.

[38] Ramana N, Matthew R K. Investment cycles and startup innovation [J]. Journal of Financial Economics, 2013, 110(2):403-413.

[39] Ann L, Chan C. Innovation efficiency and asymmetric timeliness of earnings: Evidence from an emerging market[J]. International Review of Financial Analysis, 2014, 32:132-142.

[40] 戴小勇,成力为.研发投入强度对企业绩效影响的门槛效应研究[J].科学学研究,2013,11:1708-1716.

[41] Lin Y N, Wu L Y. Exploring the role of dynamic capabilities in firm

performance under the resource-based view framework [J]. Journal of Business Research, 2014, 67(3): 407 - 413.

[42] 张慧颖,史紫薇.科技成果转化影响因素的模糊认知研究：基于创新扩散视角[J].科学学与科学技术管理,2013,5：28 - 35.

[43] Bong S L, Tom N. Value maximization and the information content of corporate investment with respect to earnings [J]. Journal of Banking & Finance, 1997, 21(5): 661 - 683.

[44] Andre K. Holdups and overinvestment in capital markets [J]. Journal of Economic Theory, 2014, 151: 88 - 131.

[45] 刘玉良,姚齐国.非线性动力学系统的混沌控制与反控制[M].上海：上海交通大学出版社,2013,12.

[46] 赖建文,周世平,李国辉,徐得名.非重正交的李雅普诺夫指数谱的计算方法[J].物理学报,2000,49(12): 2328 - 2332.

[47] 罗晓曙.混沌控制、同步的理论与方法及其应用[M].桂林：广西师范大学出版社,2007：7.

[48] Panda H, Ramanathan K. Technological capability assessment of a firm in the electricity sector[J]. Technovation, 1996, 16(10): 561 - 588.

[49] 李龙筠,谢艺.中国创业板上市公司创新能力评估[J].经济学家,2011,2: 93 - 102.

[50] 龚一萍.企业动态能力的度量及评价指标体系[J].华东经济管理,2011,25(9): 150 - 154.

[51] Hamer, Susan. Developing an innovation ecosystem: A framework for accelerating knowledge transfer [J]. Journal of Management & Marketing in Healthcare, 2010, 3(4): 248 - 255.

[52] Cristina C. AMITRANO C C, COPPOLA M, TREGUA M, et al. Knowledge Sharing in Innovation Ecosystems: A Focus on Functional Food Industry[J]. International Journal of Innovation & Technology Management, 2017, 14.

[53] Clarysse B, Wright M, Bruneel J, et al. Creating value in ecosystems: Crossing the chasm between knowledge and business ecosystems [J]. Research Policy, 2014, 43(7): 1164 - 1176.

[54] 陈菁菁,张卓,王文华.企业创新团队隐性知识转移模式分析及选择：基于知识生态系统的视角[J].管理现代化,2019,39(1): 102 - 105.

[55] Miller K, Mcadam R, Moffett S, et al. Knowledge transfer in university

quadruple helix ecosystems: an absorptive capacity perspective[J]. R&D Management, 2016, 46(2): 383-399.

[56] Fransman M. Innovation in the New ICT Ecosystem[J]. Social Science Electronic Publishing, 2009, 68: 89-110

[57] 彭晓芳,吴洁,盛永祥,等.创新生态系统中多主体知识转移生态关系的建模与实证分析[J/OL].情报理论与实践: 1-9.

[58] 龙跃,顾新,张莉.开放式创新下组织间知识转移的生态学建模及仿真[J].科技进步与对策,2017,34(2): 128-133.

[59] 薛娟,丁长青,陈莉莎,等.基于SIR的众包社区知识转移模型研究[J].科技进步与对策,2016,33(2): 132-137.

[60] 胡绪华,陈丽珍,吕魁.基于传染病模型的创新生态系统内异质企业间知识转移机理分析与仿真[J].运筹与管理,2015(6): 248-257.

[61] 吴小桔,吴洁,盛永祥,等.企业知识流动SIRS模型构建与仿真[J].统计与决策,2016(13): 177-180.

[62] 王胜光,冯海红.产业技术创新战略联盟内涵及其发展背景研究——基于中关村产业技术创新战略联盟发展现状[J].科技与管理,2007,9(6): 1-3.

[63] 樊治平,欧伟,冯博,等.组织知识共享能力的测评与识别方法[J].科研管理,2008,29(2): 61-66.

[64] 张长征,蒋晓荣,徐海波.组织设计对知识共享的影响研究[J].科技进步与对策,2013,30(3): 128-133.

[65] 傅建华,张莉,程仲鸣.产品替代程度、知识共享与企业合作R&D[J].管理工程学报,2016,30(1): 1-8.

[66] 储节旺,吴川徽.知识流动视角下社会化网络的知识协同作用研究[J].情报理论与实践,2017,40(2): 31-36.

[67] 李广培,吴金华.个体视角的绿色创新行为路径——知识共享的调节效应[J].软科学,2017,31(3): 9-15.

[68] 倪国栋,杜斌,张利忠,等.知识共享环境对项目成员知识共享活动的影响机制[J].软科学,2017,31(2): 56-60.

[69] Panahi S, Watson J, Partridge H. Towards tacit knowledge sharing over social web tools[J]. Journal of Knowledge Management, 2013, 17(3): 379-397.

[70] 王峥,龚轶.创新共同体：概念、框架与模式[J].科学学研究,2018,36(01): 140-148+175.

[71] 王双龙.联盟关系的多样性对企业创新平衡模式的影响机制研究[J].科学学与科学技术管理,2018,39(01):107-117.

[72] Miller K, Mcadam R, Moffett S, et al. Knowledge transfer in university quadruple helix ecosystems: an absorptive capacity perspective[J]. R&D Management, 2016, 46(2): 383-399.

[73] Meng, D., Technological Forecasting & Social Change, https://doi.org/10.1016/j.techfore.2018.10.005.

[74] 王莉,游竹君.基于知识流动的创新生态系统价值演化仿真研究[J].中国科技论坛,2019(06):48-55.

[75] 彭晓芳,吴洁,盛永祥,等.创新生态系统中多主体知识转移生态关系的建模与实证分析[J/OL].情报理论与实践:1-9[2019-07-10].

[76] 陈菁菁,张卓,王文华.企业创新团队隐性知识转移模式分析及选择——基于知识生态系统的视角[J].管理现代化,2019,39(01):96-99.

[77] 马鸿佳,宋春华,毕强.基于创业生态系统的多层级知识转移模型研究[J].图书情报工作,2016,60(14):16-23.

[78] 吴小桔,吴洁,盛永祥,等.企业知识流动SIRS模型构建与仿真[J].统计与决策,2016(13):177-180.

[79] 薛娟,丁长青,陈莉莎,等.基于SIR的众包社区知识传播模型研究[J].科技进步与对策,2016,33(04):131-137.

[80] 胡绪华,陈丽珍,吕魁.基于传染病模型的集群内异质企业间知识传播机理分析与仿真[J].运筹与管理,2015,24(03):248-257.

[81] 王涛,陈金亮,沈孟如.外部知识获取与内部知识创造的融合——组织交互嵌入情境下的跨界团队[J/OL].经济与管理研究:1-12[2019-07-10].

[82] 龙跃,顾新,张莉.开放式创新下组织间知识转移的生态学建模及仿真[J].科技进步与对策,2017,34(02):128-133.

[83] 冯丽萍,王鸿斌,冯素琴.改进的SIR计算机病毒传播模型[J].计算机应用,2011,31(7):1891-1893.

[84] Nesbit J.大趋势:改变我们生活的十个新方向[M].黄明坚,译.北京:中国社会科学出版社,1984:2.

[85] Teece D. Strategies for managing knowledge assets: the role of firm structure and industrial context [J]. Long Rang Planning, 2000(33): 35-54.